·马克思主义研究文库·

中国廉政文化建设研究

基于民众参与路径

刘爱新 | 著

光明日报出版社

图书在版编目（CIP）数据

中国廉政文化建设研究：基于民众参与路径 / 刘爱新著. -- 北京：光明日报出版社，2025.1. -- ISBN 978-7-5194-8398-2

Ⅰ.D630.9

中国国家版本馆 CIP 数据核字第 2025CX0515 号

中国廉政文化建设研究：基于民众参与路径
ZHONGGUO LIANZHENG WENHUA JIANSHE YANJIU：JIYU MINZHONG CANYU LUJING

著　　者：刘爱新	
责任编辑：杨　茹	责任校对：杨　娜　乔宇佳
封面设计：中联华文	责任印制：曹　净

出版发行：光明日报出版社

地　　址：北京市西城区永安路 106 号，100050

电　　话：010-63169890（咨询），010-63131930（邮购）

传　　真：010-63131930

网　　址：http://book.gmw.cn

E - mail：gmrbcbs@gmw.cn

法律顾问：北京市兰台律师事务所龚柳方律师

印　　刷：三河市华东印刷有限公司

装　　订：三河市华东印刷有限公司

本书如有破损、缺页、装订错误，请与本社联系调换，电话：010-63131930

开　　本：170mm×240mm	
字　　数：200 千字	印　　张：15.5
版　　次：2025 年 1 月第 1 版	印　　次：2025 年 1 月第 1 次印刷
书　　号：ISBN 978-7-5194-8398-2	
定　　价：95.00 元	

版权所有　　翻印必究

目 录
CONTENTS

绪论 …………………………………………………………………… 1
  第一节　选题缘由 ………………………………………………… 1
  第二节　核心概念界定 …………………………………………… 3
  第三节　民众参与廉政文化建设的研究综述 …………………… 10

第一章　我国民众参与廉政文化建设的四重逻辑分析 ………… 18
  第一节　价值逻辑：马克思主义的人民性提供鲜明的价值取向 …
    …………………………………………………………………… 19
  第二节　理论逻辑：马克思主义的群众监督思想构成理论基础 …
    …………………………………………………………………… 22
  第三节　历史逻辑：我国民众参与廉政文化建设是历史演进的
    必然 …………………………………………………………… 33
  第四节　现实逻辑：新时代中国特色社会主义建设的现实需要 …
    …………………………………………………………………… 56

**第二章　我国民众参与廉政文化建设总体思路："破"—"承"—
  "立"三维路径** ……………………………………………… 72
  第一节　"破"：破除嵌入我国社会关系网络的腐败文化，清除
    腐败土壤 ……………………………………………………… 73

第二节　"承"：传承我国优秀传统廉政文化和红色廉政文化 ……………………………………………………………… 77

第三节　"立"：在中国特色社会主义文化建设中确立民众的廉洁价值观 ………………………………………………… 88

第三章　"非正式制度"视野下我国民众参与廉政文化建设路径研究 ……………………………………………………… 97

第一节　以家庭为清廉单元开展廉政文化建设 ………… 99

第二节　以学校为清廉单元开展廉政文化建设………… 110

第三节　以企业事业单位为清廉单元开展廉政文化建设… 119

第四节　以城市社区为清廉单元推动民众参与廉政文化建设…… ………………………………………………… 125

第五节　以农村为清廉单元推动民众参与廉政文化建设… 129

第六节　以大众传媒为清廉单元推动民众全方位深层次参与廉政文化建设 ………………………………………… 136

第七节　"非正式制度"视野下我国民众参与廉政文化建设整体推进路径探索 ……………………………………… 147

第四章　正式制度视野下我国民众参与廉政文化建设的路径研究 ……… 160

第一节　健全和完善人民当家作主的制度体系是最根本的制度保障 ………………………………………………… 161

第二节　确立民众参与廉政文化建设的成文规则是直接的制度依据 ………………………………………………… 165

第五章　构建我国民众参与廉政文化建设的长效机制研究………… 190

第一节　构建非正式制度建设和正式制度建设的联合机制…… 190

第二节　构建民众监督与党的自我革命相结合的联动机制…… 193

第三节　建立和完善协调机制……………………………… 198

第四节　建立和完善保障机制 ·· 204
第五节　建立和完善奖惩机制 ·· 208

结　语 ·· 210

参考文献 ·· 217

绪　论

第一节　选题缘由

廉政文化建设是对腐败发生的防范，是反腐败的前置关口，也是应对腐败难题的重要工具。党的十八大明确指出要"坚定不移反对腐败"，要"加强反腐倡廉教育和廉政文化建设"。十八届中央纪委第二次全体会议上，习近平总书记明确提出"要加强反腐倡廉教育和廉政文化建设"，要"在全社会培育清正廉洁的价值理念，使清风正气得到弘扬"。[①] 2013年4月18日，习近平总书记在十八届中央纪委五次全会上再次强调"要大力加强反腐倡廉教育和廉政文化建设"。党的十八届六中全会以全面从严治党为主题，坚定营造风清气正的政治生态的决心与目标；十九大报告再次强调腐败是最大威胁，要以坚韧和执着的精神深化标本兼治，从而跳出历史周期率，实现国家长治久安；二十大报告提出要坚决打赢反腐败斗争攻坚战持久战。这表明，党的十八大以来，党中央治理腐败的决心坚如磐石，对加强廉政文化建设也高度重视，并

---

① 中共中央文献研究室. 十八大以来重要文献选编（上）[M]. 北京：中央文献出版社，2014：135.

将廉政文化建设的视域从党员拓展至全体社会成员。

廉政文化是廉政与文化的结合，是先进文化的重要组成部分，又具有反腐倡廉的鲜明价值取向和显著的政治导向，也属政治文化的范畴。每个政治共同体的成员生活在一定的政治文化的环境之中，形成相对固定的政治观念，会在政治行为中起主导作用。[①] 从这一意义上讲，廉政文化对建设良好政治生态具有显著作用，又与全体社会成员有着密切相关性。

党的十九届四中全会提出了坚持和完善中国特色社会主义制度、推进国家治理体系和治理能力现代化的总体目标，腐败治理理所当然是我国治理体系重要组成部分，腐败治理能力的现代化水平在很大程度上体现国家治理能力的现代化水平。我国在相当长一段时间以来，对腐败的治理主要采取依靠党政领导干部的路径，即拥有坚定反腐决心的党中央领导集体，制定并不断完善反腐败的法律和制度，并建立一整套反腐机构，开展强力的反腐败行动，反腐败成效也十分显著。然而我国反腐败斗争形势依然复杂严峻，需要不断巩固和发展我国反腐败斗争的压倒性胜利，需要民众的参与以获取反腐败斗争持续推进的不竭动力。本书对民众参与廉政文化建设展开研究，从学界研究相对集中的"党政领导干部"转向研究相对薄弱的具有基础性地位的"广大民众"，并强调"党政领导干部"与"广大民众"相统一，为我国廉政文化建设研究提供新视角。本书在探寻民众参与廉政文化建设的路径时，立足中国民众参与廉政文化建设现状，从价值逻辑、理论逻辑、历史逻辑和现实逻辑出发，首先，研究民众参与廉政文化建设的总体思路。其次，将民众参与廉政文化建设纳入制度变迁理论的"非正式制度"和"正式制度"两大范畴内进行深入分析，探索不同领域的民众参与廉政文化建设的具

---

① 王沪宁. 比较政治分析［M］. 上海：上海人民出版社，1987：157.

体实施路径，为深化我国廉政文化建设提供研究范式的参考。因而，在理论上，本书将进一步丰富廉政文化建设的研究范式，推动我国廉政文化研究获得更加深远发展，也促进我国国家治理体系和治理能力现代化研究的进一步深化。这是本书研究的理论意义。

在实践中，民众在廉政文化建设中发挥越来越重要的作用。党的十九大报告提出"通过不懈努力换来海晏河清、朗朗乾坤"，需要人民群众的广泛支持。2022年2月，中共中央办公厅印发《关于加强新时代廉洁文化建设的意见》，更加鲜明地提出加强廉洁文化建设是一体推进不敢腐、不能腐、不想腐的基础性工程，也为党的建设向纵深发展提供重要支撑。因而，激发廉政文化建设中民众之伟力具有重要的实践意义。

第二节 核心概念界定

一、廉政文化与廉政文化建设

（一）廉政文化

学术界对廉政文化的定义和内涵进行了许多重要探讨，中央纪委2008年重大交办课题"廉政文化研究"总报告中提出"廉政文化是关于廉洁从政的知识、观念、规范和与之相适应的行为方式及社会评价的总和"[1]。该观点得到学界普遍认可，强调廉政文化是人们对廉洁从政行为在观念上的认可以及在生活方式上的追求。廉政文化既是人们在社会生活中形成的关于廉洁从政的世界观、人生观和价值观，包括随着社

---

[1] 李秋芳．廉政文化建设理论与实践研究[M]．北京：中国社会科学出版社，2011：3．

会发展而形成的廉政思想和廉政理论、伦理规范、道德习惯；廉政文化也是以实现清正廉洁为目的的情感态度和行为方式。唐晓清在国家社科基金项目"完善执政党反腐败动力机制研究"的研究中鲜明指出，廉政文化是一种社会文化和大众文化，廉政文化建设的指向是社会公众。① 笔者赞同该观点，认为廉政文化建设应该推动社会民众对廉洁从政形成普遍认同和正面评价。而且，在马克思的广义文化概念中，文化包括物质文化、精神文化、制度文化等因素。② 将廉政文化本身的特殊性与其作为文化的共性相结合，廉政文化的物质文化层面主要体现为物质文化遗产，是以精神文化和制度文化的载体出现。由此可见，廉政文化是一个复杂又有深刻内涵的整体，主要体现为以下三方面。

其一，廉政意识（非正式制度）层面。廉政文化是人们关于廉洁从政所形成的世界观、人生观和价值观，包括党员领导干部和一切公职人员关于廉洁从政的政治文化，也包括全体社会成员认同和追求的具有廉洁价值导向的廉洁文化，包含清廉的价值理念、道德习惯和思想理论。

其二，廉政制度（正式制度）层面。制度是文化的基本要素，没有制度规则、制度秩序和制度规范的文化是不存在的。③ 由此，廉政文化也包含公职人员应该遵循的有关廉洁从政的法律、规章制度和规范性文件和契约细则等，以及全体社会成员为实现干部清正、政府清廉、政治清明和社会清朗所应遵循的规章制度。

其三，特别值得提及的是，不管是非正式制度意识形态层面的廉政文化，还是正式制度层面的廉政文化，都会直接影响人们的廉洁行为，

---

① 唐晓清，牟广东. 腐败的文化透视与廉政文化建设［J］. 学习论坛，2008（6）：16-18.
② 王仲士. 马克思的文化概念［J］. 清华大学学报（哲学社会科学版），1997（1）：22-28.
③ 孙晓莉. 国外廉政文化概略［M］. 北京：中国方正出版社，2014：4.

突出地表现为对权力运行进行监督的廉洁行为。因而，本书的研究也关注民众的廉洁行为方式，特别是廉政监督行为，将其作为与非正式制度廉政文化和正式制度廉政文化紧密相连的廉政行为文化。

此外，从廉政文化的概念出发，笔者认为廉政文化包含廉洁从政的政治文化、廉洁的社会文化，以及廉洁的职业文化等各种以清正廉洁为鲜明特征的文化样态。因而首先需要厘清廉政文化与廉洁文化之间的关系。在学界，有的学者把廉政文化和廉洁文化两者相互替用；有的学者认为两者在所指对象上存在区别，认为廉洁文化作用的对象是整个社会，而廉政文化作用的对象主要是党政机关、领导干部或者全体公职人员，与其他社会民众无关。实际上，从本质来说，廉政文化并不只是公职人员的事，而是与广大人民群众息息相关。每个人的生活都与公权力的运行有千丝万缕的联系，廉政文化建设最终的受益者也必然是广大普通民众，因为只有在清正廉洁公平正义的社会里，普通民众才享有机会均等的权利。2010年中央纪委、中央宣传部等六部门联合下发的《关于加强廉政文化建设的意见》（以下简称《意见》）中，明确提出要"大力培育和弘扬廉洁价值理念"，既要"树立领导干部秉公用权、廉洁从政的价值理念"，也要"把培育廉洁价值理念与社会公德、职业道德、家庭美德、个人品德教育有机结合起来"，"培育公民廉荣贪耻、诚实守信的道德观念"。① 该《意见》把廉洁文化和廉政文化相统一，将树立领导干部廉洁从政理念与培育公民廉荣贪耻、诚实守信的道德观念结合，纳入廉政文化建设之中。因此，有学者认为廉洁文化与廉政文化的区分割裂了政治文化和社会文化的共生性，造成不同群体对反腐败

---

① 六部门联合下发《关于加强廉政文化建设的意见》[EB/OL]. 中国政府网，2010-01-04.

和廉政建设观念不同、信仰相斥的局面。① 笔者赞同廉政文化与廉洁文化具有相通性与共生性的观点，认为廉洁文化着眼于培养全体公民廉洁自律、诚信敬业的品质，其实质就是廉政文化建设包含的内容，属于广义的廉政文化范畴。本书主要的研究群体是广大人民群众，所期待解决的问题是运用人民群众的廉洁价值观所具备的强大力量约束公权力、监督公权力，推动党政领导干部以及全体公职人员秉公用权，防止公权力的滥用与"异化"，真正落实"权为民所用"的马克思主义权力观。2022年2月，中共中央办公厅印发《关于加强新时代廉洁文化建设的意见》，突出强调廉政文化与廉洁文化的统一性，即公职人员廉洁从政的廉政文化与社会成员廉洁从业文化相统一。因而，本书的研究更加重视廉政文化与廉洁文化的相通之处，使用广义的廉政文化概念，包含以下两方面。第一，廉洁从政的政治文化。即关于党政领导干部和一切公职人员秉公用权、清正廉洁、执政为民的文化。人民大众对于党政领导干部和一切公职人员廉洁从政的认识、信仰、推崇，以及从观念上和行为上影响公职人员廉洁从政的文化，都属于该范畴。第二，廉洁的社会文化。个人的廉洁品德、各行各业的廉洁职业文化、各组织机构的廉洁组织文化都属于廉洁社会文化的组成部分。因为廉洁的社会文化为廉洁从政提供了廉洁的土壤和廉洁的风尚，本身就是廉政文化不可或缺的组成部分。

(二) 廉政文化建设

同样，本书研究的廉政文化建设也是广义上的廉政文化建设，优秀传统廉政文化的传承与弘扬、廉洁价值理念的培育、廉政理论的探索、廉政制度的确立、廉政教育的开展、廉政文化的传播、廉政文化产品的

---

① 陈平其. 廉政文化建设的信仰培育与制度规范 [J]. 湖湘论坛, 2018, 31 (2): 98-105.

创建，以及推动廉政监督行为的形成等都属于廉政文化建设。笔者认为一切有利于破除腐败文化，有利于传承优秀传统廉政文化和红色廉政文化，有利于确立廉洁从政价值观的文化建设都属于廉政文化建设。本书研究民众参与廉政文化建设的路径，既有总路径，又从非正式制度和正式制度两个层面展开深入研究，探索更加具体而有效的建设路径。在非正式制度的意识形态层面，以家庭、学校、企事业单位、社区、农村、大众传播为清廉单元，探寻广大群众参与廉政文化建设具体措施；在正式制度层面，从根本制度的建设和具体制度的构建层级研究推动群众参与廉政文化建设的"正式制度"。进而，探寻民众参与廉政文化建设的长效机制，使廉政意识的"软力量"与廉政制度的"硬力量"相结合，推动人民群众在日常生活中形成廉洁生活方式，使廉政监督成为民众的一种自觉行为。

二、民众与民众参与

（一）民众

本书所指的"民众"是指广大人民群众，是马克思主义理论话语中的人民群众，是物质财富和精神财富的创造者，是全体民众，是一个集合名词。需要强调的是，因为多学科术语在当前多学科背景下交叉融通的习惯，本书在研究中对表达民众的概念交替使用。例如，"人民""人民群众""人民大众""大众""群众""百姓"等，都表"民众"语义。

（二）民众参与

民众参与又称为公民参与、公众参与、大众参与，英文为"Public participation"，许多学者从社会学、政治学以及法学的角度定义民众参与，学界通常认为公众对公共决策、公共事务实施等产生的影响都是民众参与。例如，俞可平先生认为公民参与，就是公民试图影响公共政策和公共生活的一切活动。他还指出，如今公民参与的范围已经从国家的正式领域扩大到社会非正式领域。① 一般认为现代意义的公众参与是在20世纪30年代，起源于美国，为缓和政府和公众之间的矛盾而产生。公众参与作为法律原则于1946年开始出现在美国《行政程序法》之中，此后越来越多见之于美国法律法规，公众参与也得到了越来越充分的发展。② 在我国，民众参与在环境保护领域最早得到重视，全国人大于2002年出台的《中华人民共和国环境影响评价法》明确鼓励公众参与环境影响评价，并规定了公众参与规划项目的程序。因而关于社会治理的问题研究中，许多学者关注到了"民众参与"，民众常常作为对应于政府而存在的一种力量。2004年潘岳在科学发展观世界环境名人报告会上作了《环境保护与公众参与》演讲，他所说的"公众"就是相对国家机关以及政府部门的普通群众，而"公众参与"指的就是人民群众参与政府公共政策和公共事务，他指出环境保护是事关公众切身利益的重要的公共事务。③本书所研究的民众参与紧紧围绕廉政文化建设展开。

第一，在观念层面的非正式制度廉政文化建设层面，"民众参与"指人民大众在廉政文化建设中提高廉政意识，传承和弘扬廉政文化，树立廉洁价值观，从而使廉洁品质成为公众的道德操守和社会共识，形成社会民众对腐败的内在约束力。表现形式为：人民群众通过接受或宣传廉政文化，组织或参加廉政文化活动，具备廉洁品质，否定贪污腐败，向往和追求"廉洁从政"，构建起"廉荣腐耻"的清正廉洁社会关系网络，形成风清气正的廉洁社会风气，为党政领导干部和所有公职人员

---

① 俞可平. 公民参与的几个理论问题 [N]. 学习时报，2006-12-18（5）.
② 王周户. 公众参与的理论与实践 [M]. 北京：法律出版社，2011：10-11.
③ 潘岳. 环境保护与公众参与 [N]. 人民日报，2004-07-15（9）.

"不想腐"提供深厚的社会养分，也为民众自觉对公职人员施行"廉政监督"奠定思想基础，这是民众在"非正式制度"视野下参与廉政文化建设。

第二，在正式制度建设方面，要为民众参与廉政文化建设提供制度保障。主要表现为健全和完善人民当家做主的制度体系，为民众参与廉政文化建设提供最根本的制度保障；从具体制度上明确民众参与廉政文化建设的领导机制、方式方法、经费保障、绩效评价等要素，为民众参与廉政文化建设持续稳步发展提供直接依据。

第三，与此同时，在廉政文化建设中的民众参与还包括民众的廉洁生活方式，特别是廉政监督的廉洁行为方式，强调人民大众不断提高廉政意识，进而提高廉政监督的积极性、主动性，担负起廉政监督的人民主体责任，履行"正式制度"赋予的对权力进行监督的权利。

需要强调的是，本书着重研究廉政文化建设中党政领导干部之外的群体，强调我国廉政文化建设需要动员民众广泛参与。党政领导干部作为我国建设的领导力量，必须与人民群众相联系，人民群众的参与是在党政领导下的参与。因而在研究中，尤其是在正式制度建设层面的路径分析中，笔者会研究党政领导干部在动员民众参与廉政文化建设中的作为，这种研究始终围绕民众参与廉政文化建设的主题而展开，党政领导干部的作为在这一范畴内服务于民众参与廉政文化建设的主题。

(三) 廉政文化建设的民众参与路径

第一个层面是民众如何参与到廉政文化建设中的路径，即研究民众参与廉政文化建设的路径；第二个层面是如何推动民众参与廉政文化建设的路径，即要研究为民众参与廉政文化建设提供支持力的路径；第三个层面是建立民众参与廉政文化建设长效机制的路径。因而，本书对我国民众参与廉政文化建设的路径研究，以探寻民众参与廉政文化建设的路径为研究重点，也包括推动民众参与廉政文化建设的路径研究，以及长效机制的建设，这才是全面而完整的。

第三节　民众参与廉政文化建设的研究综述

本书主要围绕民众参与廉政文化建设的路径展开研究，学术界关于廉政文化建设的研究都是本书展开研究需要关注的领域。又因为，笔者在研究民众参与廉政文化建设的路径中，廉政监督是廉政文化的行为文化层面，是群众参与廉政文化建设的重要的方式，所以有关民众参与廉政监督的研究也值得重视。

一、关于廉政文化的研究

（一）廉政文化内涵研究

有的学者认为廉政文化是关于廉洁从政的先进思想、道德观念及其指导影响下的廉政制度、组织、体制、机制、社会风气、社会意识形态以及相关法律规范，是政治文明和精神文明的有机结合（黄明哲、刘光峰，2005）；廉政文化的内涵包括廉政的思想文化、道德文化、政治文化、职业文化和社会文化（张国富，2009）；廉政文化的内涵需要考虑廉政文化以全体公民为主体、具有时代特征、包含众多要素并有明确的应对腐败难题的功能指向（王合伦，2011）；中国社会科学院课题组明确"廉政文化是关于廉洁从政的知识、观念、规范和与之相适应的行为方式及社会评价的总和"（李秋芳，2011）；林楠认为廉政文化是崇尚廉洁执政的价值理念、行为规范和社会道德风尚的统一体（2012）；也有学者认为是社会生活中形成的关于廉政的世界观、人生观、价值观，以及以实现清廉政治为目的所形成的各种思想理论、伦理规范、价值理念、道德习惯、法治传统以及行为方式、价值评价等的历史性积淀（张弘政，2013）；还有学者认为廉政文化包含廉政精神文化、制度文化和行为文化，三个要素分别应对解决"不想腐""不能腐""不敢腐"问题（韩喜平、杜一名，2020）。学界主要围绕廉政文化崇尚廉洁、鄙弃贪腐的价值取向，从思想层面、制度层面和实践层面不断丰富内涵，从概念的界定中显示了廉政文化的社会性。

（二）廉政文化的作用与意义研究

这是学者广泛关注的问题，早在1818年黑格尔在《法哲学原理》中就提出道德教育对政府官员所起的作用"在于使政府官员并不只靠外力制约，而是从思想上堵塞不法行为的产生，形成一种自我约束的道德规范和主观意志的法"。马林诺夫斯基（Malinowski）认为文化可以改变人们性格中自私自利的部分，还会在人与人的相处过程中产生道德约束力（1944）。杰克·D.道格拉斯（Jack D. Douglas）和费兰西斯·C.瓦克斯勒（France Chaput Waksler）认为廉政道德教育比制定成文规则更有效地约束政府公务人员（1987）。我国学者认为廉政文化建设有助于为党风廉政建设营造良好的政治文化生态和思想基础（刘杰，2009），是深入推进反腐倡廉工作的迫切需要（邵景均，2011），是应对腐朽文化挑战的必然选择（张吉雄，2012），对风清气正的政治生态具有修复功能（陈志宏，2012），对推进全面从严治党有重要意义（陈永华，2018）；董业东还强调廉政文化可以滋养法治精神、提高制度约束力、扩大监督覆盖面（2014）；房宁认为我国反腐败需要积极推进廉政文化建设（2015）；孙立军等人从调查研究中揭示廉政文化对大学生的思想教育、成长成才具有潜移默化的影响作用，在促进大学生人格发展，以及培育具有清廉自律道德品质的高素质人才等方面具有重要意义（2014）；钟慧英关注廉政文化对我国新时期的经济和社会稳定发展所起的重要作用（2019）；韩喜平、杜一名认为廉政文化在我国实现推进不敢腐、不能腐、不想腐建设进程中发挥积极作用（2020）。总之，学界对廉政文化作用和意义的认识越来越全面，比较集中于廉政文化对反腐败斗争、全面从严治党、廉洁政治生态和青年大学生廉洁品质形成方面作用的肯定。

（三）中国共产党的廉政文化建设思想研究

党的十八大以来，学界对于中国共产党的廉政文化建设有了越来越多的关注。朱晓梅提出党政领导干部在推进廉政文化建设中应发挥模范作用（2013）。2013年上海市社会科学界召开"党的纯洁性视域下的廉政文化建设"研讨会，50多名与会专家学者就党的纯洁性与廉政文化建设的关系及其建设实践反思展开讨论（宋霁，2013）。李双清等阐述全面从严治党与政府廉政文化建设的内在逻辑（2016），陈永华关注全面从严治党背景下的廉政文化建设（2018），孙立军对习近平廉政文化思想进行深入而全面的研究（2017）。

（四）廉政文化建设途径研究

这是学界探讨的重点问题，学者从不同学科背景出发探寻有效途径。波兰学者琼娜·苏娃耶（Jonna Swaje）在海南"中国改革论坛"上提出把廉政教育列入学生的必修课程是提高国民廉政意识的重要途径（2003）。印度尼西亚学者Sarmini、Totok Suyanto、Ulin Nadiroh等人指出，将反腐败文化融入中学学校教学、融入教材、融入学生作业，以此增强对年青一代进行反腐败教育，是廉政文化建设的重要举措（2018）。我国学者提出要形成全方位、多层次、强有力的廉政文化建设格局，营造良好的廉政文化氛围（赵秀月，2010）；将廉政文化建设纳入公平正义基础上的和谐社会建设范畴之中（秦馨、唐秀玲，2011）；认为需要注重廉政文化的挖掘、继承和发扬传统，并赋予廉政文化崭新的时代内涵（孙立军、焦岚，2014）；提出借鉴我国历史上的优秀廉政文化是一条重要途径（谢春涛，2014）；认为要在历史视野下探讨廉政文化建设的进路（蒋光贵，2014）。也有学者倡导通过借鉴国外廉政文化建设经验推进我国的廉政文化建设,如芬兰经验(朱军,2005)、丹麦经验(葛凤、唐英连,2015;胡俊,2016;张腾腾,2016;张喜华、马驰,2018)、瑞典经验(张晓慧,2017;赵婷,2019)、新加坡经验(高勇,2009;田芸,2014;武光军,2016)以及日本经验(申险峰等,2016)等。在这些廉政文化建设的路径研究中,不少学者已经把廉政文化建设的视野延伸至社会各领域的广大民众。

(五)民众参与廉政文化建设研究

早在1945年,毛泽东回答黄炎培的历史周期率问题时就提出人民监督政府的有效途径,凸显人民群众参与廉政监督的强大作用。近年来民众参与廉政文化建设受到越来越多的学者重视。例如,赵秀月、薛艳萍阐述人民群众参与廉政文化建设的重要性(2010);易小兵在论述执政党软实力与民众认同并追随其政治价值观的相互关系中突出民众参与廉政文化建设的作用(2012);邓纯强调人民群众广泛参与廉政文化建设对反腐斗争高效进行的积极意义(2013);李辉强调在反腐败斗争中公众参与的重要性,包括拥有抵制腐败行为的社会文化与观念和民众参与反腐败的途径(2013);孙凌燕以邵阳市邵东县为考察视域,研究公众在县级廉政文化建设中的作用(2013);陈健指出民众参与在反腐败斗争中的重要作用,并强调反腐进程中构建民众参与制度的积极意义(2015);赵亚男在研究新中国成立以来中国共产党廉政文化建设中提出人民群众参与反腐倡廉的责任心和行动力得到增强(2017);单淑莹在对河南省居民进行问卷调查基础上探讨影响民众行贿意愿的因素,并讨论治理腐败的"社会中心主义"路径(2019)。针对特定领域内民众参与廉政文化建设实践的研究也得到了学者的关注,如高校师生参与廉政文化建设(许青云,2009;苏荔萍,2014;孙立军,2014)、职工参与企业廉政文化建设(章珊,2011;易杨、双丹,2015)、村民参与农村廉政文化建设(胡雄,2014;黄文喜,2015)等。特别值得提及的是，国内外学者在对世界上清廉度比较高的国家和地区进行廉政研究时，都揭示了民众参与的重要性。例如，新加坡学者郑永年总结新加坡和香港地区的反腐经验，认为"社会力量参与反腐败也非常得力"，指出"中国的腐败已经高度社会化"，反腐败需要"逐渐扩展到社会的各个领域，最终才会有建设清廉政府和清廉社会的可能性"（2014）；孙晓莉在对芬兰、瑞典、英国、澳大利亚、新西兰等国家的廉政文化建设研究中强调了培育民众廉洁观念对国家廉政建设的重要意义（2014）；香港学者公婷明确指出公众的参与是香港廉政建设成功的重要经验，并强调实现社会对腐败的"零容忍"是应对腐败的重要路径（2017）；而且许多学者指出了我国廉政文化建设中群众参与度不足的突出问题（李秋芳，2011；张越，2013；赵亚男，2015）。

由此可见，学界通过实证研究、对比研究等多种方式越来越多地关注到了人民大众这一群体，学界对民众参与廉政文化建设的重要性有了越来越清晰的认识，同时也逐渐关注到了我国民众参与廉政文化建设存在的缺失。

二、关于民众参与监督的研究

在对反腐的研究中，学界越来越重视民众监督的作用。刘振勇指出民众监督具有无所不在及明察秋毫的能力，是腐败的天敌，应加强民众对腐败的监督（2011）；宋为等人充分阐述了民众利用网络监督腐败的积极功能（2011）；袁刚认为民众监督是反腐败的治本之策（2013）；刘振勇、李玉华认为民众监督应该成为法治政府建设不可或缺的力量（2015）。许多学者在对外国廉政制度的研究中强调了民众参与监督的重要作用，学界的研究涉及亚洲、大洋洲、欧洲、非洲和美洲的许多国家和地区，尤其是对新加坡、日本、芬兰、丹麦、澳大利亚、新西兰、美国等国的研究最为集中。学者们还就所研究国家的民众监督经验，探讨其对我国廉政文化建设中推进民众监督的启示。（李秋芳，2007；葛凤等，2015；李秋芳，2015；张文，2016；王同彤，2016；王有粮等，2017；四川省社会科学院课题组和四川省廉政建设研究中心，2018）

　　就整体而言，对我国民众监督的研究，学者主要从我国权力监督的视角考察和研究中国共产党的群众监督思想基本内涵、思想渊源、发展过程、作用意义及其在实践中存在的问题与解决问题的对策。其一，基本内涵。李宗楼从概念本身出发，认为中国共产党群众监督思想是"广大人民群众对国家机关及其工作人员制定和执行各项制度、方针、政策以及他们的工作进行检查和督促"（1994）；李资远则从内容与形式的角度看待人民群众的监督思想，认为人民群众通过自己的代表机关依法实施的直接监督和通过批评、建议、检举、揭发、控告、申诉等形式对各级党组织和国家机关及其工作人员进行的间接监督这两种形式进行权力监督（2004）；王俊淇从实践向度透析，认为群众监督思想是以"始终代表中国先进生产力的发展要求"为实践向度、以"始终代表中国先进文化的前进方向"为实践动力、以"始终代表中国最广大人民的根本利益"为实践价值的三位一体的监督思想理论体系（2017）。学者们还阐释了中国共产党群众监督思想的基本内涵，有的从权力制约的角度进行阐释，认为群众监督等同于公民监督，指出群众监督思想是人民群众通过各种方式和途径，特别是对党和政府及其公职人员进行的监督思想，认为人民群众是最清楚的指向客体，既是党执政过程的监督者，也是党监督成效的验收者（张华、王能昌，2004）。卢智增则对毛泽东的群众监督思想展开详尽分析，认为群众监督是毛泽东异体监督思想的核心理念，也是实现人民群众利益的民主途径之一（2013）。其二，理论来源的研究。学术界多以古代中国"仁政""以民为本"的思想和马克思历史唯物主义思想以及中国共产党历代领导人的群众监督思想为视角，认为党的群众监督思想理论来源主要有两方面：马克思主义政党监督理论和我国古代监督思想。其三，关于中国共产党群众监督历史进程考察与经验总结。李志军、韩苗苗从历史定位维度、制度化维度和监督方式认识维度，考察新中国成立70年来中国共产党群众监督思想的演变历程（2019）。其四，对中国共产党群众监督的作用与意义研究。学者普遍认为加强群众监督对我们党具有十分重要的现实意义，谢树认为群众监督思想是新时代中国共产党权力监督思想的重要组成部分，在推动构建不敢腐的惩戒机制、不能腐的防范机制、不想腐的自律机制中发挥重要作用（2018）。蔡志强、李志认为，新时代党的监督思想体现了以人民为中心的核心价值，并且能更好地保障人民群众根本利益和人民当家做主权利（2019）。其五，中国共产党群众监督在实践中存在的问题及对策研究。王俊淇认为要创新人民群众监督形式，加大群众反映问题处理力度，保障监督渠道畅通，以务实举措保障群众监督（2017）。

　　总之，学界关于民众参与监督问题的研究揭示：民众监督的重要性基本上是学界对该问题研究的共识。同时，许多学者也关注到我国当前推进群众监督的实践依然存在诸多问题，我国民众监督权力的效果远未达到令人满意的程度。学者们也纷纷提出解决问题的思路，有些思路已经得到落实。例如，政府信息公开制度的推行和不断完善，群众监督渠道的不断拓展等。但群众监督意识淡薄、积极性不高、群众监督体制机制有待完善等问题依然十分突出，需要从深层次探寻解决的根本方案。这些研究也为本书将群众监督融入廉政文化建设的研究范式提供基础。

　　综上所述，从整体看，学术界对于廉政文化建设的研究基本上厘清了廉政文化建设的内涵，阐述了廉政文化建设在反腐倡廉建设等许多领域的重要地位，并在多学科理论视野下探讨我国廉政文化建设的途径，民众参与廉政文化建设的视角越来越受到中外学者重视。然而，当前廉政文化建设的研究重点仍然是针对党员干部展开，对民众参与廉政文化建设的研究处于起步阶段，多为阐述民众参与廉政文化建设的重要性及其基础性地位，关于如何激发民众参与廉政文化建设的研究零散而不全面，如何通过廉政文化建设解决民众参与监督的积极性研究还比较少。因而，从整体上来看，民众参与廉政文化建设的范畴以及民众参与廉政文化建设的研究范式和具体实现路径尚有许多问题需要研究。本书的研究就是在现有研究基础上，通过收集详尽的文献资料和深入实地调研，以人民大众为考察的重点对象，与以领导干部为对象的廉政文化建设相结合展开研究。笔者将我国廉政文化建设放置于我国廉政文化建设历史进程的纵坐标轴和世界廉政文化建设的横坐标轴上，从中国特色社会主义现代化建设的实际出发，以马克思主义为指导，运用马克思主义的立场、观点、方法，结合历史学、经济学、政治学、社会学等多学科研究方法展开全面而深入的研究。力图在前人研究的基础上，将新理论、新方法作为分析工具，探寻民众参与廉政文化建设的有效路径，在理论上为深化我国廉政文化建设提供研究范式的参考，在实践中，为反腐倡廉建设扎实意识形态认同的社会根基，也为反腐败斗争提供不竭的群众伟力。

第一章

我国民众参与廉政文化建设的四重逻辑分析

廉政文化是先进文化的重要组成部分,具有鲜明的反腐败指向。2018年12月13日,中共中央政治局会议做出"反腐败斗争取得压倒性胜利"的重要判断。2020年2月24日,十九届中央纪委四次全会明确提出"反腐败斗争压倒性胜利不断巩固发展",我国反腐败斗争已经由量的积累向质的转变迈出坚实步伐。然而,要进一步巩固发展反腐败斗争压倒性胜利,彻底斩除腐败毒瘤,必须紧密依靠人民群众,动员和吸纳广大民众参与廉政文化建设,夯实我国反腐败斗争的群众之基。因为"中国的腐败已经高度社会化",反腐败需要"逐渐扩展到社会的各个领域"。[①] 如果单纯依靠党和政府的内部力量应对高度社会化的腐败问题,清廉政府和清廉社会的目标将难以实现,唯有动员广大民众积极参与,才有实现的可能性。

大量研究表明,在一个国家或地区的反腐倡廉建设中,发挥社会大众的主体地位和参与作用至关重要,在一定程度上广大民众扮演着极为关键的角色。在我国的反腐败斗争中,人民群众也在发挥越来越重要的作用,民众参与廉政文化建设体现了马克思主义群众史观人民立场的价值逻辑;马克思主义的群众监督思想揭示了群众参与廉政文化建设的深厚理论根基;在我国悠久的历史长河中,民众参与廉政文化建设为当前廉政文化建设提供了宝贵的历史经验。而且,民众参与廉政文化建设,

---

① 郑永年. 关键时刻:中国改革何处去 [M]. 北京:东方出版社,2014:222.

在习近平新时代中国特色社会主义建设中极具现实紧迫性。毋庸置疑，在我国，民众参与廉政文化建设的必要性已经显现，价值逻辑、理论逻辑、历史逻辑和现实逻辑构成内在统一体。

第一节 价值逻辑：马克思主义的人民性提供鲜明的价值取向

一、人民群众参与廉政文化建设是人民性的体现

人民性是马克思主义最鲜明的理论品格，《共产党宣言》旗帜鲜明地宣称无产阶级运动是为绝大多数人谋利益，共产党人"没有任何同整个无产阶级的利益不同的利益"[①]。这充分体现了马克思主义是为大多数人谋利益的学说，具有鲜明的人民立场。中国共产党是马克思主义政党，从建党开始把维护人民群众利益作为根本出发点，把"全心全意为人民服务"作为党的根本宗旨，把依靠人民的群众路线作为根本工作路线。在中国革命和建设的实践中，中国共产党调动广大人民群众的积极性、主动性，依靠广大人民群众，取得伟大成就。随着马克思主义不断与中国实际相结合，党的理论创新不断推进，人民立场始终是最根本立场，"人民至上"始终是不变的价值取向。中国特色社会主义进入新时代，习近平总书记告诫全党要不忘初心，始终把人民放在心中最高的位置，为实现人民对美好生活的向往而不懈奋斗，形成以人民为中心的发展思想。这是人民立场在习近平新时代中国特色社会主义思想中的体现。以人民为中心的发展思想体现于中国特色社会主义的根本制

[①] 中共中央马克思恩格斯列宁斯大林著作编译局. 马克思恩格斯选集：第1卷［M］. 北京：人民出版社，2012：413.

度、基本制度和重要制度之中，也贯穿于中国特色社会主义建设的全过程和各个层面。廉政文化建设是我国政治建设、文化建设和党的建设等多领域联合建设的统一体，目的是革除腐败，使人民群众对风清气正的政治生态和公平正义的社会生活的美好向往在实践中得以实现，最终是为了造福人民群众。在清廉社会里，领导干部不在人民群众面前耀武扬威，或是走过场，不关心群众疾苦，甚至损害群众的利益，而是成为"公仆"，俯下身子切实为人民群众排忧解难；在清廉社会里，人民群众享受公平正义的阳光，正直善良而且品德高尚的人能够获得施展才华的机会，能够为社会做出更大的贡献；也只有在清廉社会里，人民才能够真正成为国家的主人，人民大众的自豪感油然而生，社会更加和谐，生活更加幸福。

我们有理由相信，有广大人民群众的参与，我国廉政文化建设一定能取得更大的成效，在我国腐败治理以及廉洁政治生态构建等方面谱写出新篇章，使人民群众共享我国清正廉洁的政治道德环境和公平正义的清廉社会环境。

二、人民群众的参与是坚持以人民为中心的廉政文化建设，是对"权为民所用"的维护，体现的是对人民权利的捍卫

腐败问题事关党的生死存亡，触及整个社会的稳定发展，影响国家的长治久安。如何有效解决腐败问题，不仅要靠管党治党，抓住"领导干部"的关键少数，也需要站在马克思主义的人民立场，依靠人民大众，根植于人民，用人民大众的磅礴力量约束党政领导干部手中的权力，使"权力"服务于人民大众，才能真正落实"权为民所用"的马克思主义权力归属观，彰显无产阶级政党全心全意为人民服务的本质属性，激发人民群众的监督自觉，擦亮权力运行的全领域、全天候民众"探照灯"。

众所周知，腐败最直接和最主要的受害者是广大人民群众，腐败越严重，公权力越多地被异化为权力掌握者的个人私利，人民群众就会面临着升学、就业、晋升等现实生活中越来越多的不平等。因而，在廉政文化建设中，人民群众的参与首先表现为对党坚决治理腐败政策的认同、理解和拥护，对腐败行为的藐视和否定，并了解和掌握有关廉洁从政的知识、规范，形成清正廉洁价值观，形成腐败治理中强大的意识形态"软力量"，为党的腐败治理提供强大支撑力。胡锦涛同志曾强调"要有效发挥党内民主和人民民主在反腐倡廉建设中的重要作用"①。在此基础上，民众参与廉政文化建设还要发挥腐败治理的作用，要以民众之力制约权力异化，要还权于民，确保权力始终用来为人民谋幸福。民众主动承担监督公权力的职责，从接受廉政文化的静态参与走向动态参与，主动传承和传播廉政文化，并对权力实行监督，形成监督权力运行的磅礴力量，保证我国国家权力为人民服务的根本属性。

三、民众参与廉政文化建设，体现党坚持群众路线的根本工作方法

群众路线是中国共产党的根本工作路线，要求中国共产党必须紧密联系群众，始终依靠群众、动员群众和组织群众。大量的理论研究和实践证明，权力集中在少数人手中，具有趋向腐败的天然属性，掌握公权力者的道德修养、约束权力的制度体系和监督体系，以及掌握公权力者所"嵌入"的整个社会的观念习俗、精神风貌等因素都极大影响腐败治理成效，由此导致腐败治理的艰难性和复杂性。而这恰恰表明了我国廉政文化建设迫切需要依靠人民群众。主要表现为以下三方面。其一，破除贪污腐败文化，培育"崇廉""尚廉"风气，需要全体民众共同参与，激发人民群众的主体意识，调动人民群众积极性和主动性，这就是

---

① 胡锦涛. 胡锦涛文选：第三卷［M］. 北京：人民出版社，2016：47.

以人民为中心的具体体现。其二，以人民群众的廉洁价值观、廉洁行为方式形成强大的廉洁力量，通过人民群众对腐败的远离和否定，从思想层面"制约"和"倒逼"领导干部依法用权，为民用权。其三，通过不断增强人民群众的廉洁素养，增强民众腐败零容忍意识，进而形成廉政监督的行为方式，更加扎牢我国权力监督之网，对腐败发生形成强有力的防范，最终体现为对人民权益的保障。

总而言之，人民群众参与廉政文化建设，展现了马克思主义鲜明的人民性和新时代中国共产党以人民为中心的价值依归，让我们认识到，我国廉政文化建设的进程中需要紧紧围绕人民而展开，廉政文化建设要构建的廉洁政治生态，其根本出发点和落脚点是对人民权利的保障，也是对"权为民所赋、权为民所用"的马克思主义权力观的捍卫。廉政文化建设依靠人民群众展开和推进，正是人民价值取向的坚持，从而保证廉政文化建设在实践中能够始终坚持正确价值方向。

第二节　理论逻辑：马克思主义的群众监督思想构成理论基础

群众监督是与廉洁从政的知识、观念、规范相适应的一种廉洁行为方式，属于廉政行为文化范畴。廉洁从政的思想意识和廉政制度直接影响和控制着人们的行为方式。从民众视角看，廉洁行为方式最重要的外化标识就是民众参与对权力的监督。民众监督公权力的理论构建起民众与廉政文化建设之间的逻辑关系。

从理论溯源来看，可以追溯到马克思关于民众参与监督的廉政思想。马克思在《1848年至1850年的法兰西阶级斗争》中揭露上层资产阶级的腐败，指出国家使各式各样骗人的供货合同、贿赂、贪污以及舞弊勾当有机可乘。资产阶级中没有掌握统治权的集团高喊"腐败！"人民大声疾呼"打倒大盗！打倒杀人凶手！"① 在《法兰西内战》中马克思又指出现代工业的进步促使资本和劳动之间的阶级对立发展、扩大和深化，国家政权在性质上也越来越变成了资本借以压迫劳动的全国政权。认为表面上高高凌驾于社会之上的国家政权，正是这个社会一切腐败事物的温床。② 因而提出要建立新的国家制度，从根本上消灭腐败。在1871年第一个无产阶级政权——巴黎公社成立后，马克思分析总结巴黎公社约束权力的有效措施，主要有公社由普选选出的市政委员组成，委员对选民负责；公社是一个实干的而不是议会式的机构，既是行政机关，也是立法机关；从公社委员起，自上至下一切公职人员，都只能领取相当于工人工资的报酬。公社就是一个"廉价政府"，其实质上是工人阶级的政府。③ 马克思充分肯定巴黎公社的"廉价政府"、普选制以及民众对权力的监督，并认为公职人员是勤务员，为人民服务是公职人员的职责，由此形成马克思廉政思想的内核。而且，马克思、恩格斯说过：一切公职人员必须"在公众监督之下进行工作"，这样能"可靠地防止人们去追求升官发财"和"追求自己的特殊利益"。④ 从理论上明确了公众在监督权力、制约腐败中发挥至关重要的作用。

马克思、恩格斯关于群众参与监督的廉政思想在列宁领导的俄国实践中得到发展和升华。列宁鲜明指出共产党要同拖拉作风、官僚主义和贪污受贿现象做斗争，不能仅仅依靠法律和宣传，必须依靠人民群众的

---

① 中共中央马克思恩格斯列宁斯大林著作编译局. 马克思恩格斯选集：第1卷 [M]. 北京：人民出版社，2012：447-449.
② 中共中央马克思恩格斯列宁斯大林著作编译局. 马克思恩格斯选集：第3卷 [M]. 北京：人民出版社，2012：96-98.
③ 中共中央马克思恩格斯列宁斯大林著作编译局. 马克思恩格斯选集：第3卷 [M]. 北京：人民出版社，2012：98-102.
④ 中共中央纪律检查委员会，中华人民共和国国家监察委员会，中共中央党史和文献研究院. 习近平关于坚持和完善党和国家监督体系论述摘编 [M]. 北京：中央文献出版社，2022：6.

帮助，因而认为人民群众和党员干部都需要通过政治教育来提高"反腐文化素养"①。而且非常强调人民群众在管理国家事务和监督国家权力中的重要作用，他在俄共（布）第八次代表大会中提出只有全体居民都参加管理工作才能取得反官僚争斗完全胜利的重要观点。② 他也十分重视发挥工农群众在监督国家最高权力机关中的作用，向俄共（布）第十二次代表大会提出中央监察委员会应与改组后的工农检查院结合，建议从工人和农民中选出新的中央监察委员，并"通过工农中的优秀分子同真正的群众联系起来"③。列宁的廉政治理思想进一步丰富和发展了马克思主义群众监督的廉政理论。

中国共产党自建党之初，就十分重视人民群众监督权力的理论探索。毛泽东在新中国成立前明确提出"让人民起来监督政府"，打破历史周期率思想。新中国成立后，党的群众监督理论继续发展，特别是党的十八大以后，以习近平同志为核心的中国共产党人以坚定的反腐败决心和信心，不断推进群众监督理论创新发展，夯实群众参与廉政文化建设的理论基础。

一、强调监督是群众的责任

我国宪法明确规定我国是人民民主专政的社会主义国家，国家的一切权力属于人民。因而，对权力进行监督既是公民的权利也是义务。中国共产党是执政党，以其鲜明的人民立场和全心全意为人民服务的根本宗旨担负起领导责任，为我国人民行使当家做主权利提供根本保证。习

---

① 中共中央马克思恩格斯列宁斯大林著作编译局. 列宁选集：第4卷[M]. 北京：人民出版社，2012：587-588.
② 中共中央马克思恩格斯列宁斯大林著作编译局. 列宁全集：第36卷[M]. 北京：人民出版社，1985：154.
③ 中共中央马克思恩格斯列宁斯大林著作编译局. 列宁全集：第43卷[M]. 北京：人民出版社，1987：374.

近平总书记明确指出"解决干部身上的作风问题，群众也有责任，这种责任就是多提建议、认真监督"①。这表明在中国共产党群众监督理论中，群众监督首先是人民群众的职责所在。作为国家主人的广大人民群众，对党和各级组织、各级干部进行监督，既是权力，也是对党和政府的鞭挞，为维护国家长治久安，为永葆共产党纯洁性、先进性责无旁贷。

二、重视群众监督在整个监督体系中发挥作用

党内监督在党和国家各种监督形式中是最根本的、第一位的，但如果不同有关国家机关监督、民主党派监督、群众监督、舆论监督等结合起来，就不能形成监督合力。②党的十九大报告中提到，增强党的自我净化能力，根本方向是实现党的自我监督和人民群众监督相结合，以党内监督带动和促进其他监督，建立更加科学、更加严密、更加有效的中国特色监督体系。实践经验表明，党内监督和人民群众监督以及各类监督形成了精密的监督体系，各种监督力量协调贯通，才能使党在长期执政条件下自我净化、完善和革新，并不断提高能力，确保党始终是我国各项事业发展的坚强领导核心。

（一）强调党内监督与群众监督相结合的重要性

党内监督是根本，群众监督是基础，相辅相成。习近平总书记特别强调，要发挥人民监督的作用，指出人民拥护和支持是党执政最牢固的根基。③在权力监督体系中，人民群众的监督发挥基础性作用，因为只

---

① 中共中央纪律检查委员会，中华人民共和国国家监察委员会，中共中央党史和文献研究院．习近平关于坚持和完善党和国家监督体系论述摘编［M］．北京：中央文献出版社，2022：155．
② 习近平．论坚持全面深化改革［M］．北京：中央文献出版社，2018：295．
③ 中共中央文献研究室．十八大以来重要文献选编（中）［M］．北京：中央文献出版社，2016：101．

有依靠人民群众对党和政府积极建言献策和批评监督，党和政府才能了解人民群众的所需所盼，才能更全面掌握权力运行中的违规违纪违法问题。党内监督和群众监督、舆论监督有效衔接，形成了"寻虎找蝇"的强大监督合力，展现出监督探测的强大力量。

（二）提出要不断强化群众监督在权力监督体系中的作用

人民对美好生活的向往就是共产党人的奋斗目标。人民群众反对什么、痛恨什么，党就要坚决防范和纠正什么。发生在群众身边的各种腐败，损害了群众的切身利益，腐蚀了党的执政基础。因而要通过巡视巡察上下联动，打通层级、贯通地气、一致行动，充分发挥我国政治制度的优势，推动解决群众反映强烈的突出问题，推动全面从严治党在基层见到实效，厚植党执政的政治基础。建立巡视巡察上下联动的监督机制，加强党内监督与群众监督互动性，有利于增强监督合力。党的十九大报告中明确指出，要让人民监督权力，建立巡视巡察上下联动的监督网。巡视巡察是党内监督和群众监督相结合的有效方式，必须牢牢把握住密切联系群众这一纽带功能，把自上而下的组织监督与自下而上的民主监督有机结合起来，把党的领导与人民当家做主有机结合起来，既让领导干部接受监督、习惯被监督，也让群众知道监督、参与监督，不断增强监督效果，充分彰显中国特色的民主监督制度优势。

三、明确提出党政领导干部要自觉接受群众监督

领导干部自觉接受群众监督既是全面从严治党的需要，也是中国共产党群众监督理论重要组成部分。

（一）纠正领导干部对群众监督的错误认识

党的十八大以来，党中央进一步加强全面从严治党，坚决反对领导干部脱离人民群众的官僚主义。然而，部分党政领导干部仍然存在

"官本位"思想,对群众监督认识不深、不透,接受监督的意识不浓、不强,不愿意接受监督,甚至理所当然地认为领导干部有资格凌驾在人民群众之上。习近平总书记态度鲜明地指出:"不想接受监督的人,不能自觉接受监督的人,觉得接受党和人民监督很不舒服的人,就不具备当领导干部的起码素质。"① 习近平总书记把领导干部愿不愿意接受人民监督,能不能自觉接受人民监督,与领导干部的基本素质联系起来,为领导干部正确对待群众监督提供了正确指引。还有些领导干部在监督问题上搞"两张皮",说起来重要,做起来次要,忙起来不要,制约了群众监督活动的充分开展,削弱了群众监督的应有成效。习近平总书记强调,党员、干部要"主动把自己置于社会和群众的监督之下",而且"改什么、怎样改、改得怎么样,让群众看清楚,给干部以压力";② 还要"在倾听人民呼声、虚心接受人民监督中自觉进行自我反省、自我批评、自我教育,在服务人民中不断完善自己"③。马克思主义群众监督思想不断得到丰富。

(二)强调在践行群众路线中实现群众监督

中国共产党明确提出要坚持开门搞活动,主动联系群众,自觉接受群众监督。习近平总书记强调要更加注重发挥群众积极性,必须坚持开门搞活动,确保每个环节、每项工作都让群众参与,受群众监督,请群众评判;也强调领导干部在接受群众监督和批判时态度要真诚,要加强

---

① 中共中央文献研究室. 十八大以来重要文献选编(上)[M]. 北京:中央文献出版社,2014:136.
② 中共中央文献研究室,中央党的群众路线教育实践活动领导小组办公室. 习近平关于党的群众路线教育实践活动论述摘编[M]. 北京:中央文献出版社,2014:32.
③ 中共中央纪律检查委员会,中华人民共和国国家监察委员会,中共中央党史和文献研究院. 习近平关于坚持和完善党和国家监督体系论述摘编[M]. 北京:中央文献出版社,2022:14.

引导，讲究方法。① 开门搞活动，体现的是接受群众的自觉性，以新时代人民群众的需求为基础，以更好为人民服务为追求，为群众进行监督提供更便捷的方式，也更好地满足了人民群众对民主、法治、公平、正义等多方面的需求。

不仅是开门搞活动，党和政府开展工作也需要深入群众，倾听群众呼声。通过深入群众，了解群众对领导干部使用权力的看法，切实解决群众身边存在的权力滥用问题。调查研究是密切党群联系的重要方式，也是获取事实真相的根本途径。中国共产党向来重视调查研究，在新的历史阶段，要继续把党深入群众、开展调查研究的优良作风传承好、发扬好。要多俯下身子，了解实际情况，深入百姓，倾听百姓的心声。党的十八届三中全会明确："要认真想一想群众实际情况究竟怎样？群众到底在期待什么？群众利益如何保障？"② 把广泛听取群众对于领导干部使用职权的意见和建议作为群众实现权力监督的渠道。习近平总书记指出，"坚持群众路线，就要真正让人民来评判我们的工作。'知政失者在草野'"③。揭示了坚持群众路线与群众监督之间的内在联系，强调中国共产党的执政成效要由人民群众来评判，要紧紧依靠人民群众监督权力，让人民群众成为腐败治理的力量源泉。因为权力离开监督就容易走向腐败，在权力监督体系中，群众监督具备许多党内监督和国家行政机构监督所不具备的特点和优势，在整个监督体系中发挥重要作用。作为权力体系外部的一种监督，民众监督更容易摆脱内部监督中上级对下级的束缚，也更加能够"一视同仁"地监督各级领导干部。又因为

---

① 中央召开党的群众路线教育实践活动第一批总结暨第二批部署会议 习近平总书记发表重要讲话［EB/OL］. 共产党员网，2014-02-07.
② 中共中央文献研究室. 十八大以来重要文献选编（上）［M］. 北京：中央文献出版社，2014：554.
③ 习近平. 习近平谈治国理政：第一卷［M］. 北京：外文出版社，2014：28.

人数众多，一旦动员起来便能在全社会形成监督的天罗地网，使公权力置于全方位的监控之中。因此，在反腐败斗争形势依然严峻、腐败不断产生新变种的新形势下，只有将民众监督与党内监督、行政监督密切配合，形成新形势下我国反腐败斗争的利器，才能使腐败行为无处遁形。习近平总书记曾深情指出，"忘记了人民，脱离了人民，我们就会成为无源之水、无本之木，就会一事无成"，因而要"始终接受人民群众批评和监督"①。把与人民群众紧密相连、接受群众监督作为中国共产党永葆生机活力的力量源泉。他还强调："时刻不能脱离人民群众、自觉接受人民监督"②。党的二十大报告明确要始终接受人民批评和监督，也要始终同人民同呼吸、共命运、心连心，形成同心共圆中国梦的强大合力。

（三）提出深化群众监督以助力推进全面从严治党思想

党执政的力量之源和坚实基础是人民群众，这就决定了人民群众在全面从严治党中扮演重要角色。全面从严治党的基础是"全面"，是治党对象的全覆盖，也是领域的全覆盖，是时时和处处都将所有党员纳入其中。这就决定了党管党治党既需要组织的监督，也离不开人民群众构建的二十四小时全方位社会监督网络，即习近平总书记所说的"开启全天候探照灯"让"隐身人"无处藏身③。全面从严治党的"严"是常态化的严管严治，需要人民群众支持和帮助，要畅通群众建言献策和监督批评的渠道，"群众提出的意见只要对从严治党有好处，我们就要认真听取、积极采纳"④。表明了中国共产党刀刃向内，真诚依靠人民

---

① 习近平. 论中国共产党历史 [M]. 北京：中央文献出版社，2021：152.
② 习近平. 推进党的建设新的伟大工程要一以贯之 [J]. 求是，2019 (19)：4-15.
③ 习近平. 在党的群众路线教育实践活动总结大会上的讲话 [N]. 人民日报，2014-10-09 (2).
④ 习近平. 在党的群众路线教育实践活动总结大会上的讲话 [N]. 人民日报，2014-10-09 (2).

群众，以群众的监督来提升治党水平的重要思想。"治"是全面从严治党的关键所在，既要扶正"歪树"、治理"病树"，也要拔掉"烂树"，中国共产党明确提出要以猛药去疴、刮骨疗毒的坚定决心管党治党，依靠人民大众实现标本兼治。习近平总书记强调党员干部要"主动接受群众监督，虚心听取群众意见，该改的地方抓紧改，该治的病抓紧治，捂着、盖着、拖着不是办法"①。群众监督成为党政领导干部"治病救人"的重要方式之一，全面从严治党在深化群众监督中得以推进。

四、强调群众监督的常态化发展

群众监督在我国权力监督体系中的重要作用越来越突出，群众监督的常态化发展成为现实的需要。党的十八大以来，实现群众监督常态化发展在理论上得到发展完善。

（一）以权力运行公开化为前提

人民群众对于党政领导干部的监督，是一种全程的动态式的监督方式，是对权力事前、事中、事后运作的监控过程。深化政务公开制度，就是依法保障群众的知情权、参与权、表达权和监督权。习近平总书记强调，要用制度安排把政务公开贯穿政务运行全过程，权力运行到哪里，公开和监督就延伸到哪里，以公开促落实、促规范、促服务。②党务政务公开制度化的思想是对人民群众监督权力思想的进一步完善，为权力运行公开化提供了思想引领，也从制度层面为群众进行廉政监督提供前提。

（二）明确提出要畅通群众监督渠道

中国共产党非常重视通过各种渠道密切与人民群众联系的理论探

---

① 中共中央文献研究室，中央党的群众路线实践活动领导小组办公室．习近平关于党的群众路线教育实践活动论述摘编［M］．北京：中央文献出版社，2014：62.
② 权力运行到哪，政务公开就延伸到哪［EB/OL］．中国政府网，2016-11-15.

索，有助于党借助多平台在实践中领导群众监督获得常态化发展。

一方面，重视信访工作，完善群众信访相关机制。通过完善群众信访渠道来保障人民群众的意见可以畅通无阻地到达上级，对群众监督的意见及时给予反馈，积极鼓励群众对身边的党员干部作风问题进行举报、批评与揭露。认真对待群众的来信来访，是党相信和依靠群众、密切联系群众的表现。习近平秉承中国共产党重视群众信访工作的优良传统，明确指出，人民群众的信访权利的现实程度与其积极参政议政、进行民主监督之间具有密切相关性。因而强调要疏通信访渠道，提出"群众信访、群众举报和申诉、控告是公民监督的重要内容"①。强调各级领导干部要把信访工作与凝聚民心联系起来，为群众排忧解难。还提出要重视信访工作的化解机制建设，要加强法治建设。② 总之，在新的历史时期，中国共产党以法治化、科学化推进信访工作，并将信访工作与群众监督实现了贯通。

另一方面，强调充分利用网络监督平台，增强群众监督的动态实效。如今，网络不仅是网民们的"聊天室"，也是官方与民间对话的重要窗口。习近平总书记特别指出要提高包括社会监督在内的网络综合治理能力。③ 表明习近平总书记充分利用互联网平台了解民意、动员群众进行监督的思想。这一思想是中国共产党群众监督理论与时俱进的体现，根植于当今信息化、数字化的时代特征。互联网为网民提供自由交流平台，也为政府以及所有部门、单位与民众之间提供及时便利的互动。群众利用网络监督权力，有效克服传统监督模式中存在的实效性和

---

① 习近平. 干在实处 走在前列：推进浙江新发展的思考与实践 [M]. 北京：中共中央党校出版社，2006：384.
② 习近平：千方百计为群众排忧解难 不断开创信访工作新局面 [J]. 中国应急管理，2017（7）：7.
③ 习近平. 敏锐抓住信息化发展历史机遇 自主创新推进网络强国建设 [J]. 党建，2018（5）：1.

地域限制的障碍性要素。

　　而且，依托巡视巡察制度的发展完善推进群众监督，也是重要渠道。党的十八大以来，中国共产党十分重视巡视巡察制度的作用，并以制度化推进其常态化发展。习近平提出："巡视作为党内监督的战略性制度安排，不是权宜之计，要用好巡视这把反腐'利剑'。"①"坚持党组织建立到哪里，巡视巡察就跟进到哪里，扎牢织密监督网，做深做实做细市县巡察，打通全面从严治党'最后一公里'。"②而在巡视巡察制度推进的过程中，必然依靠群众提供问题线索，这实际上为群众监督提供了平台，也是群众监督权力的一种重要形式。习近平总书记还十分重视巡视巡察中的问题线索的处理工作，认为如果我们对群众举报没有回应，就会挫伤群众的期待。③群众监督与党的巡视巡察制度相结合是着眼于我国巡视制度推进的实际得出的宝贵经验。习近平明确指出："巡视制度有效、管用，是党内监督和群众监督相结合的有效方式，破解了党长期执政条件下党内监督的难题。"④可见，党在坚持不懈、不断完善巡视巡察常态化发展的过程中蕴含着推动群众监督走向常态化思想。

　　毋庸置疑，民众的监督行为依赖于广大民众监督意识的提升，民众在日常生活中把权力监督作为自觉的廉洁行为选择，既是人民群众

---

① 中共中央纪律检查委员会，中华人民共和国国家监察委员会，中共中央党史和文献研究院．习近平关于坚持和完善党和国家监督体系论述摘编［M］．北京：中央文献出版社，2022：94．

② 中共中央纪律检查委员会，中华人民共和国国家监察委员会，中共中央党史和文献研究院．习近平关于坚持和完善党和国家监督体系论述摘编［M］．北京：中央文献出版社，2022：103．

③ 中共中央纪律检查委员会，中华人民共和国国家监察委员会，中共中央党史和文献研究院．习近平关于坚持和完善党和国家监督体系论述摘编［M］．北京：中央文献出版社，2022：94-95．

④ 中共中央纪律检查委员会，中华人民共和国国家监察委员会，中共中央党史和文献研究院．习近平关于坚持和完善党和国家监督体系论述摘编［M］．北京：中央文献出版社，2022：101．

"崇廉尚廉"的表现，也是民众参与廉政文化建设本身。

第三节　历史逻辑：我国民众参与廉政文化建设是历史演进的必然

在我国璀璨的优秀传统文化中，廉政文化占有重要地位，人民群众与廉政文化之间的关系自古就受到统治阶级的重视，人民群众参与廉政文化建设在我国历史发展进程中持续推进。中国共产党诞生后，也积极鼓励和动员人民群众参与廉政文化建设，为新的历史时期我国推动民众参与廉政文化建设积累宝贵经验。以历史为维度，人民群众参与廉政文化建设的方式方法构成今天探究民众参与廉政文化建设的历史依据。

一、历史上我国民众参与"廉"文化建设考察

（一）廉政意识的培育

人民群众在传承我国丰富的优秀廉政传统文化资源中，培育廉政意识，也推动廉洁从政成为漫长历史岁月中我国民众对官员不变的渴望与追求。

我国古代重要思想经典中十分突出廉政内容，确立了"廉"文化在传统文化中的重要地位，为人民群众传承和弘扬"廉"文化提供前提。儒家经典《尚书·周官》早就提出"以公灭私"的要求，《礼记·礼运大同篇》发出"大道之行也，天下为公"的倡导，荀子在《赋篇》中建议统治者"公正无私"，儒家思想体系中彰显鲜明的"崇公抑私"立场。法家韩非子《饰邪》中也强调要"明于公私之分"，提出公私分明的鲜明主张。墨家墨子《修身》提出"廉、义、爱、哀"之道，把"廉"作为重要德行明确提出。我国古代廉政思想彰显了对"公心"的

推崇，蕴含着"廉"的道德内涵，渗透于中国古代知识分子思想之中，并不断得以传承。他们或继续著书立说传播"廉"思想，或以家规明廉洁之志传廉洁之魂，或在为官实践中弘扬廉洁品质，使廉政文化成为中华优秀传统文化中十分耀眼的组成部分，成为滋养人民群众"崇廉爱廉"品德的精神食粮。

1. 廉洁品德渗透于古代儿童教育典籍中，在孩子幼儿时期播下廉洁的种子。古代幼儿的启蒙教育，即蒙学教育，是以未成年幼儿为对象的教育，主要依靠蒙学读本开展教育。蒙学读本包括识字教学、常识教育、行为规范以及品德培养，在品德培养中"廉"的品德是其中重要的一项。在流传广泛的经典蒙学教材中往往有体现。例如，《千字文》把"廉洁""气节""正义""谦让"作为即便是人生困顿潦倒时都不能缺失的重要品德；《弟子规》提出"物虽小，勿私藏"，认为占有很小的公物也是道德缺失；《幼学琼林》记载着东汉顺帝时期孟尝任合浦太守时廉洁从政、励精图治的"合浦还珠"的感人故事；《名贤集》讲述了"官清民自安"的道理；《围炉夜话》明确指出"人不忘廉耻，立身自不卑污"的为人处世道理。[①] 蒙学经典教材以简单明了、通俗易懂的方式向幼儿讲清楚廉洁的故事，称颂廉洁的品德，教育孩子将来为官要清正廉洁，这是在我国古代就存在的廉政文化建设的宝贵经验。

2. 在家规家训中突出勤俭廉洁品德，传承和弘扬廉文化。家规家训是对子孙后代行为修养、道德品质的寄托与告诫，是对家族道德风貌和精神追求的一种传承。我国的家规家训最早为古代帝王和达官显贵所为，周公《姬旦家训》是我国文字记载的最早的正规家训，《戒子伯禽》对周公之子伯禽在鲁国治理中勤政爱民产生重要影响，《戒侄成王》则对周公之侄成王治国安邦起到重要引导作用。士大夫颜之推的

---

① 吕本中. 童蒙训[M]. 上海：商务印书馆，1937：5.

《颜氏家训》在古代家庭教育中也有着显赫地位。唐太宗李世民的《诫皇属》告诫子孙要克制自己,"每著一衣,则悯蚕妇;每餐一食,则念耕夫",要戒奢侈且有感恩之心。唐太宗的这些认识和对子孙后代的告诫对贞观之治的形成,以及后来唐朝的繁荣起推动作用。在家规家训中,戒奢崇俭之道也是古人十分重视的品德。诸葛亮的《诫子书》教育后代"静以修身,俭以养德,非淡泊无以明志,非宁静无以致远"。司马光在《训俭示康》中告诫子女"世以清白相承"。《包拯家训》将清正廉洁的为官之道放于至高位置,"后世子孙仕宦,有犯赃滥者,不得放归本家;亡殁之后,不得葬于大茔之中",即后世子孙若有贪污腐败者,生不得还家,死后也不能葬于祖坟。包拯把廉洁品德看得高于一切家训,不但激励了包家后代子孙廉洁为民,也为中华优秀传统文化增添了光彩。

  我国家规家训在古代发展过程中逐渐进入普通家庭,对"廉"品德的重视也越来越彰显。例如,明清时期闽台地区家训十分注重优良家风的培养,强调正确的富贵观,把"廉"与"贵"联系在一起,在家书中提出"有学问曰富,有廉耻曰贵"[①]。体现了闽台地区对"廉"品德的高度重视,且具备了正确的廉耻观。《山西家规家训精选》一书,提到了有关祁县乔氏、榆次常氏、灵石王氏等著名晋商代表家族的一些家规家训,这些家规家训的主题主要为忠诚、仁爱、孝慈、友善、慎交、清廉等。[②] 显然,"清廉"占有一席之地。2017年,中央纪委监察部网络中心从"中国传统中的家规"栏目中选取50个历史上有影响力人物或者家族的家规编订成书,这些家规几乎都有与廉洁相关的内容。其中有的直接把"清""廉"之义写在家规中。例如,山东曲阜《孔氏

---

① 紫玮. 明清时期闽台地区民间家训文本所反映的家庭教育特点[J]. 闽台文化研究, 2021(1):37-41.
② 张志仁. 山西家规家训精选[M]. 太原:三晋出版社,2018.

祖训箴规》"克己秉公""勿嗜利忘义";客家苏氏家规"为官必廉";《浔阳陶氏祖训遗规》"取财以廉";杭州临安《钱氏家训》"持躬不可不谨严,临财不可不廉介";范仲淹《告诸子及弟侄》"且温习文字,清心洁行,以自树立平生之称";湖北黄冈武穴市苏氏族规"费用必俭,为官必廉";张廷玉《澄怀园语》"居官清廉乃分内之事。为官第一要'廉',养廉之道,莫如能忍";等等。有的家规虽然没有直接提出"廉",却包含了廉的品德。例如,要"戒逸""勤俭""饮食慎节""勤俭戒奢""淡饭充饥""洁己爱民""财利少贪求"等。[①] 总之,我国传统家规家训文本显示了我国古代家庭对"廉"品德的重视,将清廉、俭朴的道德观以家规形式融入家庭成员血脉,以"廉"熏陶品格,敦化世风,直至流传至今,弥足珍贵。家规家训以家族、家庭为范围的廉政教育形式,也是廉文化传承的重要方式。

3. 通过史书、"方志"等形式传承和弘扬廉文化。仁爱民众、以廉养德的历代清官身体力行,将廉洁从政的品德落实于为官实践之中,深受百姓尊重和爱戴。从先秦时期的孙叔敖、子产、晏婴,汉代的李广、孔奋到清代"第一廉吏"于成龙等,许许多多的清官廉吏成为我国古代官场文化历史长河中的璀璨明珠,他们清正廉洁,爱民重民,书写了"廉者,政之本"(《晏子春秋·内篇杂下》)的真谛,成为广大人民群众心目中的为官典范。史书编纂是传承优秀传统文化的重要手段,自西汉司马迁的《史记》起,许多史书就有《循吏列传》,或称为《良吏传》,记录贤良官吏的事迹。宋代费枢收集历史典籍中春秋至唐末的112位清官事迹集中编写成《廉吏传》,到了明代中期,黄汝亨又在费枢《廉吏传》基础上增补,共记录了309位清官廉吏。[②] 史书对清官的记载,成为人民群众传承廉政文化的重要载体。

---

① 中央纪委监察部网络中心. 中国家规 [M]. 北京:中国方正出版社,2017.
② 廉吏传 [M]. 张仲裁,译注. 北京:中华书局,2020.

<<< 第一章　我国民众参与廉政文化建设的四重逻辑分析

还有清官所在地的志书往往对清官及其事迹有所记载，以供世代传承，弘扬正气。笔者与课题组成员曾到广西百年清官村——桂林灵川九屋镇江头洲村进行调研，《灵川县志》和江头洲村周氏族谱对周氏家族明清以来为官者之多且均是清廉为官的历史都有记载。江头洲村周氏家族是我国北宋著名文学家及理学创始人周敦颐的后裔，于明朝洪武戊申年（1368）从湖南道州迁入广西，定居在桂林九屋上塘（今江头洲村）。在广西桂林，周氏后裔将先祖"出淤泥而不染，濯清涟而不妖"的爱莲文化发扬光大，民国十八年（1929）《灵川县志》载："周氏系出濂溪德盛者，泽弥长宜发之伟乎。"① 周氏族谱也记载江头洲村从明洪武年间至清末200多年间出仕为官者多达200余人，其中五品以上官员就有37人，职官有代理总督、布政使、按察使司、道台、知府、知州、知县等。周氏家族还记录了"贪一文断子绝孙，冤百姓男盗女娼"的家训，告诫周家子孙清廉为官。江头洲村周氏子孙以此鞭策自己，明清两代为官者均能勤政廉洁、品德高尚，无一贪官。② 直到今天，周氏家族后人对先辈廉洁清正的品德深感自豪，附近村庄的村民也对江头洲村周氏家族的清廉为官的事迹口口相传，称赞有加。可见，地方志书和家谱对清官勤政清廉为官实践的记录，弘扬和传播了"廉"的品德品质，对百姓"崇廉尚洁"品德的形成产生了长久和深远的影响。

4. 以诗赋、民谣、小说、民间"善书"等文学作品形式弘扬"廉"文化，培育了我国普通民众的崇廉敬廉品德。我国最早的诗歌总集《诗经》，许多内容就是民情民意的表达，其中包含对腐败的批判和对廉洁政治的渴望与歌颂。例如，人民群众耳熟能详的《硕鼠》就表达了对统治者贪婪的痛恨，《东方未明》也揭露了统治者奴役人民的残酷无情。在《诗经》中也有篇章对廉洁从政、爱民亲民的清官好官大

---

① 灵川县档案馆. 灵川县志 [M]. 誊印本. 桂林：灵川县档案馆，1981.
② 灵川县地方志编纂委员会. 灵川县志 [M]. 南宁：广西人民出版社，1997：856.

为歌颂。例如，《卫风·淇奥》对清官卫武公高度赞美，赞美他的高尚品德"如金如锡，如圭如璧"。秦汉诗赋中也有不少篇章表达了对贪腐的痛恨和对廉洁的赞赏，朱穆的《与刘伯宗绝交诗》的表达就十分直接，用"饕餮贪污，臭腐是食"表达对贪官的厌恶之情，并由此表示"永从此诀"，表现出不同流合污的高洁品质。唐代诗词中，很多诗人用托物言志的形式隐喻对廉洁品质的追求，骆宾王的《在狱咏蝉》、虞世南的《蝉》皆是如此。明代于谦的《石灰吟》"粉骨碎身浑不怕，要留清白在人间"也是借石灰抒发自己不屈不挠、清白做人的高尚情操。这些诗赋的创作距离今天已经有些遥远，然而人民群众对廉政的向往与渴求并未囿于时空的限制，而是穿越时空与今天的人民大众产生精神上的共鸣。

  民谣本身就是一种民众视域下的"俗"文学作品，是人民大众心声的反映，无疑是考察人民群众情感和道德追求的重要文本。透过古代民谣中的"廉"文化，也可窥探"廉"品德在人民群众心中的分量。从秦汉到明清时期，都不乏含有廉政思想的民谣，反映了老百姓对清廉社会、清廉官吏的呼吁和渴望，也表达了人民群众对清官的爱戴和拥护。南朝文学家任昉《述异记》载"童谣云阿房阿房亡始皇"[1]是对秦王骄奢淫逸、大兴土木、奴役百姓的不满和批判。汉代的许多民谣则歌颂了勤政爱民的清廉官员，"大冯君，小冯君，兄弟继踵相因循，聪明贤知惠吏民"（《汉书·冯奉世传》）是百姓对汉成帝时期冯野王、冯立兄弟俩先后任上郡太守时清廉爱民品德的歌颂。京城也有民谣说："朝廷无忧有范君，京城无事有希文。"[2] 宋朝民谣《京师人为严嵩语》

---

[1] 郝思斯. 历史的教训①《阿房宫赋》：骄奢亡国 [EB/OL]. 中央纪委国家监委网，2019-10-08.

[2] 李自强. 赓续以天下为己任的忧乐精神 [EB/OL]. 中央纪委国家监委网，2022-02-22.

还直接抨击贪官严嵩"可笑严介溪（严嵩的字），金银如山积，刀锯信手施。尝将冷眼观螃蟹，看你横行得几时"①。清朝老百姓用民谣"天哦，快还我贤父母"表达对廉政爱民的好官张鹏翮离任的依依不舍之情。② 在我国古代民谣中，还有许许多多抨击腐败官员、腐败现象和颂扬廉洁行为、廉政官员的内容，"廉"文化在民谣中占显著地位，体现了人民大众爱戴"清官"的深厚"敬廉"情结。

  小说是与人民大众生活密切相连的一种文学作品，以故事反映社会生活的文学体裁，也成为弘扬"廉"文化的重要方式。历经秦汉时期的萌芽，至魏晋南北朝时期我国古代小说有一定程度发展，催生了"廉"文化的又一重要表现形式。例如，南朝宋刘义庆的笔记体小说集《世说新语》揭露了统治阶级奢侈腐化的生活，也歌颂了清官的高洁品质。唐传奇以辛辣的笔锋对贪腐进行嘲讽和抨击，刘肇的《崔昭行贿事》就是如此。宋元小说则更加走向平民，世人小说开始繁荣，世人小说中的廉政文化直接推动底层民众廉政意识的形成，面对黑暗荒淫的暴政，人民群众对廉政的呼喊越发强烈，清正廉明的政治局面也成为民众更加坚定的理想，《武王讨纣书》《宣和轶事》《错斩崔宁》等话本都表达出群众对廉政的强烈呐喊。明清时期是我国小说发展的繁荣时期，"扬廉抑贪"主题鲜明，对贪官的形象展开了全景式的刻画和无情揭露，冯梦龙的《滕大尹鬼断家私》、汤显祖的《牡丹亭》等小说是经典代表，表达了人民群众对廉洁清明社会的追求。自 1840 年开始，西方列强一次又一次发动侵华战争，战争之后又迫使晚清政府签订不平等条约，从中国掠夺大量财富，侵犯中国主权，侵占中国领土，中国逐渐沦为半殖民地半封建社会。清王朝的腐败无能更加激发了人民群众对清正廉洁政府的追求与渴望。这一时期，人们对晚清政府买官卖官、贪污

---

① 钱仓水. 历史的补笔［N］. 光明日报，2020-07-11（11）.
② 中国古代民谣里的廉政［EB/OL］. 江苏省纪委省监委网站，2014-03-11.

腐败种种现象进行猛烈抨击。李伯元于1903年开始连载、1906年出版的《官场现形记》以小说形式揭露了清末官场贪污受贿、昏庸无能、内外勾结、卖国求荣的丑态，吴趼人的《二十年目睹之怪现状》也通过一个个生动的故事讽刺1884年中法战争后的20年间中国社会、官场、商场的各种贪污受贿、官商勾结的种种丑态。虽为小说，却反映了清末政府腐败的严重状况，也表达了民众对社会清廉的强烈愿望。

善书即劝善书，也是我国古代历史上的一种文学作品，善书作者主要是各地乡绅仕人，以崇善抑恶为主要内容，与儒家正统主流的孝悌、诚信、礼义、廉耻等价值教化思想相统一。但善书更加通俗易懂，形式活泼，从宋代开始在我国民间广为流传，读者对象具有广泛性，对广大民众的思想道德和行为举止产生重大影响，与本书的民众视野十分契合。在我国儒家传统文化中"孝廉"是重要的道德规范，因此在民间善书中，"孝廉"文化也占一席之地。例如，入选第一批国家级非物质文化遗产名录的湖北汉川善书，其中就有《海瑞罢官》《打碗记》《狸猫换太子》等弘扬"孝廉"品德的曲目。[①]《海瑞罢官》表现了海瑞刚正不阿、严惩贪官的廉政为民形象。又如，明代洪应明的《菜根谭》，将廉洁看作十分重要的品德，提倡"崇俭尚廉"，认为"真廉无廉名，立名者正所以为贪"，也就是强调真正的清廉不是为立虚名的"廉"，而应当做到"清能有容""为官公廉，居家恕俭"。《菜根谭》对廉有独特解读和推崇，推动"廉"品德在百姓心中扎根。明末善书《了凡四训》，以自省形式劝人行善，作者袁了凡是一个深受百姓爱戴的廉明清官，在书中有专门内容弘扬"谦德之效"[②]。作者本人清廉品质与"谦德"相结合，是对"廉"文化的传承与弘扬。

---

① 黄紫英. 湖北汉川善书的传承发展研究 [D]. 武汉：华中师范大学，2020.
② 袁了凡. 了凡四训 [M]. 弘丰，译注. 北京：光明日报出版社，2016：101.

(二)民众参与廉政监督的实践推动廉政文化建设向纵深发展

不仅在意识形态领域,我国民众在历史发展进程中一直是传承和弘扬"廉"文化的重要参与者,在实践领域,历史上我国民众参与廉政监督的实践推动廉政文化建设纵深发展。在中国古代社会,在封建王朝内部权力监督体系之外,群众监督力量得到发挥,作为内部权力监督制度的一种补充,以多种形式开展。

1. 采风调查形式。早在我国西周时期,就有了通过采风形式了解官员为官情况的做法。《尚书·大诰》提出,"天威不可信,民情则大可见",将了解民情、民心所向与天意联系起来。《汉书·艺文志》:"观风俗,知得失,自考正也。"《汉书·武帝纪》又有"遣博士褚大等六人"去了解民情的详细记载,即"分循行天下,存问鳏寡废疾"。东汉、西汉的"乐府诗",就是这一时期采风调查的直接表现和宝贵财富。

2. 广开言路,鼓励乡里"谣言奏事"或"风闻言事",也就是统治者鼓励民众对地方官员进行监督,对贪官污吏可进行举报。[①] 我国古代早在尧舜时期就设置了"敢谏之鼓""诽谤之木"以听取百姓对官员的建议、批评和举报。周统治者在内朝设置"路鼓"、外朝设置"肺石",并设有官员专门管理百姓上访事宜。在汉代,朝廷甚至鼓励民众直接越级上书举报,百姓可以直接到朝廷举报官员的贪污腐败及其他违法行为。唐朝铸造铜匦放置于朝堂外,供百姓检举揭发,献言献策。宋朝设立鼓院、检院作为专门受理官吏和庶民上书检举的机构。明朝和清朝继续推进,也设立专门机构接受吏民上书,并继续推进百姓越级举报贪污者。例如,明太祖朱元璋为鼓励民众反贪治贪,在制度层面给予保

---

① 唐贤秋. 廉之恒道:中国传统廉政文化现代转换研究 [M]. 北京:中国社会科学出版社,2014:89.

障，使百姓押送贪官污吏赴京惩治具有合法性。① 而且奖励百姓举报腐败官员，甚至动员百姓直接参与捉拿贪官污吏的行动。《宋史·太祖本纪》记载了宋太祖的规定"诸行赂获荐者许告讦，奴婢邻亲能告者赏"，明确了奴婢和邻居、亲属若揭发通过贿赂获取推荐当官的人可得到奖赏。明太祖朱元璋不仅重视民众监督官吏，而且在《大诰初编》第五十九条中明确允许百姓扭送贪官污吏和危害百姓利益的官吏到朝廷，并严禁各路官员阻拦。《大诰三编》三十四条在"民拿害民官吏"中进一步明确了百姓可捉拿官吏对象："若将刑名以是为非、以非为是，被冤枉者告及四邻，旁人公门，将刑房该吏拿赴京来。""若赋役不均，差贫卖富，将户房该吏拿来……"我国古代廉政建设中的这些实践，体现了对民众参与监督的高度重视和有效动员，《明大诰》中编录了实例。

可见，在我国古代社会，民众对官吏的监督举报渠道早就存在，对于重大的冤假错案还允许直诉和越诉，并从制度层面给予保障。这为当代廉政文化建设提供了宝贵经验。

3. 巡察巡行依靠百姓的帮助更好开展。我国古代早就存在派出官员到地方巡行的监察制度，有定期的，也有不定期的。汉代《刺史六条问事》、隋代《刺史巡察六条》以及唐代《巡察六条》都是对地方官员理政能力、德行修养、有无贪污违法等情况进行监察，往往需要当地百姓提供线索、反映实情，尤其是对于利益受到官员侵害的群众，有了控告与检举的机会，因而在实际中，巡察巡行制度又为百姓监督地方官员增加了渠道。

从整体来看，我们不得不承认，在我国专制社会的性质发生根本改变之前，我国的廉政文化集中体现了服从于君主专制的特征，彰显君王

---

① 叶英萍. 中国古代民监官之探讨 [J]. 法学杂志，2009, 30 (2)：86-88.

<<< 第一章 我国民众参与廉政文化建设的四重逻辑分析

为中心的廉政价值取向,具有不可避免的历史局限性。尽管如此,在我国廉政文化发展的历史进程中,我们依然读到了人民群众对廉政品质的赞颂与追求,对廉政清官的拥护和爱戴,并以不同的方式传承,体现了人民群众对廉政的向往和追求。而且,在封建专制的古代社会中,民众参与监督官员的作用不可小觑。例如,明太祖朱元璋对贪官污吏极度痛恨,他十分重视群众参与反对贪官污吏的治理,使这一时期的吏治焕然一新,清官廉吏大量涌现,为百姓所称颂。百姓参与廉政监督在我国古代社会尽管不是主流,却彰显了其不可忽略的作用。当社会性质发生了根本改变,在人民当家做主的社会主义国家,作为执政党的中国共产党的根本利益与人民群众的利益相统一时,就为民众参与廉政文化建设提供了根本保障,也必然会推动人民群众在参与廉政文化建设中发挥更大作用。我国廉政文化建设,要动员广大民众参与,这是我国廉政文化建设发展的历史逻辑。

二、中国共产党领导群众参与廉政文化建设的历史经验总结

中华优秀传统廉政文化历经数千年积淀形成独特的文化元素,深深根植于中华民族之中。毛泽东指出:"从孔夫子到孙中山,我们应当给予总结,承继这一份珍贵的遗产。"[①] 中国共产党成立以来就十分重视廉政文化建设,重视廉政文化建设中人民大众的作用。动员和激励人民群众参与廉政文化建设的实践可以为当今我们探寻廉政文化建设的民众参与路径提供宝贵经验。

(一)人民是廉政文化建设的主人,人民有权利监督领导干部对权力的使用

共产党一大提出要与无产阶级在一起,为实现社会主义和共产主义

---

① 毛泽东选集:第二卷[M].北京:人民出版社,1991:534.

的奋斗目标而努力，党的二大提出要到群众中去，要建成一个大的"群众党"，因而"党的一切运动都必须深入广大的群众里面去"①。党的三大提出，要结合小农佃户及雇工反抗帝国主义，打倒军阀及贪官污吏，并保护农民的利益，以此推动国民革命运动。② 毛泽东在《中国社会各阶级的分析》一文中指出半无产阶级（注：主要包括绝大部分自耕农和贫农等五种，主要是农民）和小资产阶级是我们最接近的朋友。③ 陈云同志强调在以农立国的中国，占全国人口 80%的农民是民族运动中的唯一大主力。④ 红军第四军司令部布告"革命成功，尽在民众"⑤ 是对民众力量的重要认识。而且，毛泽东早就认识到廉洁政府确立与民众参与之间的关系，1927 年，毛泽东在《湖南农民运动考察报告》中鲜明指出，"在土豪劣绅霸占权力的县，无论什么人去做知事，几乎都是贪官污吏"。与此形成鲜明对比的是，在农民大众已经起来的县，却建立起了廉洁政府。这种廉洁就是借助和依靠了农民的力量，当然这一时期主要通过农民协会的权力来限制土豪劣绅，从而建立起廉洁政府。⑥ 由此可见，早在党建立初期，就在思想上和实践中确立了人民群众的主体地位。而且在中国共产党的廉政文化建设中，不仅加强党员自身建设，也十分注重人民群众对党员干部的监督作用，1926 年中共中央扩大会议发出《坚决清洗贪污腐化分子》的通告，提出要坚决清

---

① 中共中央文献研究室，中央档案馆. 建党以来重要文献选编：1921—1949：第一册 [M]. 北京：中央文献出版社，2011：163.
② 中共中央文献研究室，中央档案馆. 建党以来重要文献选编：1921—1949：第一册 [M]. 北京：中央文献出版社，2011：263.
③ 毛泽东选集：第一卷 [M]. 北京：人民出版社，1991：6-9.
④ 陈云. 陈云文选：第一卷 [M]. 北京：人民出版社，1995：2.
⑤ 中共中央文献研究室. 毛泽东文集：第一卷 [M]. 北京：人民出版社，1993：53.
⑥ 毛泽东选集：第一卷 [M]. 北京：人民出版社，1991：29.

洗跑到革命队伍中的投机腐败分子,才能树立党在群众中的威信。①《陕甘宁边区施政纲领》中明确规定:"除司法系统及公安机关依法执行其职务外,任何机关、部队、团体不得对任何人加以逮捕、审问或处罚,而人民则有用无论何种方式控告任何公务人员非法行为之权利。"②这样的规定将公务人员放在了群众的监督中,这无疑是对马克思"廉价政府"和"公仆"思想的践行。在新民主主义革命时期,群众参与到党和苏维埃政府的监督体系当中是中国共产党治理腐败的显著特色。1932年,在中央苏区,项英提出,"贪污是苏维埃政权下,绝不允许有的事情,如若发生,则是苏维埃政府的羞耻"。他认为依靠群众应对腐败是有效的办法,"我们号召工农群众起来帮助政府,来反对各级政府浪费政府的钱,驱逐各级政府中的贪污分子出苏维埃"③。1933年5月,党还组织群众法庭对国家银行两名贪污的出纳科职员袁雨山、刘道彬进行审判,并以此号召全苏区群众利用这一次法庭形式来清查揭发苏维埃机关中一切贪污腐化分子,肃清一切贪污腐化分子,以强健苏维埃政权组织,争取革命的更大胜利。④ 在中央苏区时期,党动员群众建立了突击队、轻骑队、巡视员、工农通信员及群众法庭等群众监督力量对苏维埃机关及国有企业、合作社的官僚腐化、贪污受贿等腐败行为进行监督,中华苏维埃临时中央政府机关报《红色中华》于1932—1934年有许多详尽报道。中央工农检察部还在《红色中华》发表《怎样检举贪污浪费!》指导群众开展反腐败斗争。⑤ 当然,不仅仅是《红色中华》,中央苏区各级党政军机关创建了许多报刊,都十分重视群众的监督举

---

① 中共中央文献研究室,中央档案馆. 建党以来重要文献选编:1921—1949:第三册[M]. 北京:中央文献出版社,2011:348.
② 中共中央文献研究室. 毛泽东文集:第二卷[M]. 北京:人民出版社,1993:335.
③ 项英. 反对浪费严惩贪污[N]. 红色中华,1932-03-02(6).
④ 贪污腐化分子滚出去[N]. 红色中华,1933-05-02(3).
⑤ 中央工农检察部. 怎样检举贪污浪费![N]. 红色中华,1934-01-04(2).

报,如《红星报》专设"反对贪污腐化"专栏,《苏区工人》也有专门刊登群众举报腐败的专栏。总之,中国共产党在中央苏区,通过宣传教育,重视群众的批评意见、鼓励人民群众揭发和检举苏维埃机关及国有企业和合作社等存在的贪污浪费腐败行为,不断提高人民群众的廉政素养,人民群众参与廉政建设的自觉性也逐步增强,苏维埃政府成为"空前的真正的廉洁政府"离不开人民群众的参与。

在延安时期,陕甘宁边区政府也十分重视发挥群众对党和政府的监督作用,陕甘宁边区政府发布《令各县政府对人民控告干部的案件应及时认真负责处理》命令,强调对人民群众的控告要切实查办,切不可敷衍了事,更不可偏袒政务人员。1937年中共中央的《抗日救国十大纲领》第四条"改革政治机构"中提出"实行地方自治,铲除贪官污吏,建立廉洁政府",而这一目标的实现需要依靠人民群众的力量来完成,需要"全国人民的总动员"来实现。[①] 人民成为监督党和政府的可靠力量。因而,1945年,民主人士黄炎培先生向毛泽东主席提出"历史周期率"问题,认为一人、一家、一团体、一地方,乃至一国,都没能跳出周期率的支配力,"大凡初时聚精会神,没有一事不用心,没有一人不卖力,也许那时艰难困苦,只有从万死中觅取一生"[②]。后来随着环境逐渐好转,精神逐渐放松了,"一部历史,'政怠宦成'的也有,'人亡政息'的也有,'求荣取辱'的也有。总之没有能跳出这周期率"[③]。毛泽东则坚定回答"只有让人民来监督政府,政府才不敢松懈。只有人人来负责,才不会人亡政息"[④]。新中国成立后,中国共产党更加重视发挥人民群众对党和政府机关的监督作用,新中国成立初期

---

① 中共中央文献研究室,中央档案局.建党以来重要文献选编:1921—1949:第十四册[M].北京:中央文献出版社,2011:476.
② 在不断解决大党独有难题中彰显大党优势[EB/OL].求是网,2024-03-16.
③ 陈先达.全面从严治党防止"历史周期率"重演[EB/OL].人民网,2017-09-25.
④ 黄炎培.延安归来[M].上海:上海书店,1996:64-65.

开展的反对贪污、反对浪费、反对官僚主义的斗争就动员了社会各界群众的广泛参与,对国家公职人员树立廉洁、俭朴以及密切联系人民群众的良好作风起到促进作用。然而在对党和国家机关开展的"三反"运动中,各地清查出国家机关人员与不法商人相勾结侵吞国家资产的案例,由此与"三反"运动相配合,在工商界也开展了反对行贿、偷税漏税、偷工减料、盗骗国家财产和盗窃国家经济情报的"五反"运动,同样采取了自上而下的检查与自下而上的群众参与相结合的方式推进,并在私营企业中建立起工人监督,有力推动新中国快速恢复和发展经济。[①] 与此同时,党对群众参与廉政监督的认识也不断深化,从制度建设视角考虑对之加以强化。中央人民政府政务院于1953年发布《各级人民政府人民监察机关设置人民监察通讯员通则》的命令,第一条就指出为密切联系人民群众,要发挥人民群众对国家机关及其工作人员的监督作用,得在政府机关及其所属企业和事业部门以及人民团体、城市街道和农村中设置人民监察通讯员,同时在上述单位设置意见箱,还对人民监察通讯员的工作程序、工作纪律、奖惩以及费用等做了明确规定,为人民监督工作的展开提供了制度保障。[②] 至1953年年底,全国共"组建监察机构3586个,其中省(市)以上监委51个,专署(市)监察处253个,县(市)监委1775个,财经机关和企业部门监察机构1507个。全国配备专职和兼职监察干部18000个,聘任人民监察通讯员多达78,190人"[③]。1957年,邓小平同志在西安干部会上指出"毛主席最近特别强调要有一套章程,就是为了监督",其中就包括自下而

[①] 中共中央党史研究室. 中国共产党历史: 第二卷: 1949—1978: 上册 [M]. 北京: 中共党史出版社, 2011: 159-165.

[②] 各级人民政府人民监察机关设置人民监察通讯员通则 [J]. 云南政报, 1953 (20): 5-6.

[③] 彭勃. 关于建国以来监察体制的探索与实践 [J]. 当代中国史研究, 1995 (1): 14-22.

上的群众监督制度。① 新中国成立初期以毛泽东同志为主要代表的党的第一代领导集体对群众监督的探索及实践，为改革开放后我国进一步推进群众监督制度化建设和实践奠定了基础。

进入改革开放的新发展阶段，中国共产党的执政地位面临更加复杂的形势，影响党廉洁从政的风险和挑战增多，伴随改革开放而来的西方价值观、金钱观强烈冲击着中国人民，各种诱惑朝着党政领导干部及所有公职人员蜂拥而至，为防止党员干部和国家公职人员发生腐化，廉政教育和廉政监督具有更加凸显的意义。中国共产党人始终坚守人民立场，坚定群众路线，在群众监督的制度化法治化层面取得更大突破，在实践中也进一步深化了群众监督。邓小平明确指出"要有群众监督制度，让群众和党员监督干部，特别是领导干部"②。1982年的《中华人民共和国宪法》对我国公民对于国家机关和国家公职人员提出批评和建议的权利以及对其违法失职行为提出申诉、控告或检举的权利给予保障。③ 这是以国家根本大法保障了群众监督权，我国群众监督法治化进程迈出了重要步伐。在此基础上，20世纪80年代末90年代初，保障人民群众监督权的具体条例制定颁布。例如，原监察部于1989年颁布《关于聘请特邀监察员的几点意见》开创了群众监督的新形式，1991年又发布《监察机关举报工作办法》对举报、举报处理、保护和奖励等方面做出了规定。随着中国特色社会主义建设不断发展，群众监督也逐渐走向系统化，信访成为群众监督的又一重要渠道，信访工作的制度化水平在党的十四大之后不断提高。1995年《信访条例》（已废止）颁布，2000年群众监督的依托机构国家信访局成立，2007年《关于进一

---

① 邓小平. 邓小平文选：第一卷［M］. 北京：人民出版社，1994：271.
② 邓小平. 邓小平文选：第二卷［M］. 北京：人民出版社，1994：332.
③ 中共中央文献研究室. 十二大以来重要文献选编（上）［M］. 北京：中央文献出版社，2011：195.

步加强新时期信访工作的意见》出台。这表明以江泽民、胡锦涛为主要代表的中国共产党人对群众通过信访形式履行监督职责的高度重视，使群众监督这一人民群众参与廉政文化建设的方式以更多元的形式在实践中落实。中国共产党对群众监督作用的认识也不断提高，在党的十五大上，江泽民提出要将党内监督、法律监督、群众监督结合起来，发挥舆论监督作用。[①] 胡锦涛在深化群众监督系统化方面进一步向前推进，在十七届中央纪律检查委员会第五次全体会议上强调要"健全信访联席会议制度"，还要"坚持党内监督和党外监督、专门机关监督和群众监督相结合"，以增强监督的合力。[②] 由此推动了群众监督模式在与其他监督模式的结合中发挥我国权力监督的强大优势。

党的十八大以来，以习近平同志为核心的党中央进一步深化群众监督的理论构想和具体实践。一方面，在权力监督体系中继续强化群众监督的作用，强调"各方面监督要严起来、实起来。无论党内监督，还是群众监督、社会监督、舆论监督，加强和改进的空间都还很大，有大量工作要做。要总结经验，健全体制机制，使各种监督更加规范、更加有力、更加有效"[③]。以"严"和"实"来促进监督的规范性及其力度和有效性。另一方面，在实践中落实了更加多样化的群众监督模式来增强群众监督的有效性，通过推进政务党务公开为群众监督提供辅助，又通过群众教育实践活动教育党员和领导干部增强自觉接受监督的意识，从而减少群众监督阻力，并完善巡视巡察上下联动工作格局，促进巡视巡察与群众监督贯通融合，群众监督的反腐利剑作用在逐渐显现。

总之，中国共产党成立以来人民群众的主体性地位得以确立，在廉

---

① 江泽民. 江泽民文选：第二卷 [M]. 北京：人民出版社，2006：31.
② 胡锦涛. 胡锦涛文选：第三卷 [M]. 北京：人民出版社，2016：301.
③ 中共中央党史和文献研究院. 习近平关于全面从严治党论述摘编 [M]. 北京：中央文献出版社，2021：398.

政文化建设中，人民群众对公职人员进行权力监督这一体现人民群众主人翁地位的防范公权力滥用的重要廉政方式在中国共产党的发展进程中呈现出其鲜明的发展特色：重要性日益凸显、发展趋于制度化、规范化和体系化，构成新时代我国廉政文化建设的基础。

（二）党风政风与社会风气相互影响、一体推进

清正廉洁的党风政风引领清新尚廉的社会风气，清新尚廉的社会风气又涵养良好的党风政风。很显然，端正党风是构建良好社会风气关键所在。中国共产党在创立之时，就十分重视党风建设，党的一大纲领对党的政治纪律和组织纪律做出了规定①，党的二大强调把党建设成为"有纪律""不离开群众"的党，突出了党与群众密切相连的显著特征。② 1939年，毛泽东在《〈共产党人〉发刊词》中又明确指出党的建设是一项"伟大的工程"，提出要在革命实践中联系党的路线纲领来加强党的思想建设、组织建设和作风建设，确保共产党人始终成为英勇的革命者，夺取新民主主义革命的伟大胜利。中央苏区和陕甘宁边区政府分别于1933年和1938年出台了《关于惩治贪污浪费行为》③和《陕甘宁边区惩治贪污暂行条例（草案）》④，严惩各种贪污腐败行为。显然，党面对侵蚀党的先进性和纯洁性的腐败行为，绝不手软，严惩不贷，从1932年枪决贪污苏维埃政府打土豪所得的瑞金县（今瑞金市）叶坪村苏维埃政府主席谢步升，到1934年枪毙贪污红军烈士纪念塔修建款的左祥云，再到1941年处决贪污受贿、违规做生意获取私利的肖玉璧等

---

① 《中国共产党历次党章汇编：1921—2017》编委会. 中国共产党历次党章汇编：1921—2017 [M]. 北京：中国方正出版社，2019：61-62.

② 中央档案馆. 中共中央文件选集：第一册 [M]. 北京：中共中央党校出版社，1989：92.

③ 黄禹康. 中共历史上第一部反腐法令的诞生和实施 [N]. 人民法院报，2019-06-28 (7).

④ 张建儒. 陕甘宁边区的廉政建设 [N]. 人民政协报，2017-03-23 (6).

案例中，表征了中国共产党与国民党及其他党派和团队的不同之处，中国共产党以坚定腐败惩治行动赢得人民信任，使人民群众从中国共产党的自我建设中清楚认识到中国共产党是清正廉洁的党，是能担当大任的党。

与此同时，中国共产党也在艰苦的革命战争环境中践行和推崇廉洁的生活方式，党政领导干部以身作则，厉行节约。美国记者斯诺（Edgar Snow）1936年在延安终于见到毛泽东，他感受到了毛泽东质朴纯真的性格特征，评价他说话平易近人，生活俭朴。他还描述了毛泽东在延安的住所"四壁简陋，空无所有，只挂了一些地图"。"主要的奢侈品是一顶蚊帐。除此之外，毛泽东的生活和红军的一般战士没有什么两样。"[1] 实际上，不只是毛泽东，艰苦奋斗、严于律己、勤俭节约是中共中央对所有党员、干部的最基本要求。1940年，党领导下的抗日军队和抗日政府工作人员，每人每月的伙食费和津贴费平均仅为银币五元。毛泽东发出赞叹"谁人能够只要每月五块钱薪水呢？谁人能够创造这样的廉洁政治呢？"是的，只有中国共产党及其所领导下的政府能够如此。也正是因为中国共产党和党领导的军队、政府工作人员的身先垂范，中国共产党领导的陕甘宁边区成为全中国最进步的地方，是没有贪官污吏、没有土豪劣绅、没有赌博、没有娼妓、没有小老婆，也没有叫花子和结党营私之徒和萎靡不振之气等各种不良风气的地方。[2] 中国共产党以良好的党风和边区政府的良好政风引领良好社会风气的形成，因此，人民群众也成为党和边区政府的支持者和拥护者，积极参与廉政文化建设，自觉抵制一切贪污腐化、奢侈浪费的行为，对党员和政府工作人员的廉洁从政进行自觉监督。新中国成立后，在社会主义革命、社会主义建设以及改革开放时期，中国共产党为维护党的先进性和纯洁性始终严惩腐

---

[1] 斯诺. 西行漫记 [M]. 董乐山，译. 北京：东方出版社，2005：73-74.
[2] 毛泽东选集：第二卷 [M]. 北京：人民出版社，1991：718.

败，解决损害人民群众切身利益问题，使群众感受到反腐倡廉实实在在的效果，人民群众由此建立对党的信任，对廉政的信任，由此形成对廉政的深层次认识，成为廉政价值观和廉洁行为的拥护者、追随者，良好社会风气形成。毛泽东在新中国成立初期强调"各级党委应有决心将为群众所痛恨的违法乱纪分子加以惩处和清除出党政组织，最严重者应处极刑，以平民愤，并借以教育干部和人民群众"[①]。在改革开放初期，邓小平对人民群众关切的干部特殊化问题十分重视，认为这不只是党风问题，也是事关社会风气的社会问题，严厉批评一些党员干部搞特殊化脱离人民群众，上行下效，把社会风气带坏，甚至有少数人拿权力侵占群众利益，生活上搞特殊化，横行霸道。因而告诫党政领导干部，特别是高级领导干部，一定要恢复和发扬党艰苦朴素、密切联系群众的优良传统，坚决反对特殊化，纠正一切不正之风。[②] 江泽民在20世纪90年代初提出要重新学习邓小平同志关于端正党风的相关论述，强调要搞好党风以促进社会风气进步。[③] 胡锦涛强调领导干部生活作风和生活情趣关系到党在群众中的威信，要自觉加强思想道德修养，要与普通群众交朋友，净化社交圈，始终保持共产党员政治本色。[④] 习近平鲜明指出："政治生态好，干部队伍就会风清气正、心齐气顺，社会风气就会积极向上、充满正能量。"[⑤] 这些重要观点为我国廉政文化建设实践提供指导。

我们很显然看到，中国共产党成立以来始终重视提升党员的党性修养，加强党风廉政教育，在实践中强化党与群众之间的相互联系，以清廉党风树立党的威信和形象，以清廉党风引领清廉社会风气。当然不可

---

① 中共中央文献研究室. 毛泽东文集：第六卷[M]. 北京：人民出版社，1999：255.
② 邓小平. 邓小平文选：第二卷[M]. 北京：人民出版社，1994：216-218.
③ 江泽民. 江泽民文选：第一卷[M]. 北京：人民出版社，2006：322.
④ 胡锦涛. 胡锦涛文选：第二卷[M]. 北京：人民出版社，2016：557-558.
⑤ 习近平. 论中国共产党历史[M]. 北京：中央文献出版社，2021：40.

否认，尽管中国共产党一直在推进党风廉政建设，仍然有个别党政领导干部和公职人员蜕化变质，道德情操滑坡，滥用手中权力侵占群众利益，败坏党的形象，带坏社会风气。对这些党员干部或其他公职人员，除依据党纪法规严惩外，中国共产党还深刻意识到党风廉政建设必须常抓不懈，始终以党员干部为关键，整顿党的作风，建设良好政治生态，与此同时也逐渐实现党的作风建设与社会风气建设的同向而行，相互促进。

（三）廉洁家风建设推动廉洁社会风气

中国共产党以身作则，建设廉洁家风，廉政文化建设逐渐由党员干部个人扩展到其家庭成员、家族成员，进而走向千千万万家庭，再走向全社会。廉洁家规是我国优秀传统廉政文化重要资源之一，中国共产党以实际行动传承发扬廉洁家规。毛泽东、周恩来、朱德、陈毅等老一辈革命领导人在家风建设方面做出了表率。1949年10月，毛泽东妻子的哥哥杨开智写信表达了希望主席能在北京给他安排工作的愿望，毛泽东回信"不要有任何奢望""湖南省委委派你什么工作就做什么工作，一切按正常规矩办理，不要使政府为难"。[①] 不只是对杨开智，对其他亲属也是如此，毛泽东曾给湖南湘乡县（今湘乡市）石城乡党支部、乡政府写信要求对自己的亲属放心管理，绝对不能搞特殊化。[②] 身为国家主席，以廉洁清正的家风家规要求家人和亲属，树立了中国共产党领导干部的新形象。新中国成立初期周恩来总理制定不许请客送礼、不许用公家汽车、生活要艰苦朴素、不谋私利等"十条规定"[③]，展现了周总理淡泊名利、严于律己的高尚情操，以及他对家人严格教育、不搞特殊的磊落品格，他是廉洁奉公的典范，他制定的廉洁家规熠熠生辉。朱德

---

① 《红色家书》编写组．红色家书［M］．北京：党建读物出版社，2016：87．
② 毛泽东书信选集［M］．北京：人民出版社，1983：481．
③ 项玮，王小平．周总理的十条家规［N］．中国纪检监察报，2018-03-02（6）．

同志的孙子朱和平于2016年在央视《谢谢了，我的家》节目中动情讲述爷爷勤俭节约、艰苦朴素的感人故事，"粗茶淡饭，吃饱就行了；干干净净，穿暖就行了"的朴素话语是朱家家风的生动表述，朱家后辈勤勤恳恳、俭朴生活，正是家风的践行。习近平总书记提出，"广大家庭都要弘扬优良家风，以千千万万家庭的好家风支撑起全社会的好风气。特别是各级领导干部要带头抓好家风"①。由领导干部家庭推向全社会千千万万家庭，以家风建设为载体的廉政文化建设，既沟通了党内外的连接，又拓展了人民群众参与的广度，这是宝贵经验。

（四）促进人民群众成为廉政文化的传播者和建设者，成为建设廉洁社会的核心力量

廉政文化是从深层次解决腐败问题的有力武器，反映的恰恰是广大人民群众的愿望。然而，由于历史因素、文化要素以及社会环境等影响，广大人民群众对廉政的认识需要不断提高，人民大众既要成为廉政教育中的受教育者，又应该成为廉政文化的传播者，成为廉政文化建设的积极参与者。中国共产党在对群众进行廉政教育并促进群众传播廉政文化的建设中，也积累了宝贵经验。在新民主主义革命时期，中国共产党通过创办报刊揭露和批评苏维埃机关的贪污和浪费行为，以此对广大人民群众进行廉政教育，同时也动员群众积极参与廉政文化建设。《红色中华》的发刊词明确表明创刊目的是"组织苏区广大工农劳苦群众积极参加苏维埃政权，尽批评、监督、拥护的责任"②。后来《新中华报》《解放日报》等新闻媒体继承和发扬了这些优良传统。在改革开放的新的历史时期，邓小平曾指出，在经济取得可喜发展、人民生活水平得到改善的情况下，应该保持艰苦奋斗传统，唯有如此才能扛住腐败现

---

① 习近平. 习近平谈治国理政：第二卷［M］. 北京：外文出版社，2017：356.
② 发刊词［N］. 红色中华，1931-12-11（1）.

象。因而提出要加强对人民进行思想政治工作，提倡艰苦奋斗。① 并强调物质文明和精神文明"两手抓"，经济要上去，社会风气也要搞好，廉政建设要作为头等大事。由此可见，社会风气和廉政建设都纳入中国特色社会主义精神文明建设范畴之中，对象显然是全体民众，人民大众是重要参与者。2008年，胡锦涛同志在第十七届中央纪律检查委员会第二次全体会议上明确"把廉政文化建设纳入精神文明建设总体部署，不断增强全社会反腐倡廉意识，为反腐倡廉建设营造良好社会环境"②。这表明我们党指导廉政文化建设思想进一步深化，广大民众成为廉政文化建设关注的一个重要群体。2010年3月16日，中央纪委、中央宣传部等六部委联合下发《关于加强廉政文化建设的意见》，意见着眼于当时廉政文化建设相对落后、反腐倡廉制度和措施运行所必需的文化基础和社会环境尚未形成等实际状况，阐述了在全党全社会进行廉政文化建设的必要性和重要性，并从全体领导干部和全体公民、全社会的视角提出指导思想和基本原则，推动廉政文化进机关、社区、学校、农村、企业、家庭，引导广大干部和群众参与廉政文化创建活动。此后，中国特色社会主义廉政文化建设活动在实践中走向普通群众，开辟了广阔空间。建设中的得失，都成为宝贵财富，为进一步推进我国廉政文化建设提供经验和教训。

总之，中国共产党成立以来，始终坚持人民立场，坚定全心全意为人民服务的宗旨，对依靠人民群众参与廉政文化建设的认识不断深化，在理论和实践层面取得突破性发展。从民众参与视域考察中国共产党进行廉政文化建设的进程，揭示了人民大众对廉政文化建设的参与性越来越强。以毛泽东同志为核心的党的第一代领导集体积极开展廉政思想教

---

① 邓小平. 邓小平文选：第三卷 [M]. 北京：人民出版社，1993：290.
② 胡锦涛. 胡锦涛文选：第三卷 [M]. 北京：人民出版社，2016：46.

育，并严厉惩治腐败，还充分动员人民群众参与廉政文化建设。改革开放以后，"制度反腐"思想、"标本兼治"理念、"预防与惩治"等措施不断丰富我国腐败治理理论与实践，赋予人民群众参与廉政文化建设的新内涵。

民众参与我国廉政文化建设的历史逻辑就是强调要充分重视历史发展的连续性，重视我国民众参与廉政文化建设的历史传统以及中国共产党动员群众参与廉政文化建设的历史演进逻辑。在对我国廉政文化建设的民众参与路径研究中，一是要珍视在数千年的历史演进中形成的大量与人民群众密切相关的廉政文化资源，这些文化深刻影响着中国百姓，民众在我国历史发展进程中一直是廉政文化传承者，积累了宝贵经验。二是要把握中国共产党关于人民群众参与廉政文化建设的百年探索和实践的得失，在历史与现实的对接中，处理好传承与创新的关系。

第四节 现实逻辑：新时代中国特色社会主义建设的现实需要

虽然，党推进群众参与廉政文化建设已经取得很大发展，但是从中国共产党全面从严治党的现实需要出发，立足于我国反腐败斗争的复杂形势，着眼于我国治理体系和治理能力现代化的目标要求，并从反腐败的国际经验看，广大群众对廉政文化建设的参与度仍然需要不断提高。在新的历史时期，提高廉政文化建设中的民众参与性，依然是亟待解决的重大问题。

习近平总书记指出"人民群众中蕴藏着治国理政、管党治党的智慧和力量"[①]，民众参与廉政文化建设研究就是要挖掘和利用人民群众

---

① 习近平. 在党的群众路线教育实践活动总结大会上的讲话[N]. 人民日报，2014-10-09（2）.

治国理政和管党治党的智慧和力量。

一、中国共产党全面从严治党的现实需要

廉政文化是一种内涵丰富的文化形态，是中国特色社会主义先进文化的重要组成部分，具有对廉洁理念和廉洁行为方式的传承、教化、导向和监督功能，与人民群众息息相关。民众参与廉政文化建设，为丰富中国特色社会主义廉政文化内涵、营造清正廉洁的社会风气提供深沉的文化支撑。廉政文化推崇清正廉洁、鄙弃贪腐，具备鲜明的应对腐败难题的价值取向，具有十分凸显的政治建设功能。廉政文化建设既要推动公职人员自我约束，正身律己，守住公权边界；也需要人民群众广泛参与，形成对廉洁政治和廉洁社会的认同、追求和捍卫，是推动我国风清气正良好政治生态形成的基础力量。

廉政文化建设还承载了执政党建设的价值功能。中国共产党是我国的执政党，是中国特色社会主义事业的领导核心，当前世界正经历百年未有之大变局，许多不确定因素使我国面临更加复杂的外部环境，国情和党情也发生着变化，党面临执政的"四大考验"和"四大危险"尚未消除，全面从严治党，保持党的纯洁性和先进性仍然是重要任务。习近平总书记在庆祝中国共产党成立一百周年大会上指出，"继续推进新时代党的建设新的伟大工程"，要"坚决清除一切损害党的先进性和纯洁性的因素，清除一切侵蚀党的健康肌体的病毒"，才能确保党始终成为坚强的领导核心。毫无疑问，保持党的先进性和纯洁性，全面从严治党是关键所在，然而，党员和领导干部并非脱离人民群众而存在，从整体来说，中国共产党是无产阶级的政党，是与人民群众紧密相连的政党，就个人而言，每一位党员和每一位领导干部、公职人员都是存在于社会之中的"个人"，这也就决定了民众廉洁素养、对腐败的容忍度及其监督意识和监督行动等要素都深刻影响中国共产党自身建设的效果。

因而，必须动员大众参与廉政文化建设，树立崇尚清廉的价值观念和行为方式，形成与共产党自身全面从严治党的同向支撑力，使全党"内部"链接全社会"外部"，共同构建起管党治党的铜墙铁壁。唯有如此，执政党建设才能既治标又治本，深入社会层面，夯实执政根基，保证党的内部建设成效不被党的外部环境消解。从这一意义上说，民众参与廉政文化建设为中国共产党全面从严治党提供厚实的群众基础、强大动力和力量源泉。

二、我国反腐败斗争形势的需要

党的十八大以来，以习近平同志为核心的党中央面对反腐败斗争的严峻形势，以壮士断腕、刮骨疗毒的决心和毅力，坚定不移严惩腐败，许多贪腐官员被绳之以法。反腐"威慑力"不断增强，人民大众在反腐败斗争中发挥越来越重要的作用。巡视巡察工作覆盖面广，方式灵活，机动式以及"回马枪"形式强化了对腐败的震慑力，而且巡视巡察不留空白，不留死角，是一场场惩贪去恶的"反腐大风暴"。中纪委发布的数据显示，党的十八大至十九大期间，中央巡视组一共开展12轮巡视工作，进行了"机动式"巡视。巡视作为党内监督的"利剑"作用不断凸显，反腐效果十分显著。而这些线索的获取又与群众的参与紧密相连，巡视组每次进驻，都公开联系方式，并设置举报信箱，受理群众来信来访，也与干部群众开展大量谈话。截至第十一轮巡视，在巡视中央和国家机关以及对55家"央企"全覆盖巡视中，分别累计受理信访举报16万多件（次）和11万多件（次），与干部群众谈话分别为1.8万多人次和1.1万多人次。[①] 在各省市的巡视巡察工作中，自上而

[①] 罗宇凡，朱基钗. 高举巡视利剑 推进全面从严治党：十八届中央巡视回眸[N]. 人民日报，2017-06-22（1）.

下的党内监督与自下而上的群众监督相结合是显著的特点，巡视巡察工作全过程中贯穿着群众路线。这表明民众的监督意识和监督行动直接影响我国巡视巡察工作的成效，进而影响我国反腐败斗争的成效。我国反腐败斗争依然面临严峻复杂的形势，习近平总书记指出，腐败问题依然存在，并且搞迂回战术，变着花样收钱敛财。"四风"问题在面上有所收敛，但并没有绝迹。有的领导干部在享乐主义和奢靡之风上没有收手。有的改头换面、花样翻新，出现各种变异。[①] 应对这些新的腐败问题，除从党的内部着手管党治党的关键举措之外，党的外部监督、全社会的廉政文化建设势在必行。随着反腐败斗争不断向纵深推进，紧密依靠广大人民群众巩固和发展我国反腐败斗争压倒性胜利显得日益紧迫。在中央反腐力度不断加大的新形势下，腐败出现了许多新特征，行为更加隐蔽，伪装形式更加多样和奇特。只要全体民众充分参与反腐倡廉建设，腐败的行径就难以藏匿。因而，我国反腐败斗争迫切需要动员和依靠广大人民群众的力量，彻底战胜腐败。任建明先生对我国改革开放40年民众参与反腐的模式与变迁进行了详尽分析，认为党的十八大以后公众参与反腐到达新的高度，但民众参与反腐的机会和意愿仍处于"中"的阶段，远未达到"强"的程度。[②] 笔者带着课题组开展的民众是否有举报腐败行为意愿和经历的调查也显示，民众参与反腐的意愿与党和政府高强度反腐的需要之间仍然存在较大差距。动员广大民众参与廉政文化建设，不断完善民众参与廉政文化建设的正式制度安排，夯实我国反腐倡廉建设的群众根基刻不容缓。

---

① 习近平. 习近平谈治国理政：第二卷［M］. 北京：外文出版社，2017：162.
② 任建明，王方方. 改革开放40年民众参与反腐的模式与变迁［J］. 北京航空航天大学学报（社会科学版），2019，32（1）：23-29，64.

三、一体推进"不敢腐""不能腐""不想腐"体制机制的需要

党的十八届四中全会立足我国反腐败斗争的实际，着眼腐败发生机理，提出要"形成不敢腐、不能腐、不想腐的有效机制，坚决遏制和预防腐败现象"，十九届四中全会再次强调要一体推进"三不"体制机制。"不敢腐"的挑战来自腐败成本之低下和腐败愿望之强烈，当许多领导干部腐败而没有受到惩罚，就会有更多领导干部抱着侥幸心理，铤而走险，胆大妄为，无视党纪法规，把手中权力凌驾在法律之上。因而，"不敢腐"重在威慑力，这种威慑力的形成需要通过"全覆盖、零容忍、无禁区"的严格执纪执法力度和"有贪必反"的果敢行动力来达成。"不能腐"凸显约束力，需要强化把权力放进"笼子"的制度制约力，需要对权力使用实行强有力的监督，使腐败分子不能滥用权力谋取私利，更不能随心所欲，不能为所欲为地利用权力，而是在制度的约束和严密监督下实现"立党为公，执政为民"。可见，不管是依赖于震慑力的"不敢腐"，还是依赖于制度制约的"不能腐"，都是依靠外部作用力来实现目标。"不想腐"则是内部自发力量，是抵御腐败的心理防火墙，是对清正廉洁、权为民用廉洁价值取向的接受和认同，也是对"不腐败"行为的自觉选择。"三不"的一体推进，三者有机贯通，是标本兼治解决腐败问题的长期性方案。"不敢腐"重在治标，以惩治腐败的震慑力遏制腐败继续蔓延的势头，"不能腐"和"不想腐"重在治本，"不能腐"是通过外部的制度制约力和权力监督力来达成浅层次的治本，"不想腐"则是以内部信念达成的高层次的治本工程。因此，一体推进"不敢腐""不能腐""不想腐"体制机制不是权宜之计，也不能仅仅依靠党和政府，而是需要全党全社会形成合力，共同推进，广大的人民群众是必须依靠的坚实力量。

民众参与廉政文化建设，正是从人民大众的视角助力一体推进

"不敢腐""不能腐""不想腐"体制机制的实现,并起到夯实治本基础的重要作用。一方面加强群众对"有腐必反"的认知力和宣传力,强化民众进行"廉政监督""举报腐败"的执行力,形成反腐败的外部制约力,加固"不敢腐"的威慑力,也夯实"不能腐"的制度笼子;另一方面在全社会加强常态化廉政教育,增强民众的"廉政意识",以社会大众的廉政追求来铲除"不得已而腐败"的社会土壤,以外部社会力量推动公职人员廉洁奉公,促成"不想腐"的反腐内生动力。

四、推进国家治理体系和治理能力现代化的需要

党的十八大以来,中国共产党十分重视在坚持中国特色社会主义制度中推动国家治理能力现代化,党的十八届三中全会明确提出"完善和发展中国特色社会主义制度,推进国家治理体系和治理能力现代化"的全面深化改革的总目标,并强调要重视人民群众在政治生活以及文化、社会等各类公共事务治理中的参与性,提出建立"社会参与机制,充分发挥人民群众的积极性、主动性、创造性",把人民群众参与国家治理作为推进国家治理体系和治理能力现代化的核心内容。党的十九届四中全会做出推进国家治理体系和治理能力现代化的重大战略部署,强调社会协同、公众参与在共建共治共享社会治理中的重要地位。我国现代化治理理论的发展对民众参与廉政文化建设实践产生直接影响。国家治理理论是对"管理"理念的扬弃,相较传统的单一管理主体及其自上而下的单一管理模式,现代化治理模式更加突出了治理主体的多元性,不仅是政府、社会组织,而且是每一个公民个体在治理实施过程中都起到相应的作用,治理运行也实现了自上而下与自下而上的辩证统一。民众对公共事务的参与是现代化治理范式中不可或缺的显著特点。"治理"理念代替"管理"理念是现代化进程的必然趋势,民众参与是社会治理模式转变的结果,构成现代化治理体系中的核心要素。民众参与廉政文化建设是民众参与腐败治理的方式之一，是体现国家治理体系和治理能力现代化水平的一个特定视域。因此，在我国不断推进国家治理体系和治理能力现代化的治理目标下，民众参与廉政文化建设也成为提供腐败治理现代化水平的现实之需。

五、强化群众监督，完善我国权力监督体系的现实需要

随着党的群众监督理论不断完善，我国群众监督实践得到不断推进，取得了一定的成效，也存在不足之处。继续发展和完善群众监督实践成为现实迫切需要。

一方面，随着党的群众监督理论不断发展完善，为我国群众监督实践提供了理论上的指导，我国群众监督的实践成效得到增强。主要表现为群众举报领导干部贪污腐败和作风问题的积极性有所提高。党的十八大以来，在党的群众监督理论指导下，群众监督的热情得到一定程度的激活，群众举报公职人员违法违规的案例显示了群众监督的威力所在。据统计，全国各级检察院举报中心在2013年至2015年间共受理举报线索107.4万件。[①] 群众监督推动反腐败工作向纵深发展。很显然，群众的自觉监督对腐败者具有明显威慑力，因为其全天候、全方位存在，一旦被动员起来，就会形成腐败行为的包围圈。例如，"朝阳群众""西城大妈"构建起强大的群众监督之网，成为建设清廉社会的强大力量。[②]

另一方面，不可否认，从全国范围看，群众进行监督的自觉性仍然不足，群众参与监督的自觉性仍然不够。在一些廉洁度较高的国家，全

---

① 徐盈雁，李婧. 举报：检察机关反贪办案主要线索来源[EB/OL]. 人民网，2016-07-05.
② 陈治治. "朝阳群众""西城大妈"多多益善[N]. 中国纪检监察报，2015-09-27（1）.

民监督的环境已经形成。例如,在瑞典,媒体和民众自觉成为"检察官"①;在新加坡,反贪局与民众广泛联系,共同建立了良好的反贪氛围,社会效果也得到不断扩大。② 在我们课题组的调查中,问卷调查显示,在 1381 份调查问卷中,有 48 人选择自己参加过"监督",所占比例较低。在访谈中,民众也表示对参与监督热情不足、积极性不高。固然,我们的调查样本还比较有限,不能完全展示出全国的样貌,但被调查者分布于全国 20 多个省份,是不同行业的民众,在一定程度上反映了我国群众监督方面的状况。

而且,从家庭、学校、社区、企事业单位到社会大众媒体,对民众参与权力监督的激励和引导极少。有时候,甚至起到了负面的作用。例如,2010 年,一则关于"最高检材料显示 70%举报者曾遭打击报复"的不实报道被许多媒体转载,也引起各界广泛讨论,对广大民众举报积极性的打击无疑是巨大的。后来,最高人民检察院举报中心主任王小新接受采访时表示这一报道与实际情况并不相符。③ 但是不实报道造成的影响力难以短时间内去除。可见,如何引导民众正确认识人民群众的监督权,认同且支持对权力进行监督的行为,并具备正确而有效的权力监督能力,是我国廉政文化建设需要解决的问题。同时,群众监督也面临新挑战。在群众监督过程中,监督规范不健全,如何正确监督的普及性教育不足,造成了一些负面影响。因此,从非正式制度层面和正式制度层面探讨民众如何更好实现权力监督,也是一种现实需要。

---

① 孙晓莉. 国外廉政文化概略 [M]. 北京:中国方正出版社,2014:12.
② 李秋芳,孙壮志. 反腐败体制机制国际比较研究 [M]. 北京:中国社会科学出版社,2015:97.
③ 隋笑飞. 最高检:"70%的举报人受到打击报复"报道不实 [EB/OL]. 中国政府网,2010-06-21.

六、以国际视野，立足于民众参与廉政文化建设的当代实践考察，揭示了在廉政文化建设中民众参与的现实必要性

当今世界，国家的清廉度已经成为一个国家软实力的重要指标。他山之石可以攻玉，借鉴人类一切文明成果一直是中国共产党的优良传统。腐败问题是世界各国共同面对的问题，许多国家和地区在动员民众参与腐败治理方面积累了成功的经验，一些国家却经历了失败。成功经验和失败教训恰恰表明了廉政文化建设中民众参与的现实必要性，为我们探索民众参与廉政文化建设提供借鉴。

（一）亚洲国家

新加坡、日本、菲律宾、韩国、印度尼西亚等亚洲国家在历史上都一定程度受我国儒家文化的影响，可以说是与我国同属儒家文化圈，某些传统文化对当代廉政文化建设的影响也与我国有相似之处。

新加坡是世界公认的廉洁国家，对民众廉洁素养的培育和社会廉政文化的建设有成功经验。新加坡在向西方学习中逐渐走向了现代化，一些西方的腐化思想也随之而来。对于西方腐朽思想和生活方式的应对，新加坡前总理李光耀采取的应对方法是儒学。他认为让青年人尽早受到传统价值的熏陶，就可以在文化上对西方腐朽思想加以预防。[1] 李光耀非常重视儒家文化中的优良传统在新加坡的继承，从20世纪70年代开始将传统华文学校办成特选学校，特选学校担负起传承中华文化和价值观的使命，包括传扬礼义廉耻、尊师重道的精神。[2] 当然，不只在特选学校，新加坡重视对所有青少年进行廉政教育，以各种形式将反腐败教育熔铸于公民教育之中。而且在中学普遍开设反腐败、反贪污的廉政课

---

[1] 武光军，顾国平. 新加坡反腐的历史进程及廉政建设机制研究[M]. 北京：中国法制出版社，2016：84.

[2] 李光耀. 李光耀回忆录：我一生的挑战：新加坡双语之路[M]. 南京：译林出版社，2013：109-110.

<<< 第一章 我国民众参与廉政文化建设的四重逻辑分析

程,结合各种现实生活中的案件使青少年认识到贪污贿赂等腐败如同黑社会和贩毒活动一样的罪恶。① 李光耀也注重结合新加坡的国情提炼儒家传统价值观的精华,把儒家文化"忠孝仁爱礼义廉耻"的理念在新加坡实现创造性发展,作为新加坡人的行为准则。在传承儒家传统文化的同时,注意吸取西方价值理念中的合理成分,推动"国家至上,社会为先;家庭为根,社会为本"的价值观深入人心,由此使新加坡国民认识到政府必须为国民服务。② 新加坡民众也逐渐形成了反对腐败、孤立腐败的廉政思想。李光耀指出"人们把担任公职贪污受贿的人看成社会公敌"③。在此基础上,新加坡民众对腐败行为的"零容忍"展现的是一种社会层面的廉政文化形成,民众对廉政的社会认同心理为新加坡的廉政文化建设奠定基础。与此同时,新加坡的廉政建设也重视制度建设,涉及政府机关和社会大众,以法律法规保证廉政文化有效推进、有序进行,成为廉政文化建设的核心。特别值得一提的是,新加坡廉政文化建设离不开全体民众的共同参与,不管是廉政教育、廉政思想培育,还是廉政制度的确立,既需要全体公职人员发挥榜样示范作用,也需要所有非公职民众积极参与。例如,廉政教育取得良好成效,是各教育部门之间相互合作的结果,是教师对廉政教育工作认同并认真推进的结果,也是每一位学生积极参与其中的结果。同样,在整个社会培育廉洁风气,也需要每一位公民的参与,需要民众在思想上和行动上反对腐败现象和腐败行为。每个人严格要求自己,清白做人,干净做事,不行贿,与公职人员的自我约束和严格管理相配合,廉政文化建设才能因此而获得深层次发展。很显然,全民参与是新加坡廉政建设取得成功的

---

① 付春,任勇.试论新加坡的反腐败:基于制度与文化的视角[J].大连干部学刊,2007(9):40-42,45.
② 李文.东亚国家廉政文化建设比较研究[J].浙江社会科学,2006(3):50-56.
③ 李光耀.经济腾飞路:李光耀回忆录:1965—2000[M].北京:外文出版社,2001:154.

基础。

　　日本的廉政文化建设也是成功的，同样传承和发展了儒家文化中"廉"的思想，特别是形成了极具特色的"耻感"文化和日本独特的集体主义精神。日本学者森三树三郎认为中国是耻辱感文化的老字号，日本只是其一片分店。① 强调日本耻感文化与中国儒家传统文化之间的"流"与"源"的关系。当然，在"耻感"文化中，何为"耻"是一种重要的价值判断，使民众认同贪污腐败就是耻辱，才能在"耻感"文化中生成清廉文化。日本的廉政文化建设还实现了耻辱与国家责任之间的连接，如果政府和官员利用特权谋取私利导致政治难以清明，百姓无法安居乐业，那么会被日本人认为是可耻的。同时，日本将儒家文化逐渐转化为"克己奉公"的精神追求，又把儒家文化中"重集体"理念与日本社会相结合，形成"重集体，轻个人"的价值取向。由此，日本形成了一种使腐败者难以在社会立足的清廉文化氛围。而且日本也充分利用媒体和民间组织进行监督，参与反腐活动的全国市民行政监督联络会议就很具代表性，该联络会由日本国内80多个市民行政监督团体共同组成，成立于1994年，宗旨是监督和举报中央及各级政府的不正当行为，并提出改善意见。联络会成立以来，开展了遏制公款消费等一系列反腐败活动，取得了较好的成效。政府信息公开化在日本也得以快速发展，并通过立法使其制度化。日本政府信息的公开透明，为群众监督和廉洁政府构建提供前提。② 因而从民众参与的视角审视日本廉政文化建设的经验，也有其可取之处，日本从国民性培育日本民众的"廉"品质，以教育为主要手段来实现，为廉洁政治的形成奠定基础。

---

① 钟思雨，赵瑞琦. 日本廉政现象：文化、心理、政治逻辑的三位一体［J］. 廉政文化研究，2018，9（2）：51-56；森三树三郎. 名与耻的文化：中国伦理思想透视［M］. 乔继堂，译. 兰州：甘肃人民出版社，1989：89.
② 申险峰，周洁，宋振美，等. 日本廉政制度与文化研究［M］. 北京：中国法制出版社，2016：95-96.

与此同时，日本也从制度、平台等方面为民众监督权力提供了保障。

值得注意的是，一些亚洲国家走向了另外一条文化发展道路，形成一种以血缘、亲缘为纽带的社会文化，政府官员的责任感被限制在亲属的小圈子范围内。瑞典著名经济学家冈纳·缪尔达尔（Gunnar Myrdal）在20世纪五六十年代对南亚和东南亚11个国家进行为期十年的调查研究，认为在这些国家和地区存在清晰可见的"腐败的民俗学"，它容易使人民认为，每一个权力掌握者都可能为了自己的利益、家庭利益或他觉得应该效忠的利益集团的利益来利用权力。由此导致的结果是，在这些国家和地区，掌握权力者的忠诚不是对整个社会，而是对家庭、村庄或基于特定因素所组成的集团。然而，这种对较小集团的忠诚往往会酿成"族阀主义"，这本身就是一种腐败形式。[①] 在菲律宾、印度尼西亚等东南亚国家，这种文化依然保留着，对家庭或者家族、小村庄等小团体的忠诚，导致官员和民众都认为为"小圈子"谋取利益是对家庭和家族的尽责，不但不反对，反而纵容和赞赏，这种行为会导致公正廉洁不受欢迎，甚至难以立足，必然促成腐败的泛滥。在菲律宾，形成了以家族为基础的寡头和利益集团，他们通过把控政治权力谋取经济利益。家族主义在菲律宾的人际关系网中居于核心地位，家庭便也成为政治活动的中心，这就导致菲律宾政府官员把为家庭和家族成员谋取好处作为自我的责任，使得任人唯亲在菲律宾成为司空见惯的事情。因而民众对贪污腐败行为不但不觉得可耻，反而觉得理所当然。这种社会认知必然又进一步推动贪污腐败的发生。我国《文汇报》驻马尼拉资深记者朱幸福对菲律宾的腐败深有体会。他十分赞同菲律宾移民局前局长米里阿姆·迪芬索·圣地亚哥参议员的观点——"菲律宾真正的问题不是贫

---

① 缪尔达尔. 亚洲的戏剧：对一些国家贫困问题的研究［M］.谭力文，张卫东，译. 北京：北京经济学院出版社，1992：146-147.

困而是贪污腐败",认为菲律宾贫穷的原因正是政府官员的贪污腐败。①印度尼西亚也是如此,缪尔达尔所指的"腐败民俗学"在印度尼西亚也清晰可见,政府官员的责任感只体现在家庭或亲人的小圈子,而不是整个社会,贿赂官员以及官员的贪污被认为是可以接受的。②解决菲律宾和印度尼西亚的腐败问题需要加强廉政文化建设,需要重构民众对腐败问题的正确认知,需要清除腐败文化根源,着眼于全体民众思想的大改造,突破狭隘的"家族利益"走向对"国家利益"的追求,培育"公民社会"氛围。鼓励人人参与,从每个民众个体对廉洁的认同,到形成廉洁社会风气,筑牢清廉国家的基础。这对我国的廉政文化建设有着重要启迪。

(二) 北欧国家

我们不只关注有相似文化背景的亚洲国家,作为西方发达国家代表的北欧国家在廉政方面也享有很高声誉,长期以来得到较高的评价,我们也要从中汲取宝贵经验。瑞典是廉政建设效果特别显著的北欧国家,从国家层面到社会层面和公民个体,都显现出其廉政建设的高水平,多年来该国在"透明国际"的全球清廉指数排名都居于前列。当我们研究瑞典廉政建设成就时发现,民众积极参与监督权力是非常显著的特征。瑞典民众有着强烈的公民意识,对受贿和贪污的容忍度极低,不管是公职人员还是普通民众,都把腐败看作羞耻的行为。瑞典的廉洁教育从儿童时期就开始了,并在全社会构建起诚信体系,一旦有污点记录,会对个人产生重大影响,也由此促成全社会形成了廉洁的社会风气。而且作为高税收和高福利国家,民众非常关注税金为谁服务,民众社会监督的积极性高,对公职人员形成了有效的监督。由此,瑞典形成了

---

① 朱幸福. 风云诡谲的菲岛政坛 [M]. 北京:中国社会科学出版社,2002:365-368.
② 孙晓莉. 国外廉政文化概略 [M]. 北京:中国方正出版社,2014:296-298.

"全民监督"的环境，媒体、民众都是"检察官"。①

芬兰也是廉洁度较高的北欧国家，多次位居"透明国际"世界清廉指数首位，廉洁已经成为芬兰的显著特征。除了完备的法律制度和高效的权力制约机制，公民廉政道德建设是成就清廉芬兰的重要举措。在芬兰，廉政观念深入人心，以权谋私、贪污腐败都是被鄙夷而无法立足的行为，"廉荣贪耻"的社会氛围成为公务员廉洁执政的积极影响力。而且，在芬兰，权力监督体系也充分发挥人民群众的作用，芬兰的行政监察专员公署拥有高度的监察权，监察员可以视察各级政府机关和公共机构以及各社会团体，民众则有权利向公署举报官员的贪腐及一切违法违纪行为，由此行政监察专员公署借助于民众的力量更能充分发挥权力监督的作用。②

丹麦也是如此，廉洁教育是整个教育体系的重要内容之一，丹麦各媒体和广大民众对腐败的零容忍，对腐败同仇敌忾，社会廉洁价值观成为约束腐败的关键要素。③

不可否认，关于廉政文化建设，瑞典、芬兰和丹麦就历史传统而言与我国具有很大的差异性，但在当前廉政文化建设具体的路径上，具有许多值得借鉴的地方。动员群众积极参与廉政建设，全方位加强民众诚信意识和廉洁意识的培育，增强民众的监督意识，促成监督行动，并从制度上为民众参与廉政建设提供完善的保障，这是瑞典、芬兰和丹麦廉政文化建设的共同实践经验，也是我国在进一步推进廉政文化建设值得重视的问题。

美国著名社会学家帕森斯（Talcott Parsons）和希尔斯（Edward

---

① 孙晓莉. 国外廉政文化概略[M]. 北京：中国方正出版社，2014：11-12.
② 倪星，程宇，揭建明. 芬兰的廉政建设及其对中国的启示[J]. 湖北行政学院学报，2018（1）：22-26.
③ 张喜华，马驰. 丹麦廉政建设[M]. 上海：上海社会科学院出版社，2018：175.

Shils）提出的"特殊主义"（particularism）和"普遍主义"（universalism）这两个术语，对我们的研究有重要启发。他们认为"特殊主义"是依赖于行为者之属性的特殊关系而认定对象身上的价值，"普遍主义"则独立于行为者与对象在身份上的特殊关系。这两种人际关系模式也以个人主义和团体主义取向作为区分，被解释为传统社会与现代社会的区分。① 从一定意义上来说，"特殊主义"对应于受我国儒家文化而形成的重视伦理关系的东亚人情社会文化，"普遍主义"则对应于受基督教文化影响而形成的强调人与人之间平等关系的西方社会文化。上述所提的几个国家与民众参与相关的廉政文化建设实际分析中展现出，无论是儒家文化还是基督教文化，这些文化本身并不一定导向廉洁或者腐败，所有文化传统都有可能因文化当中某些要素导致腐败的产生，同样也都有可能蕴含某些清廉文化因子，成为当代"廉"文化的源泉。在我国不断提高腐败治理能力现代化水平的目标中，清廉是重要的。我们从世界上其他国家和地区的廉政文化建设中深刻认识到，简单否定某一文化传统的做法是不可取的，如何从传统文化中汲取有效养分培育廉洁公民，推动形成廉洁社会风气，动员民众参与廉政文化建设，才是值得研究和重视的问题。

综上所述，当前我国要进行的廉政文化建设是中国特色社会主义廉政文化建设，民众的参与是当家做主的广大人民群众的参与。在我国，人民群众参与廉政文化建设是马克思主义群众史观的必然要求，人民群众是历史的创造者，在中国特色社会主义廉政文化建设中，人民群众理所当然成为"局中人"，并且是主体力量，彰显了鲜明的人民价值取向。从理论上看，廉政文化建设鲜明的预防腐败指向，连接着国家权力监督和腐败治理，我们从马克思主义经典作家和中国共产党关于人民群

---

① 郑也夫. 代价论 [M]. 北京：中信出版社，2015：41-43.

众监督政府、约束权力的思想中探寻到了民众参与廉政文化建设的理论之源和理论之基。从历史进程看，人民群众对廉洁的向往和讴歌在我国历史长河中从未间断，中国共产党自成立起就充分发动人民群众参与廉洁政府建设，鼓励民众举报腐败，揭示了群众参与廉政文化建设是我国历史演进的必然。中国共产党全面从严治党的需要、反腐败斗争的复杂形势、我国提高腐败治理现代化水平的目标，以及世界上其他国家廉政文化建设的实践经验，都表明人民群众参与廉政文化建设是习近平新时代中国特色社会主义建设的迫切需要。这些因素构成了我国民众参与廉政文化建设的四重逻辑：价值逻辑、理论逻辑、历史逻辑和现实逻辑，四重逻辑相互依赖，互相支撑，是理论与实践、历史与现实的统一。人民价值取向贯穿民众参与廉政文化建设的全过程和各个层面。民众参与廉政文化建设的四重逻辑分析，揭示了人民群众参与廉政文化建设的价值取向、理论根基、历史经验及其现实紧迫性和重大意义。将人民群众参与廉政文化建设的路径探讨放置于这四重逻辑交互联系的基础之上，就有了价值之道、理论之基、历史之维和现实之需，为路径探讨提供正确取向、理论深度、历史厚度和现实广度。

第二章

我国民众参与廉政文化建设总体思路："破"—"承"—"立"三维路径

新制度经济学的制度变迁理论认为，人们在推动制度变迁的过程中，路径依赖是要考虑的关键要素。[①] 路径依赖很好地解释了制度变迁的一个重要观点：人们过去做出的选择决定了他们现在可能的选择，在既定的路径中，会不断发生固化。如果既定路径是正确的道路，便会进入良性循环的轨道，而如果既定路径是错误的，也会沿着错误继续下滑，一旦错误进入了锁定状态，摆脱就会十分困难，必须引入外生变量加以改变。新制度经济学制度变迁理论中"路径依赖"这一分析工具对民众参与廉政文化建设的路径研究有着重要启示。其启发作用表现为，廉政文化建设需要摆脱消极影响而走上正确路径，并通过加入强有力的外部力量对正确路径不断加以固化，使其产生长期的积极性影响。

破除嵌入我国社会关系网络的腐败文化就是要摆脱廉政文化建设的消极影响和束缚，传承优秀传统廉政文化和红色廉政文化；确立民众廉洁价值观，则是着力于注入强大的外生力量，形成正确的路径依赖。因而，"破"——破除社会关系网络中的腐败文化、"承"——传承优秀传统廉政文化和红色廉政文化、"立"——确立民众廉洁价值观，构成我国民众参与廉政文化建设的总体思路。

---

① 诺思. 制度、制度变迁与经济绩效 [M]. 杭行, 译. 上海：格致出版社, 2008：150.

第一节 "破":破除嵌入我国社会关系网络的腐败文化,清除腐败土壤

腐败是清廉的对立面,经济学称为权力寻租,从法学层面看是一种违法行为,学界较多是从政治学角度定义腐败,认为是公权力的滥用。当腐败被视为正常,成为一种社会规则可接受的现象时,可以说腐败文化就在一定程度上存在了。腐败文化是与廉政文化相背离的对抗性文化,是腐败滋生蔓延的文化土壤。腐败文化的形成原因很多,而它一旦形成,某种既得利益集团随之产生,它们对构成腐败文化有着强烈的需求,因而不断加以巩固以维持"寻租"的有效性。这一过程决定腐败文化具有极强的社会性,因而与民众形成强联系。

在我国的封建社会,腐败文化嵌入社会人际关系网络之中,深刻影响着广大民众,甚至在相当长时期内形成了"路径依赖"。中国共产党在新中国成立初期,就对贪污腐败进行过声势浩大的清扫,在今天的廉政文化建设中,只有破除腐败的社会关系网络,清除民众心中腐败、"亚腐败"观念,铲除腐败滋生土壤,才能真正确立起清正廉洁的社会价值观和社会风气。邱学强等学者指出,如果不致力于消除腐败文化,而只是片面地倡导廉政文化,其结果必然变成水中捞月、竹篮打水。[1]此观点可谓一语中的,破除腐败文化成为廉政文化建设首先要关注的重要问题。

新制度经济学把制度划分为"正式制度"和"非正式制度"两部分。"非正式制度"包括各种习惯、习俗、文化传统、价值观念及意识

---

[1] 邱学强,徐伟新,袁曙宏,等.国家命运:反腐攻坚战[M].北京:中央编译出版社,2015:259.

形态等非正式约束，是人们在长期的经济社会发展中逐步形成的，并得到整个社会和民族普遍认可，是道德伦理规范的总称，其中意识形态处于核心地位。而在制度变迁理论中，制度变迁不是简单制度替代，而是制度的完善过程，是一种创新，"非正式制度"变迁过程是道德伦理规范不断完善的过程，这个完善是一种价值判断，常常以推动社会向前发展作为依据。"正式制度"则是一种正式的约束，是人们有意识创造的法律法规，从宪法到一般的国家法律、地方法律，到规章制度和规范性文件，到特定的契约细则等，都起到约束人们行为的作用。邓小平十分重视和强调制度在我国社会主义建设中的作用，认为"制度好可以使坏人无法任意横行，制度不好可以使好人无法充分做好事，甚至会走向反面"[1]。对于民众参与廉政文化建设也是如此，非正式制度的建设要与正式制度建设同时进行，才能相互促进，形成强大合力。

一、"非正式制度"的意识形态层面

人们的价值观、思维方式对腐败产生深刻影响，腐败、"亚腐败"价值理念制约着腐败问题的根本解决。[2] 因此，我国廉政文化建设必须彻底铲除腐败文化，扫除催生腐败之风的深层次文化诱因。要从民众思想观念着手，消除腐败文化对大众的思想侵蚀，铲除腐败文化赖以生存的思想基础。

习近平总书记坚定指出："党内决不能搞封建依附那一套，决不能搞小山头、小圈子、小团伙那一套，决不能搞门客、门宦、门附那一套，

---

[1] 邓小平. 邓小平文选：第二卷[M]. 北京：人民出版社，1994：333.
[2] 洛佩兹，桑托斯，范连颖，等. 腐败的社会根源：文化与社会资本的影响[J]. 经济社会体制比较，2015（4）：108-118.

搞这种东西总有一天会出事!"① 并指出,如果升学、考公务员、办企业、上项目、晋级、找工作等各种机会都要走关系、搞门道,必然会严重影响社会的公平正义,因为在这种风气下,没有背景即便再有本事也没有出人头地的机会。习近平总书记强调一定要纠正这种风气,否则就难以形成人才辈出、人尽其才的生动局面,社会就会失去活力,党和国家就不能生机勃勃向前发展,明确宣告共产党人决不能搞封建社会的"封妻荫子""一人得道,鸡犬升天"的腐败之道!② 习近平总书记从党和国家发展的战略高度出发,论述了破除腐败之风的重要意义以及坚定决心,也为全社会批判腐败文化、"亚腐败文化"提供了指导。党的十八届三中全会明确提出要真正把信念坚定、为民服务、勤政务实、敢于担当、清正廉洁的好干部选拔出来,要破除"官本位"观念。表明了党对"官本位"观念和现象的清醒认识及铲除"官本位"思想的坚定决心。因而,党内要全面从严治党,严惩腐败绝不手软,坚决摧毁腐败、"亚腐败"关系网络;党外则要动员各部门、各行业、媒体以及全体社会成员参与对腐败文化的批判。党内外同向发力,使民众正确认识干部手中拥有的权力是人民赋予的,领导干部并没有凌驾于群众之上的权力,全社会要敢于对"走关系""搞门道"大声说不,藐视腐败圈的团团伙伙,痛恨腐败行径,远离腐败文化,从而对行贿者或者潜在的行贿者形成一种精神上的约束,挤压腐败文化生存空间。

二、正式制度层面

破除腐败文化绝不是一朝一夕即可完成,具有长期性,需要制度安

---

① 中共中央文献研究室.十八大以来重要文献选编(上)[M].北京:中央文献出版社,2014:769-770.
② 中共中央纪律检查委员会,中共中央文献研究室.习近平关于党风廉政建设和反腐败斗争论述摘编[M].北京:中国方正出版社,2015:95.

排与之相适应，以减少破除腐败文化的随意性和随机性。党的十九大报告提出"坚持受贿行贿一起查"，把治理民众行贿问题提高到了新的高度。十九届中央纪委四次全会要求，"对巨额行贿、多次行贿的严肃处置，坚决斩断'围猎'和甘于被'围猎'的利益链，坚决破除权钱交易的关系网"。中国共产党坚持受贿行贿一起查、坚决斩断官商利益链的反腐治理新理念，向全党全社会持续释放对受贿行贿零容忍的强烈信号。因而，廉政文化建设要从正式制度的建构上，加大对受贿和行贿的打击力度，并使之成为破除民众腐败观、铲除社会腐败风的利器。

三、行为文化层面

意识形态的认识和正式制度的制约，终究需要民众落实到自我行为上，推动民众把"贪耻廉荣"的观念转化为廉政监督、举报腐败的廉洁行为。破除腐败文化，就是推动民众远离腐败的关系网络，以法律法规为准绳，不以行贿、"围猎"等腐败方式攫取特殊利益，对于侵犯群众利益的腐败行为，敢于举报监督，成为破除腐败文化、约束腐败行为的清廉卫士，使行贿围猎、托关系找关系等腐败行为文化成为人人喊打的"过街老鼠"，使清廉简朴、勤俭节约的行为方式成为民众的追求，推动清廉为官、廉洁从业、简约生活成为我国社会的鲜明特色。

总之，人是腐败发生的主体，也是制约腐败的主体。腐败文化以或明显的或潜在的方式影响着人们的腐败行为发生，而清廉的文化同样对人们的廉洁行为产生深刻影响。要从根本上预防腐败发生，从根本上减少腐败对我国现代化建设造成的危害，需要依靠全体社会成员共同努力，批判腐败，唾弃腐败，远离腐败，并自觉举报腐败，这是民众参与廉政文化建设的前提。

第二节 "承": 传承我国优秀传统廉政文化和红色廉政文化

一、我国优秀传统廉政文化与民众的结合

腐朽的文化、扭曲的价值观需要消除,中华优秀传统廉政文化则要传承与弘扬。文化是时代的产物,古代廉政文化与我国古代社会的经济、政治和社会发展特征相适应。不可否认,我国传统廉政文化也是封建传统农耕社会的传统文化,有其历史的局限性。然而,优秀传统廉政文化本身,又有着其影响人们行为的稳定性因素:在变化的、历史的、具体的道德观念和规范中,可以作为各时期的人认同的、优秀传统代代相承的因素。[①] 随着社会历史变迁,在传承中不断汲取新养分的中华优秀传统文化成为今天中国特色社会主义优秀文化中不可或缺的组成部分。习近平总书记在十二届全国人大一次会议上指出,中国特色社会主义道路来之不易,是从改革开放的实践中走出来,从新中国成立后的持续探索中走出来,从对近代以来中华民族发展历程的深刻总结中走出来,也是从对中华民族悠久文明的传承中走出来的。[②] 既强调了中国特色社会主义的现实基础,也凸显了深厚历史渊源,特别是对5000年中华文明的传承,揭示了我国社会发展与中华文化传承之间的联系。《习近平在纪念孔子诞辰2565周年国际学术研讨会上的讲话》指出,中华优秀传统文化中蕴藏着解决当代人类面临的难题的重要启示,包括清廉

---

① 陈先达.中国传统文化的当代价值[J].北京科技大学学报(人文社会科学版),1997(5):16.
② 习近平:在十二届全国人大一次会议上的讲话[EB/OL].中华人民共和国政府网,2013-03-17.

从政、勤勉奉公在内的许多思想和理念，可以为人们认识和改造世界提供有益启迪，为治国理政提供有益启示，为道德建设提供有益启发。优秀传统廉政文化是中华优秀传统文化的重要组成部分，理应成为当代廉政文化建设的源头活水。中华优秀传统廉政文化蕴含着涵养新时代清廉党风政风和社风民风的丰富资源，要"积极借鉴我国历史上优秀廉政文化，不断提高党的领导水平和执政水平"[①]。民众参与廉政文化建设，也应该着力于对中国优秀传统廉政文化的传承与弘扬，在传承中培育民众"廉荣贪耻"的廉洁价值观，在传承中营造廉洁社会风气。在我国历史发展进程中，民众参与廉政建设的实践一直都存在，中国共产党也积累了传承优秀传统文化的宝贵经验。如今，我国要建设中国特色社会主义廉政文化，"传承"是关键环节，人民群众是不可忽略的力量。从人民群众参与的视角看，在对"廉"的不懈追求、对清官的竭力推崇以及对勤俭节约廉洁生活方式的坚持不懈等方面都需要传承和弘扬。

我国廉政文化源远流长，原始社会部落首领将首领之位传给贤德之人的廉政举措可以说是我国古代廉政文化源头。廉政思想于西周开始逐渐形成，周公为此做出重要奠基性工作，提出了"敬天保民""以德配天"的廉政思想，《周礼·天官冢宰·小宰》提出"廉善、廉能、廉敬、廉正、廉法、廉辨"的"六廉"是"以听官府之六计，弊群吏之治"，即以廉为本，从六方面考察官员，为古代官员为官提供基本准则。而对"廉"展开更深入思考并走向普通民众的是先秦诸子百家，他们把"廉"作为重要品德加以阐述，廉政文化的发展逐渐深入民众。我们从上一章对民众参与廉政文化建设的历史逻辑分析中看到，我国民众自古至今赞颂廉政品德，拥护和爱戴清官，还参与对官员的监督，在历史长河中民众对廉政的向往与憧憬从未停止。

---

① 习近平. 习近平谈治国理政：第一卷［M］. 北京：外文出版社，2014：390.

二、红色廉政文化与人民大众相连

自从成立，中国共产党就是廉政文化建设的倡导者和践行者，在领导中国革命，为实现民族独立和人民解放过程中所传承、孕育和发展出丰富的具有廉政内涵的红色文化，展现了中国共产党人公而忘私、一心为民、清廉简朴的高尚品格，也包含着依靠人民群众惩治腐败的政治智慧。中国共产党人是红色廉政文化的主要创造者，红色文化具有鲜明的群众性。中国共产党人践行着"官兵一致"的平等原则，书写了密切联系群众、与群众"有盐同咸，无盐同淡"的深厚情怀，共产党和红军所到之处都树立起清廉平等之风气。为防止党政领导干部脱离人民群众，远离贪污腐化，中国共产党确立了群众监督党政领导干部的廉政制度。在中央苏区，充分调动群众突击队、轻骑队、巡视员、工农通信员及群众法庭对苏维埃机关及国有企业和合作社进行监督；延安时期，边区政府发布命令，强调对人民群众的控告要切实查办、绝不可敷衍，更不可偏袒政务人员，并将政务人员置身于群众的监督当中，把马克思的"廉价政府""公仆"思想体现于制度，付诸实践。中国共产党的红色廉政文化中寄托着人民群众对中国共产党人的期望，也是人民群众信任和支持中国共产党的力量源泉。习近平在许多重要场合强调，"我们要从红色基因中汲取强大的信仰力量"，"要铭记光辉历史、传承红色基因"，"用实际行动把红色基因一代代传下去"，还要把红色文化的传承寄托于年青一代，强调要从娃娃抓起，"使红色基因渗进血液、浸入心扉，引导广大青少年树立正确的世界观、人生观、价值观"[①]。总之，传承和弘扬红色廉政文化，不仅是加强党风廉政建设的有效手段，也是提升全体社会民众廉政意识，与腐败文化抢占意识形态阵地的必由之

---

① 习近平. 论中国共产党历史 [M]. 北京：中央文献出版社，2021：108-110, 254.

路。广大民众在传承红色廉政文化中汲取正能量,认识清廉的高尚与美好,形成崇尚廉俭的价值判断,远离丑恶的腐败文化和"亚腐败"文化,逐渐形成清廉的社会生态。

三、"慧传承":我国民众传承优秀传统廉政文化和红色廉政文化的方略思考

(一)非正式制度层面

一方面,把"廉"作为治理国家和每个人应该具备最重要的品德之一,传承我国历代先贤十分推崇的廉洁品德。管仲提出"礼、义、廉、耻,国之四维"(《管子·牧民》),其中任何一项做不好,国家就会倾斜,面临危险,廉是重要的一维,在国家治理的层面把"廉"与"礼""义""耻"密切相连,相辅相成。实际上自先秦诸子思想开始,廉的品质不仅在治理国家层面成为先哲们所重视的准则,就普通群众的个人品德修养而言,也十分推崇。孟子认为"可以取可以无取,取伤廉"(《孟子·离娄下》),表明了对廉品质的认可;墨子更充分认识廉的品质,认为"贫则见廉"(《墨子·修身》)是君子的品德和修养;庄子则认为"人犯其难,我享其利,非廉也"(《庄子·让王》),指出把自己获利建立在别人的痛苦之上,便违背了"廉"的品德修养;汉代桓宽《盐铁论·疾贪》提出"欲影正者端其表,欲下廉者先之身",强调了为官者要树立廉洁典范,以影响普通民众,形成廉洁社会风气。总之,中国古代思想家十分重视和推崇廉的道德品质,而且在我国古代史书以及相关文学作品中,"颂廉贬贪"成为主流,这些史书以及文学作品记载了我国历史上的许多清官廉吏,他们在百姓心中流芳百世。从春秋时期楚国令尹孙叔敖,齐国正卿晏婴,东汉孔奋,汉末诸葛亮、陆绩,东晋吴隐之,唐朝魏徵、姚崇、柳宗元,宋朝包拯、周渭、范仲淹,明朝况钟、于谦、海瑞到清代的大清官张伯行、于成龙,等等,许

多清官载于史书典籍，也流传于市井文化，为百姓所传唱。古代清官们廉洁清正、生活俭朴、除暴安良、造福人民，成为当代领导干部的为官典范，老百姓对清官的永恒期待也成为历史发展的主流。那么在今天，我们的廉政文化建设就要挖掘和宣传历史上的清官廉吏，弘扬他们身上廉政为民的高尚人格，使古代先贤推崇的"礼义廉耻"在新时期的传承中实现创新性发展，也使古代"廉"文化突破历史局限，获得创造性转变，成为惠及全体民众的中国特色社会主义廉政文化的组成部分。

与古代传统廉政文化不同的是，红色廉政文化已经突破了封建等级的历史局限，"廉"的品德和修养展现出了共产党人坚持人民至上的根本立场，高尚的清廉品德在共产党人身上熠熠生辉。许许多多的中国共产党人在风雨如磐的革命岁月中坚守着挽救民族危亡的初心使命，他们将清廉融入共产党人的理想信念之中。江西瑞金中央革命根据地纪念馆里的"账簿"中记录着1934年8月毛泽东同志一行调研时缴纳的1元4角8分的食宿费，1元多钱的食宿费折射的是共产党人实实在在的清廉作风。[1] 中国革命先驱李大钊先生，撰文批判腐败，认为虚伪、奢侈、贪婪是导致腐败的主要原因，并提倡以简易生活抵御腐败，他还以身作则践行简约生活，尽管每月收入不菲，却约束对物质生活的欲望，常常把工资拿出作为党组织工作所用，并对困难学生倾囊相助。[2] 邓恩铭在给父亲的信中深切表明自己对名利的憎恶，何叔衡也在给义子何新九的信中表明自己"绝对不能为一身一家谋升官发财以愚儒子孙"的高尚情操。[3] 总之，在艰苦卓绝的革命岁月中，许许多多的中国共产党人以清廉无私的高尚品德和一心为民的理想信念奋斗不止，清正廉洁成

---

[1] 张璇，余刚．一本"清廉簿"，百年好作风［EB/OL］．新华网，2021-03-25．
[2] 于海英．李大钊纪念馆：李大钊清廉无私显本色［J］．中国纪检监察，2021（11）：25．
[3] 《红色家书》编写组．红色家书［M］．北京：党建读物出版社，2016：19, 69.

为共产党人群像的显著特征，是共产党红色基因的重要组成部分，使中国共产党人始终成为中国革命的坚强领导核心。中国特色社会主义廉政文化建设，人民大众应继承和发扬"廉"的品德，把它作为毕生的修养，以许多"个体"的廉洁品德构建起整个社会的廉洁风气，推动"清廉"成为为官者的一种潮流和风尚。中国共产党一心为民、艰苦奋斗的精神品质恰是对古代"廉"品德的传承，也是廉政文化建设的宝贵财富。从广大民众的视角来说，对"清廉"的崇尚与追求，对清廉干部的喜爱和崇拜，有助于形成强大的廉政文化影响力，助推领导干部做出清正廉洁的选择。

另一方面，传统廉政文化中把"民本"作为构建官民关系的价值取向，与中国共产党坚定的人民立场实现耦合，后者又在耦合中超越前者，为廉政文化建设提供内在依据。从周公的"敬天保民"到孔孟思想中的"仁"及"德治"，都包含了重要的廉政思想。《论语》提出"道千乘之国，敬事而信，节用而爱人，使民以时"（《论语·学而篇》），强调治理国家要谨慎处事、守信用、节俭用度以及实行德治以使民众知廉耻。《孟子·尽心下》"民为贵，社稷次之，君为轻"十分鲜明地表达了民众最重要的民本思想。道家思想也体现了鲜明的以民为本取向，老子《道德经·第四十九章》阐发"圣人恒无心，以百姓之心为心"，将民本思想提到新的高度，把百姓的所需所想作为自己的所需所想，显然主张为官者要体恤百姓，对以民为本者高度赞扬。墨子的民本思想体现于"兼爱""非攻""节用"，希望消灭战乱，让人民过上安稳的生活；更体现在他的"三表法"，即"于何本之？上本之于古者圣王之事。于何原之？下原察百姓耳目之实。于何用之？发以为刑政，观其中国家百姓人民之利"（《墨子·非命上》），体现了对百姓利益十分重视的思想。中国古代朴素的民本思想在中国王朝演进历史进程中对推动王朝的兴盛发挥了极大作用。例如，董仲舒所阐发的民本思想得到汉武帝的重视，对当时加强王朝繁盛作用凸显（《汉书·卷五十六·董仲舒传·第二十六》）；唐朝魏徵则多次以"水能载舟，亦能覆舟"的思想告诫唐太宗要爱护百姓才能保证国家安稳，为唐朝走向强盛奠定基础（吴兢《贞观政要·卷一·论政体》）。尽管古代的民本思想不可避免地具有历史局限性，在封建社会，君民不可能真正平等，"民本"只是维护统治阶级的手段，而不是根本目的，但是表达了思想家们将眼光放在了人民群众身上，并看到人民群众在历史进程中的作用。这也影响着一大批清官廉吏在践行民本思想中进一步丰富和深化民本思想，更为马克思主义的群众史观在中国生根发芽提供深厚的中华文化土壤。在党的红色廉政文化中，"群众史观""群众路线"熠熠生辉，赢得百姓的拥护和支持。正是有了坚定的人民立场，有了一心为民的崇高品格，中国共产党人才能始终保持清廉，为广大人民群众而不是自己去谋取利益。如今，民众参与廉政文化建设，就是要以马克思主义的人民立场扬弃传统民本思想，把人民是国家主人、领导干部是公仆的思想根植民众心中，使民众能正确认识"官民关系"中"官"与"民"的平等地位，从而使民众破除官本位思想，以民众的力量约束领导干部的官僚主义、特权思想，"倒逼"党政领导干部及所有公职人员为人民服务，这是廉政文化建设的重要方面。

（二）正式制度层面

在我国的古代廉政文化中，民众的参与性既体现在意识形态层面对廉洁品德的继承与弘扬，也体现在廉政监督的正式制度中。如今，民众参与廉政文化建设，从总体思路上看，需要传承和弘扬与民众参与相联系的传统廉政制度文化和红色廉政制度文化。

一方面，要以正式制度明确民众传承廉政文化建设的地位。从我国民众参与廉政文化建设的历史逻辑分析中，我们很显然看到人民群众始终是优秀传统廉政文化和红色廉政文化的传承者、弘扬者。传承形式具有多样性，不管是历史上的蒙学教育、家规家训、方志、诗赋、民谣、小说、民间"善书"等形式的传播，还是在新民主主义革命时期利用报纸杂志等形式的宣传动员，都使清廉文化成为我国优秀传统文化中翰墨飘香般的存在，昭示了广大民众在廉政文化建设中无可替代的作用。因而，如今，要使清廉文化更加深入人心，要营造更加清廉的社会风气，就需要从制度上赋予广大民众作为廉政文化传承者的地位，使民众自下而上自发进行的廉政文化传承与自上而下的制度"赋权"相结合，这一举措必将大大增强民众传承优秀传统廉政文化和红色廉政文化的效果。

另一方面，要以史为鉴，完善民众参与监督的制度安排。我国民众告官鸣冤的民监官制度可追溯到西周时期的"肺石""路鼓"制度，此后历代均制定民众举报腐败官员的法令，为民众参与反贪治贪提供保障。我国古代的巡察巡行制度也与民众提供线索相联系。虽然这些法令缺乏现代法律制度的民主根基，但在一定程度上起到约束官吏侵犯民众权益的作用，制度的稳定性和权威性也使民众在我国廉政建设的历史长河中作为参与者占有一席之地。加强党的建设是中国共产党领导新民主主义革命获取胜利的重要法宝之一，清廉为民是党的本质要求。中国共产党在实现民族独立和人民解放的革命战争年代，从制度层面为动员人民群众多形式参与清廉建设提供了保障。在井冈山，在中央苏区，在延安边区，党都制定了民众参与廉政建设的相关制度。红色廉政文化的群众参与性也体现于正式制度之中，使群众参与廉政建设有据可依，构建独特的民众参与的红色廉政制度文化，扎根于中国大地，彰显出强大的群众伟力。因而，从传承角度来看，民众参与权力监督是长期的理性积累的宝贵经验，在历史发展的纵坐标轴上具有普遍性，今天的廉政文化建设当然需要传承下来，并结合当前我国廉政文化建设的实践，将群众监督的制度安排进一步完善，形成一种有效的外在的他律来规范民众对权力进行有效监督。

(三) 行为文化层面

从传承的角度看，民众传承优秀传统廉政文化和红色廉政文化的行为方式首先表现为传承优秀传统廉政文化和红色文化的积极行动。其一，在保存传统廉政文化文献典籍的基础上，创造性的知识建构，以马克思主义为指导，将传统廉政文化与当代中国特色社会主义廉政文化建设相结合，赋予时代内涵，挖掘其超越时空限制的时代价值。既可以以脍炙人口的通俗读物形式将优秀传统廉政文化的深刻内涵深入浅出地呈现于民众，也可以在科学理论指导下总结古代廉政文化建设的经验与不足，激活传统廉政文化资源，去芜存菁，汲取传统廉政文化建设的智慧，推动当代廉政文化建设理论创新，在传统与现代的结合中拓展当代廉政文化建设的深度和广度。其二，打造实物传承新样态。例如，挖掘古代廉政者故居、廉洁牌匾、勤政工程等各类承载着廉洁精神品质的实物，构建廉政文化传承基地，或自觉走进古代的"廉现场"，"观看""触摸"古代廉政实物，置身于历史场景中，接受廉文化的思想洗礼。不管是构建者，还是参观者，无疑都是一种传承的参与。其三，以艺术再创作建构起廉洁行为模式。艺术工作者应重视对优秀传统廉政文化资源和红色廉政文化资源宝库的利用，纳入现代舞台艺术和影视剧创作之中，既是文化传承，又是艺术创新，更是以艺术形式倡导和弘扬廉洁行为模式。当然，不仅是艺术工作者，普通的民众也可以以自己的方式将传统廉政文化资源传播出去。例如，通过抖音、微博等自媒体平台实现传播。或者对大多数民众而言，走进剧场、影院欣赏这些艺术作品本身也是一种廉洁行为的选择。总之，传承的方式方法多种多样，重要的是广大民众要具有积极性、参与性，把传承古代优秀廉政文化和红色廉政文化看作一种责任与担当，内化为一种行为上的自觉。

民众传承优秀传统廉政文化和红色廉政文化的行为方式还表现为对古人廉品德的外化于行。例如，以勤俭节约的生活方式滋养廉洁的浩然正气。淡泊名利才能保持本真,勤俭节约的生活才能够抵挡名利诱惑,我国先贤圣人往往将"俭""节用"与廉洁品德相联系,构成廉政文化的组成部分。孔子倡导"节用而爱人"(《论语·学而篇》),孟子认为"恭者不侮人,俭者不夺人"(《孟子·离娄上》),俭是滋养廉洁的浩然正气。老子主张"见素抱朴,少私寡欲"(《道德经·第十九章》),倡导朴素无华的纯净外表和减少私利、欲望的坦荡内心,进而他认为最珍贵的三种品质"一曰慈,二曰俭,三曰不敢为天下先"(《道德经·第六十七章》),俭是其中之一,因而他希望为官者能够"去甚、去奢、去泰",即去除极端行为,去除奢侈和过度的做法,这本身就是倡导一种廉洁的生活方式。诸葛亮《诫子书》"夫君子之行,静以修身,俭以养德"更是鲜明表达了对节俭生活方式的倡导,揭示节俭对良好品德形成的重要意义。这是诸葛亮身体力行、廉洁奉公的人生感悟,也是身为宰相治理国家的宝贵经验。明末清初著名理学家、教育家朱柏庐对于"节俭"的品德倍加推崇,他的《治家格言》强调"一粥一饭,当思来处不易,半丝半缕,恒念物力维艰"[①]。勤俭节约的思想和行为方式逐渐熔铸成为中华民族的美德。在我国的民主革命中,中国共产党人形成的艰苦奋斗、密切联系群众、与人民群众同甘共苦的优良作风成为共产党人和中国人民的宝贵财富。

传承古代廉政文化和红色廉政文化中的崇俭尚俭精神和生活方式对今天的廉政文化建设有突出意义。随着我国经济建设的不断发展,人民群众已经告别了捉襟见肘、衣食短缺的贫苦生活,人民群众生活水平大幅度提高,但西方消费主义、享乐主义也传入我国。因此,奢侈消费、铺张浪费、互相攀比的不良风气来势汹汹,消费主义和拜金主义的张扬,直接冲击人们的价值观、金钱观,个别党政领导干部也在这样的风

[①] 中央纪委监察部网络中心. 中国家规 [M]. 北京:中国方正出版社,2017:214.

气中沉溺于物质享受,将执政为民的理想信念抛到九霄云外,滑向腐败深渊。出身于贫苦农民家庭的全国人大环资委原副主任白恩培在回顾自己走向腐败的历程时,曾懊悔地提及在和商人打交道的过程中,对他们居住的豪华房子、豪华车,甚至私人飞机心生羡慕,产生不平衡心理,也想追求和他们一样的奢华生活。贪欲的膨胀,为商人的"围猎"打开了大门,用手中的职权违规违法攫取巨额的礼金礼品,单是后来在办案中查获的藏品,就多得让办案人员为之震惊。① 案例中,白恩培对礼物礼金的占有已经超越了物质作为满足人们生存和生活需要的范畴,将它们作为身份、地位和个人价值的衡量标尺。白恩培的情况绝非个案,是许多最终走向腐化的领导干部的共性。而领导干部思想的转变,与整个社会蔓延的不良风气不无关系。英国学者汤林森(John Tomlinson)指出:"资本主义文化的扩散,实质上就是消费主义文化的张扬,而这样的一种文化,会使所有的文化体验都卷入到商品化的漩涡之中。"② 以崇尚奢侈消费、从消费中追寻人生意义的消费主义连同拜金主义和享乐主义已经渗透在我国社会民众心理与生活方式之中,党政领导干部也难以隔离在外,独善其身。由此可见,弘扬我国历史上长期存在的节用去奢思想,推行勤俭节约生活方式,对转变铺张的行为浪费、奢靡炫富不良风气,以及对节约社会资源有着重要意义。从腐败治理角度来看,勤俭节约的生活习惯和社会风气有助于人们提升道德素养,推动人们自觉追求廉洁,崇尚廉洁,对利用公款公车浪费铺张的行为形成强大的群众约束力。习近平总书记在十八届中央纪委二次全会上发表重要讲话,提出领导干部要坚持勤俭办一切事业,坚决反对讲排场比阔气,坚决抵

---

① 中央纪委宣传部,中央电视台.永远在路上[M].北京:中国方正出版社,2016:6-7.
② 汤林森.文化帝国主义[M].冯建三,译.上海:上海人民出版社,1999:6.转引自邢瑞娟,张文生.浅谈当代中国社会转型中的文化危机[J].福建论坛(社科教育版),2009(4):66-68.

制享乐主义和奢靡之风。习近平总书记还提出"要大力弘扬中华民族勤俭节约的优秀传统，大力宣传节约光荣、浪费可耻的思想观念，努力使厉行节约、反对浪费在全社会蔚然成风"①。习近平不只是对党政领导干部提出了要求，也是对全体社会成员发出厉行节俭的集结号。民众参与廉政文化建设，就应当传承和弘扬勤俭节约的传统美德，在现实生活中以身作则，勤俭节约，就一定能够在全党全社会反浪费反奢靡的斗争中取胜，进而推动廉洁风气形成。

总之，我国有着丰富的传统廉政文化宝贵资源，许多至今仍然具有教化功能和育人功效，历久弥新。广大民众承担起传承优秀传统廉政文化和红色廉政文化的责任，是我国廉政文化建设的优势和重要途径。面对浩如烟海的优秀传统廉政文化资源和红色廉政文化资源，我们难以穷尽其对当代民众产生影响的所有价值和功能，需要每个人不懈努力，参与传承与弘扬。每一个中国人都应该自觉成为优秀传统廉政文化的传承者，结合自身实际从中汲取智慧，破除腐败文化的影响，用廉洁的知识体系挤占腐败文化的生存空间，用廉洁的生活方式代替奢靡腐化的生活方式，这也是民众的责任与担当。

第三节　"立"：在中国特色社会主义文化建设中确立民众的廉洁价值观

价值观是文化的内核，具有稳定性和贯通性。廉洁价值观是人们关于廉洁从政价值的总观念和基本看法，是廉政文化的核心。

---

① 习近平.习近平谈治国理政：第一卷［M］.北京：外文出版社，2014：387.

一、确立民众廉洁价值观的合理性分析

确立廉洁价值观就是对务实为民、廉洁从政价值取向的接受、认同，进而成为坚定的理想信念，并能够引导人们廉洁的行为模式和生活生产方式。培育廉洁价值观是民众参与廉政文化建设系统工程的根本所在。廉洁从政价值观是关于如何正确使用手中职权的价值取向问题，不可否认，廉洁从政的主体应该是党政领导干部和一切公职人员，然而，民众对于领导干部是否应该廉洁从政也会形成判断，而且广大民众对廉洁从政所形成的正确或错误的价值判断会对领导干部和公职人员是否廉洁从政产生极大影响。如果广大民众认同领导干部利用手中权力为自己或他人谋取私利，认为权力的异化是正常而无须干涉的事，那必将形成滋生腐败的社会"沃土"；相反，如果民众认同和支持廉洁从政，唾弃公权私用，对腐败零容忍，那么人民大众便会成为遏制腐败的钢铁长城。由此可见，廉洁从政价值观的主体也是广大民众，而且起到重要作用。又因为价值观总是与行为方式联系在一起，民众的廉洁价值观又会与社会廉洁价值行为紧密联系着。当民众认为领导干部和公职人员都应该廉洁从政时，这一观念也会体现在对非公职人员的价值判断上。比如，对非公职人员不行贿、不"跑关系"的廉洁需求，从广义上来说，就是廉洁从政价值观的表现形式。因而，本书将家庭、学校以及整个社会的廉洁价值观都纳入廉政文化建设的范畴，因为廉政的价值落脚点就是实现公权力的正确和规范使用，在我国就是落实"权为民所用"的马克思主义权力观。不管是党政领导干部，还是普通民众，廉洁价值观的确立都是廉政文化建设的关键所在，是一个缓慢的建构过程，对人数多、分布广、个体差异性大的民众而言，更不可能一蹴而就。

二、确立民众廉洁价值观的必要性分析

在中国，在功利主义、消费主义、拜金主义等价值观的影响下，一些领导干部沉沦于私心贪欲之中，以及一些羡慕腐败的民众依然存在。崇尚清廉与羡慕容忍贪腐相博弈，在我国较长时期内依然共存。当前，在广大民众中，有相当一部分人羡慕腐败，认为能够利用关系获得好处是一种本领，并希望有机会成为"圈中人"；也有一小部分人对腐败深恶痛绝，并愿意与腐败文化和腐败行为做英勇斗争；还有相当数量的民众，对腐败漠不关心，认为只要没有直接侵犯自己的利益，就与自己无关，持"无所谓"态度，这种"无所谓"的态度实际上也是一种对腐败的容忍。由此可见，需要在全社会树立廉洁价值观，以廉洁价值观制约腐败价值观。因为，价值观对人们的价值取向具有引导功能，对人们的理想信念、言行举止具有驱动作用。价值观念在一定社会文化中起着中轴作用，文化的影响力首先是价值观的影响力。[①] 腐败文化的蔓延是腐败发生的深层次原因，腐败价值观占据人们意识形态领域又是腐败文化蔓延的重要原因。摧毁腐败文化，不仅要从优秀传统廉政文化中汲取智慧，也要在观念领域与腐败文化针锋相对，抢占阵地，即树立廉洁价值观。如果绝大多数民众树立了廉洁价值观，那么廉洁价值观就会支配人们追求廉洁、崇尚廉洁、反对腐败文化。廉洁价值观既是廉政文化的内核，又是廉政文化本身。正风反腐"不仅事关政治生态的净化，更是一场社会价值观的较量"[②]。腐败的根源在于心中的贪欲，贪欲产生的原因既有掌握公权力者自身的原因，当然这是根本原因，也有公权力掌握者作为个体，被深深嵌入整个社会之中，社会风气、社会民众价值

[①] 中共中央文献研究室. 习近平关于社会主义文化建设论述摘编［M］. 北京：中央文献出版社，2017：105.

[②] 詹勇. 反腐，一场必须赢的价值观较量［N］. 人民日报，2014-09-23（5）.

观对个体影响不可忽略。当整个社会民众的价值追求与领导干部的廉政价值理念相一致时，廉政价值理念对领导干部的积极影响力即能显现。反之，当社会风气与领导干部接受的廉政价值理念相背离时，廉政价值理念的内化功能就会被削弱，甚至被不良社会风气淹没。2010年，中央六部委联合下发《关于加强廉政文化建设的意见》，向领导干部和社会公民、全社会提出大力培育和弘扬廉洁价值理念的目标要求。党的十九大报告提出"弘扬忠诚老实、公道正派、实事求是、清正廉洁等价值观"，把廉洁价值观培育提高到新的高度，既是执政党对自身建设的战略部署，也是执政党对社会主义建设规律认识的深化。2022年2月初，中共中央办公厅印发的《关于加强新时代廉洁文化建设的意见》（以下简称《意见》）明确提出要夯实清正廉洁思想根基。《意见》明确人民大众也是确立廉洁价值观的主体。本书在研究中使用的是广义的廉政文化概念，是包含廉洁文化的概念范畴。民众确立廉洁价值观，既包括人民大众对领导干部廉洁从政言行的认可和向往，对腐败零容忍，并对领导干部的权力与职责有正确的认识和评价，进而增强监督权力的意识；也包括人民大众培育"崇廉尚廉"的个人品德、家庭美德、职业道德和社会公德，使清正廉洁在社会意识形态中具有导向功能，成为价值判断的依据。因此，民众的社会廉洁价值观与中国共产党弘扬的领导干部廉洁从政价值观是统一的整体，在廉政文化建设中体现其必要性。

三、"巧确立"：确立民众廉洁价值观的思路

（一）"非正式制度"的意识形态层面

认同是一个心理学概念，在交叉学科发展的背景下，认同的概念在社会学、政治学、人类学等许多学科表现出了适用性。学界普遍认为心理学意义上的认同概念由弗洛伊德最早提出，他认为认同作用是"一

人与另一人有情感联系的最早的表现形式"①。伴随着"认同"概念在多学科的发展，认同也从个体走向群体，社会成员群体对特定风俗习惯、价值观念等文化要素的认同问题进入了研究者的视野。本书研究着眼于民众群体，采用的是群体概念，强调群体对廉洁价值观在感情上和心理上的趋同，使之成为普遍的社会主流意识，成为社会共同价值判断。很显然，如今要在我国构建起社会共同价值观并非轻而易举。对内，我国经济社会结构和生产方式随着40多年的改革开放发生了前所未有的变化，传统的价值取向以及与计划经济体制相适应的价值观也受到挑战；对外，在世界经济一体化及全球化进程中，不同文化不同价值观相互交流、碰撞，尤其是西方资本主义文化及其价值观凭借在国际政治经济秩序中的优势地位在全球范围内形成咄咄逼人之势，借助于电影电视、报纸杂志以及互联网等强势进入我国。它们以优势话语冲击，甚至在一定程度消解我国民众原有价值观，廉政价值取向所包含的"大公无私""勤俭持家""廉洁自律"等优良品德遭受质疑，取而代之的是利己主义、物质追求和金钱追求的张扬。

从民众角度来说，一方面，要增强民众对廉洁从政价值取向的认同感，为领导干部廉洁从政提供有力的群众支持，而不是推动其走向反面。新经济制度学派代表人物道格拉斯·C.诺思（Douglass C. North）认为，大凡成功的意识形态必须是灵活的，以便能得到新的团体的忠诚拥护，或者作为外在条件变化的结果而得到旧的团体忠诚拥护。② 民众对廉洁价值观的认同就是一种意识形态的建构，道格拉斯·C.诺思的观点给予我们重要启发，就是要认识到廉洁从政价值观绝不只是公职人员的事，而需要获取民众的认同和拥护。民众作为一个十分庞大的群

---

① 车文博. 弗洛伊德主义原著选辑：上卷 [M]. 沈阳：辽宁人民出版社，1988：375.
② 诺思. 经济史中的结构与变迁 [M]. 陈郁，罗华平，等译. 上海：上海人民出版社，1994：58.

<<< 第二章 我国民众参与廉政文化建设总体思路:"破"—"承"—"立"三维路径

体,人数众多,行业广泛,就具体的利益而言必然各有差异,然而广大民众具有对公平公正的渴望与需求,领导干部廉洁从政价值观就是保障权力为民的内在动力。民众对廉洁从政价值观的认同,是从社会外部激发领导干部廉洁从政的内生动力,从而促进腐败问题得到根本性解决,最终真正落实"权为民用",捍卫人民大众的根本利益。因此,廉政文化建设对增强人民大众对领导干部廉洁从政的价值认同,确立民众的廉洁价值观意义重大。

另一方面,也要推动民众在日常生活中提高自我廉洁素养。领导干部的廉洁从政与人民大众的廉洁从业相连相通,人民大众的廉洁素养构成廉洁价值观的基础,民众提高自我廉洁素养是廉政文化深入发展的需要。"廉洁"最早出现于著名诗人屈原的《楚辞·招魂》:"朕幼清以廉洁兮,身服义而未沫。"东汉学者王逸的解释为"不受曰廉,不污曰洁"(《楚辞·章句》),十分接近我们今天对廉洁的理解,即不接受不是自己应得的财物赠送、不使自己的人品受到污染就是廉洁,是一种清清白白、光明磊落的人生态度。廉政文化建设应该通过教育、宣传、文化活动等各种形式推动越来越多的民众自觉追求廉洁品德,提高廉洁素养,增强廉洁信念,形成廉洁取向,从内心去追求公正、诚信、俭朴、廉洁的美德,使廉洁价值观成为主流文化,渗透于整个社会的方方面面,全方位陶冶民众道德情操,潜移默化影响广大民众。

(二)正式制度文化层面

一是从战略高度制定制度推动民众确立廉洁价值观。廉洁价值观具有鲜明的"崇廉尚俭"政治价值取向,体现马克思主义基本立场和观点,凸显马克思主义实现廉洁政治的内在本质。廉洁价值观是对廉洁从政价值取向的接受、认同,进而引导人们形成廉洁的行为模式和生活生产方式,是一种缓慢的建构过程,不可能一蹴而就。反腐败斗争是党和国家的重大任务,确立全体民众的廉洁价值观是事关反腐败斗争成效的重大问题，因而我国要从战略高度开展廉洁价值观的培育工作。一方面，社会主义核心价值观是我国的主导价值观，廉洁价值观也与社会主义核心价值观具有内在统一性。廉洁价值观所倡导的廉洁奉公、公平正义、勤政为民、爱岗敬业、勤俭节约等精神价值，是富强、民主、文明、和谐的基础，是自由、平等、公正、法治的必然要求，也是爱国、敬业、诚信、友善的具体表现。另一方面，在新的历史形势下，廉洁价值观不仅是党政领导干部，也是所有民众应具备的重要品质，既关乎个人成长，又有深远的政治价值功能，关乎整个社会风气和国家的政治生态，对国家长治久安具有深刻影响。加强中国特色社会主义廉政文化建设，就要建立廉洁价值观，以社会主义核心价值观为导向，全体民众与全体领导干部一道，确立廉洁为政的理想信念，使之成为社会文化的内核。因而，确立民众廉洁价值观理应上升到国家战略的制定层面，使其具有全局性、根本性和稳定性、长期性，为推动全体民众树立清正廉洁价值观提供制度保障。

二是以制度的权威性把群众力量组织起来，确立廉洁价值观。1943年，抗日战争异常艰难形势下，中国共产党面临严重的经济困难，毛泽东总结了"把群众力量组织起来""再加上做群众工作一项本领""我们就可以克服困难"的宝贵经验。[①] 毛泽东这一把群众组织起来战胜困难的方针，可运用于今天动员群众参与廉政文化建设，树立廉洁价值观上。如今，在我国，腐败价值观依然有一定市场，处于"漠然"状态的群众也占相当比例，只有把所有民众组织起来，以宣传、教育等方式让更多民众认识到廉政的意义，感悟廉政的高尚情操，明白廉政带来的"好处"最终会落实到每个普通群众身上，才能最大限度地遏制腐败价值观的传播。当然，这种动员者既可以是党政领导干部，也可以是人民

---

① 中共中央文献研究室. 毛泽东文集：第三卷 [M]. 北京：人民出版社, 1996：929.

大众中最先觉悟的那一部分人。道格拉斯·C.诺思认为,制度变迁的一般过程首先第一步就是要形成推动制度变迁的第一行动集团,即对制度变迁起主要作用的集团,制订相关方案及原则后,形成推动制度变迁的第二行动集团,两个集团共同努力实现制度变迁。^① 从道格拉斯·C.诺思关于制度变迁的内涵出发,以正确的清廉价值观代替腐败的价值观也可以看成一种制度变迁,在这个变迁中,行动集团的形成的原则与中国共产党"组织起来"的方针相结合,给予民众确立廉洁价值观的方法论上的指导,即共产党确立正式制度,制订具体方案,团结民众不断扩大廉洁价值观的社会影响力,实现廉洁价值观对腐败价值观的取代,成为社会民众共同坚守的信念。

(三)行为文化层面

民众廉洁价值观的确立最终需要体现在行动上,融入日常生活之中,落实于广大民众对廉洁价值观的践行。表现为在工作上,不进行权钱交易,廉洁自律,坚守职业操守;在生活上,形成健康生活方式,崇尚俭朴,坦坦荡荡;在人际关系上,诚信友善,团结协作,清清爽爽,不搞团团伙伙,不构建利益小团体,等等。特别值得提及的是,践行廉洁价值观的重要行为方式表现为对权力运行的自觉监督。总之,推动人民群众在家庭、在学校、在单位、在社会,不管何时何地都能自然而然地以廉洁作为行为准则,民众在实践中感知清廉,在践行廉洁规则中又不断强化廉洁价值观,从而推动清廉社会的建立。这是民众参与廉政文化的明确目标。

综上所述,破除嵌入我国社会关系网络的腐败文化、传承优秀传统廉政文化和红色廉政文化、确立廉洁价值观是我国民众参与廉政文化建

---

① 诺思. 经济史中的结构与变迁 [M]. 陈郁, 罗华平, 等译. 上海: 上海人民出版社, 1994: 8.

设这一系统工程的总思路。"破""承""立"三维路径各有侧重,又相互联系,是不可分割的统一体。"破""承""立"三者相辅相成,"破"是前提,破除陈腐,就要摧毁腐败文化的消极影响,破除腐败的社会关系网络,铲除腐败土壤,为清廉文化培育提供良好社会环境;"承"是基础,不忘本来才能开辟未来,善于继承才能更好创新,在中华优秀传统廉政文化和党的红色廉政文化资源中,民众一直是"局中人",是参与者和建设者,继承与发展,古为今用、推陈出新,为民众参与中国特色社会主义廉政文化建设提供源泉;"立"是根本,是廉政文化建设的落脚点,是"破"和"承"基础上的创新,在全党全社会确立廉洁价值观,是习近平新时代中国特色社会主义廉政文化建设的关键所在。因此,我们对民众参与廉政文化建设的路径研究,就是要探寻全体民众反对腐败文化、传承中华优秀传统廉政文化和红色廉政文化、树立廉洁价值观的路径;就是要提高全体社会民众的腐败零容忍,促进民众成为优秀传统廉文化和红色廉文化传承者,更要培育廉洁价值观,构建全体社会成员共有的廉洁精神纽带;就是要推动全体民众践行廉洁价值观,促成民众廉洁行为方式。由此为我国打赢反腐败攻坚战、持久战提供持久动力。

第三章

"非正式制度"视野下我国民众参与廉政文化建设路径研究

"破"—"承"—"立"三维路径是民众参与廉政文化建设的总体思路，还需要有具体的路径从细微之处加以落实。我们从廉政文化建设的概念出发，探寻具体建设路径。廉政文化包含廉洁从政的知识、廉洁从政的观念以及廉洁从政的约定俗成的规范约束。廉政文化建设第一层面的核心就是意识形态，廉政文化建设需要弘扬廉洁道德风尚，倡导"廉荣贪耻"价值观，这种崇尚清廉的道德风尚和价值观与人民群众密切相关，促成清正廉洁的社会共识是廉政文化建设应有之义。而且，我国民众的廉洁素养与我国反腐败斗争对民众参与的需要相比，仍然存在较大的差距，廉洁社会风尚的构建具有现实紧迫性。

新制度经济学制度变迁理论中的"非正式制度"对民众参与廉政文化建设在意识形态层面培育彰显了其适用性与合理性。它们是在长期的经济社会发展中逐步形成，并得到整个社会和民族普遍认可的一系列约束，属于非成文规则。既有助于防止公职人员利用手中职权"寻租"，也对企图"围猎"公职人员以获取不正当利益的民众起到限制作用。廉洁的社会风俗风气、民众的廉洁道德和习惯等，都属于廉政文化建设的"非正式制度"建设范畴。廉政道德伦理规范的非正式制度是一种预防腐败的前置性措施，伴随着"惩治与预防相结合""以预防为主"的反腐败理念的产生、接受和认可，"非正式制度"的廉政文化建设也越来越得到重视。"贪腐可耻""腐败分子可恨"的思想观念推动人民大众追求崇高的精神目标，而不是陷入以权谋私、投机取巧的蝇营狗苟的怪圈之中，只要人民大众共同努力，最终必将在全社会形成诚实守信、"廉荣贪耻"的良好社会风气，成为一种整个社会认可的非成文准则，为反腐败斗争奠定厚实根基。

在非正式制度视野下我国民众参与廉政文化建设，就是大众参与培育廉政意识观念、传播廉政知识和弘扬廉洁道德风尚的过程。道格拉斯·C.诺思指出，即使能从国外借鉴好的正式制度，但如果本土的（indigenous）非正式制度因为惰性而一时难以变化，那么借鉴而来的正式制度和原有旧的非正式制度势必会产生冲突，结果必然导致借鉴来的正式制度无法真正实施，也难以奏效。[①] 实际上，不仅仅是借鉴而来的正式制度，本国制定的正式制度如果缺乏与之相适应的文化样态和价值观念支持，也难以在实际中取得成效。由此可见，在廉政文化建设中，非正式制度视野下的意识形态层面的廉政文化建设是正式制度层面发挥作用的前提，具有基础性的作用，本章就从非正式制度视野下展开研究。

全面推动民众参与中国特色社会主义廉政文化建设，有效破除腐败文化，传承优秀传统文化和红色廉政文化，最终确立全体社会成员共有的廉洁价值观，本章从"非正式制度"层面入手，基于不同视角，对具有某些共同特征的特定单元展开深入分析，并根据其特点，探索民众参与廉政文化建设的有效路径。动员全体社会民众共同参与，使"廉荣贪耻"的清廉观念深入人心，成为约束腐败的内在驱动力。

---

① 卢现祥. 西方新制度经济学 [M]. 修订版. 北京：中国发展出版社，2003：34.

<<< 第三章 "非正式制度"视野下我国民众参与廉政文化建设路径研究

第一节 以家庭为清廉单元开展廉政文化建设

从家庭入手,以家庭为单位开展廉政文化建设,培育家庭成员的廉政意识,以廉洁家风涵养社会清风正气。

在社会生活中,家庭是最基本的单元,是所有社会关系网络的内核。习近平总书记强调无论时代如何变化、经济社会如何发展,家庭的社会功能不可替代,号召全社会要重视家庭,强调家庭和睦社会才能安定,家庭幸福社会才能祥和,家庭文明社会才能文明。① 这深刻揭示了家庭与社会之间的内在联系,为我们考察社会民众如何参与廉政文化建设提供了家庭建设的视角。家庭是连接社会、国家最基础的节点,是民众开展廉政文化建设最基础的场域,在家庭教育和家风建设过程中破除腐败文化的消极影响、传承传统优秀廉文化和红色廉文化,以及培育民众廉政价值观,是根基所在。

一、我国民众参与家庭廉政文化建设的必要性和可行性分析

新的历史时期,家庭教育在我国也越来越受到人们关注。2015年教育部发布《关于加强家庭教育工作的指导意见》(以下简称《指导意见》)明确"注重家庭、注重家教、注重家风,对于国家发展、民族进步、社会和谐具有十分重要的意义",家庭教育不只是教育问题,而且是整个国家治国方略中的重要组成部分。《指导意见》同时指出目前我国家庭教育存在重智轻德、重知轻能、过分宠爱、过高要求等现象,凸显进一步发展和完善家庭教育的现实迫切性,并强调家长在家庭教育

---

① 习近平. 论党的宣传思想工作 [M]. 北京:中央文献出版社,2020:281.

中的主体责任。① 习近平总书记明确提出"家庭教育涉及很多方面，但最重要的是品德教育，是如何做人的教育"②。并强调，父母和家长"应该把美好的道德观念从小就传递给孩子"③。习近平总书记关于家庭教育的重要论述突出了品德教育在家庭教育中的重要地位，明确了家庭教育立德树人的方向。2021年7月，中央七个部委联合印发《关于进一步加强家庭家教家风建设的实施意见》④，再次明确品德教育的关键地位，并提出要推动家庭家教家风建设高质量发展。然而当前，我国的家庭教育对孩子成绩的关注度远远高于品德教育，具体到廉洁的品德就更是微乎其微。北京师范大学于2018年9月发布了《全国家庭教育状况调查报告（2018）》，该调查报告对全国四年级和八年级学生进行抽样调查，调查结果显示，四年级有79.8%的学生认为家长最关注的是自己的学习情况，八年级学生对此问题看法同上的占79.9%，比例相当，而与之相对应的是，调查显示两个年龄段学生认为家长对自己道德品质最为关注的人数比例仅为25.3%和30.7%。（备注：该题为多选题）而且，当这一问题的调查对象转为教师时，认为家长最关注的是孩子学习成绩的比例更高，88.3%的四年级班主任认为家长最关注"考试成绩"，90.1%的八年级班主任选择该项；而只有35.4%的四年级班主任和42.3%八年级班主任认为家长最关注孩子的"品行问题"⑤。同样，首

---

① 中华人民共和国教育部. 教育部关于加强家庭教育工作的指导意见［EB/OL］. 中华人民共和国教育部网站，2015-10-16.
② 中共中央党史和文献研究院. 习近平关于注重家庭家教家风建设论述摘编［M］. 北京：中央文献出版社，2021：18.
③ 中共中央党史和文献研究院. 习近平关于注重家庭家教家风建设论述摘编［M］. 北京：中央文献出版社，2021：18.
④ 中宣部、中央文明办、中央纪委机关等联合印发《关于进一步加强家庭家教家风建设的实施意见》［N］. 人民日报，2021-07-23（4）.
⑤ 《全国家庭教育状况调查报告（2018）》全文发布［EB/OL］. 中国教育新闻网，2018-09-27.

都师范大学罗爽、黄东基于全国13省区市展开的调查研究也揭示，78.72%的家长赞成"为了孩子的学习，我愿意倾尽所能"[1]。笔者与课题组对G省20名中小学家长和20名来自全国各地的大二学生的访谈也显示家长对孩子就业、读研的关注远远超过对其品德的关注。这一系列调查结果与我们的实际感受相一致，家长们聚在一起对于未成年孩子谈论最多的往往就是孩子的学习情况，成年孩子则是工作和收入。在人们眼中，学龄前孩子的学习成绩和成年孩子的收入状况成为人们判断家庭教育成功的重要依据。许多家长过分关注孩子学习成绩本身而忽略道德品质的培养，这实际上与家庭教育立德树人的目标和方向产生了偏差，"重智轻德"成为当前我国家庭教育面对的最大困扰之一。可见，在家庭教育中注重道德教育，推动智力和品德相结合的综合素质提升是解决困境的重要路径。在家庭品德教育中，注入诚信、勤俭、节约等与"廉"相关联的内容，培养孩子廉政意识，既是廉政文化建设的需要，也是家庭教育应该重视的问题。

通过家庭教育培育清廉素养也是可以实现的。中华民族具有重视家庭教育的优良传统，从我国廉政文化推进的历史进程看，人民群众通过家庭教育弘扬廉政文化为今天的家庭教育提供宝贵经验。东晋名将陶侃母亲湛氏，通过"封坛退鲊"教导儿子为官清正廉洁，促成陶家清廉门风代代相传。清代忠烈林则徐，出生于福建一个普通家庭，而正是清廉、勤勉的家风影响了他，塑造了他将个人祸福利弊置之度外、不惧外侮的高尚品格，成为挽救民族危亡的栋梁之材。[2] 在我国历史上，这样的例子不胜枚举，诸葛亮以《诫子书》构建的"淡泊明志、宁静致远"的家风成为一代又一代诸葛后人勤于职守、清廉自律的精神食粮；包拯

---

[1] 罗爽，王东. 我国家庭建设的现状调查与政策启示：基于全国13省区市问卷分析[J]. 中华家教，2021（3）：32-40.
[2] 中央纪委监察部网络中心. 中国家规[M]. 北京：中国方正出版社，2017：287.

以"后世子孙仕宦有犯赃滥者，不得放归本家"的家规家风，孕育了包氏子孙居官清廉的千年风骨；富甲一方的清代晋商乔家以廉洁家风提升了商业家族的精神高度；等等。大量史实表明，家庭廉政教育在我国历史悠久，且发挥重大作用。时至今日，世界上许多国家也把家庭作为开展廉政教育的重要场所。从世界其他国家的廉政建设经验来看，家庭廉政教育也得到重视。西方国家的廉洁文化教育注重形式的多样化，注重在家庭生活中引导孩子形成谦卑理念，养成"廉荣腐耻"的道德风范。①

习近平总书记就十分重视家风建设对党风政风和社会风气的影响作用。他强调家风是社会风气的重要组成部分，并在中央纪委会议上明确提出要坚决抵制领导干部家属、子女、身边工作人员和其他特定关系人的违规干预、捞取好处等行为。还将家风教育与纪律教育、道德教育相统一，从最近身的地方构筑起预防和抵制特权的防护网。② 充分肯定了家风建设在廉政建设中的重要位置，而且廉政教育不仅局限于领导干部本人，还要扩展至整个家庭、家族，并通过领导干部的表率，推动整个社会加强家风建设，建设良好社会风气。习近平总书记强调家庭是人生第一所学校，家长要帮助孩子扣好人生第一粒扣子。教育、妇联等部门也要给予支持和帮助。③ 我国青少年研究专家孙云晓多年对儿童行为习惯与人格关系的研究揭示，习惯的形成需要经历由被动到主动再到自动的过程，需要从明确规范、激发动机、形成环境、榜样教育等多方面进

---

① 朱新光，苏萍．西方国家公民廉洁教育比较研究［M］．北京：北京大学出版社，2014：161．
② 中共中央党史和文献研究院．习近平关于注重家庭家教家风建设论述摘编［M］．北京：中央文献出版社，2021：45-57．
③ 中共中央党史和文献研究院．习近平关于注重家庭家教家风建设论述摘编［M］．北京：中央文献出版社，2021：69．

行持之以恒的引导。① 家庭教育具有与学校教育、社会教育不一样的特殊性，主要表现为非系统性和随时可进行，对孩子价值观念和行为模式的影响往往渗透于日常生活的细微之处。又因为它具有建立于血缘关系之上的亲密性，产生的影响更为深刻，家庭成为每个人认识社会、走向社会的纽带和桥梁。从家庭教育的特性出发，家长是以家庭为单位，开展廉政文化建设的重要主体，所有民众都能够成为最切实的参与者，而且形式自由，方式多样，但需要围绕"立德树人"的明确方向展开。由此可见，在家庭教育中，不只是领导干部，每一家庭及所有公民都应该参与其中，为构建良好政治生态担负起应尽的义务。

二、民众以家庭为单元开展廉政文化建设的举措探讨

（一）培育廉洁家风

习近平总书记对"社会主义家庭文明新风尚"进行了系列论述，强调家庭美德建设的重要性，要求动员社会各界广泛参与，充分肯定了家庭新风尚在育人、文化传承以及社会治理中的突出作用。② 习近平总书记明确提出"广大家庭都要弘扬优良家风，以千千万万家庭的好家风支撑起全社会的好风气"③。《现代汉语词典》（第七版）解释"家风"为"门风"，对"门风"的解释是"一家或一族世代相传的道德准则和处事方法"。自20世纪80年代开始，学者们对家风做了界定，如曾钊新教授、仓道来教授等，强调家风是家庭风貌、处世原则的体现，有显著的教化功能，具有稳定性。显然，家风是一个家庭成员的精神风貌及其道德品质的文化风格，对家庭成员产生潜移默化的深刻影响。良好家

---

① 孙云晓. 家庭教育最重要的是品德教育［J］. 中华家教，2021（3）：1-5.
② 中共中央党史和文献研究院. 习近平关于注重家庭家教家风建设论述摘编［M］. 北京：中央文献出版社，2021：63-65.
③ 习近平. 论党的宣传思想工作［M］. 北京：中央文献出版社，2020：283.

风引领家庭成员充满正能量，为国家、为社会做力所能及的贡献，是社会进步和良好社会风气的源头。反之，不良的家风导致家庭成员损害公共利益，破坏社会风气，阻碍社会进步。毋庸置疑，当我们的研究聚焦于廉政文化时，也是如此，家风廉洁，则家庭成员严守纪律、淡泊名利、顾全大局、诚实守信讲奉献，由此带来风清气正的良好社会风气；相反，如果家庭教育以谋取私利为荣，灌输走捷径、做人上人思想，必然贻害家人，也败坏社会风气。中国共产党中央纪律检查委员会2015年发布的34份部级及以上领导干部纪律处分通报中，就有21人违纪涉及亲属、家属。① 可见，腐败家风害人害己，使领导干部以身试法、权钱交易，也导致家庭成员锒铛入狱，让人后悔莫及。还有一些领导干部因家风败坏、治家不严，纵容家庭成员、亲戚嚣张跋扈，明目张胆耍特权，极大损坏了社会的公平正义，引起人民群众的强烈不满。四川广安"严书记女儿"事件中淋漓尽致地表现了腐败家风下的官威张扬，领导干部家属盛气凌人的现象不是孤例，而且盛气凌人背后往往存在更加严重的权钱交易、违法乱纪行为，没有廉洁家风的防线，领导干部本人及其家属在利用公权敛钱谋利中越来越放纵、堕落。培育廉洁家风成为家庭廉政建设的核心所在。

  正如前文分析所述，在我国的传统社会中，因"差序格局"社会结构的影响，社会范围由"己"推出去而形成的道德要素主要是一种私人关系的道德要素，缺乏团体道德，容易造成公私的冲突。也就是说，在这样的文化传统影响下，当公私冲突时，人们更倾向于为了个人或者小团体的"私"的利益而损害远离网络中心的"公"的利益，导致腐败发生。费孝通先生甚至指出，他见过不少人痛骂贪污的朋友，但遇到自己的父亲贪污时，不但不骂，反而会隐瞒。更有甚者，还可以在

---

① 孟祥夫. 警惕不正家风害己害人，树立清正家风爱家为民 镜鉴腐败家风 严防废职亡家 [N]. 人民日报，2016-02-02（18）.

心安理得地索要父亲贪污得来的钱时，骂别人贪污。在自己贪污时，又可以以"能干"来解释。① 费孝通先生用"差序格局"的伸缩性对这种现象做出解释，显然有其合理性。中国特色社会主义廉洁家风就是要打破这些错误的认知。

1. 要突破传统文化中的家庭利益狭小范畴，而传承我国传统文化中的家国情怀。不可否认，在我国传统社会中，有对"己""家"等亲密团体的利益关照的文化传统，也有"公"思想的弘扬，许多先贤圣人和清官廉吏对爱国主义的弘扬与践行，在中华传统文化中刻下爱国主义的鲜明特色，成为中华民族的精神标识。例如，《礼记·大学》倡导的"修身齐家治国平天下"理念，范仲淹"居庙堂之高则忧其民，处江湖之远则忧其君"的忧国忧民赤子之心，张载"为天地立心，为生民立命，为往圣继绝学，为万世开太平"的博爱情怀，等等。因而，培育廉洁家风，要从优秀传统廉政文化中汲取精华，与现代民族国家意识相结合，突出国家利益高于个人利益，强化"公共权力""公共利益"以及"为民"的观念，实现价值观上的传承与超越。

2. 建设廉洁家风也需要弘扬勤俭节约、淡泊名利、诚信忠诚的道德情操。勤俭节约才能避免铺张浪费、讲排场充面子，淡泊名利才能不为物欲所累，诚信忠诚才能守底线、讲规矩，这些与廉洁紧密相连的品德成为滋养廉政价值取向的重要养分。

3. 要开宗明义弘扬清正廉洁、公私分明、光明磊落的廉洁品德，使廉洁成为家风最鲜明的色彩。每一个家庭都能以廉为荣、以廉为乐，就无需考虑如何依靠家庭、家族成员或"熟人"手中的公权换取个人的好处，也不会企图通过行贿换取不正当利益，对家庭中的公职人员或将来要成为公职人员的家人更是起到了防腐阵线的作用。可见，不管是

---

① 费孝通. 乡土中国 生育制度 乡土重建[M]. 武汉：长江文艺出版社，2019：35-36.

党政领导干部还是普通民众,建设廉洁家风都有助于家庭平安幸福,也有利于国家和社会经济生活有序发展,最终受益的将是广大人民群众。

当前,党政领导干部建设廉洁家风已经在各地如火如荼地进行着,示范性作用正在显现。在杭州市,党员干部开展"廉洁好家风"系列主题教育活动①;在河南省,各级纪检监察机关从家庭出发,把家风建设作为"必答题",聚焦形式多样、丰富多彩的"树廉洁家风"活动。② 一些地区将廉洁家风建设推向了普通民众,例如,山西省永济市充分调动社会各界群众广泛参与廉洁家风系列活动,包括谈"廉"文化,寄"廉"信,挂"廉"家规,等等,使每个家庭都成为清廉安全的港湾。③ 总之,近年来我国屡屡出现的"家族式"腐败已经引起党中央的高度重视,领导干部的廉洁家风建设正在不断强化。相较而言,普通群众的重视程度还不够,认识上也存在偏差,一些群众认为廉洁只是领导干部家庭的事,与普通百姓无关。殊不知每一个家庭都是国家的一个组成部分,"家国"相连不可分,构建一个权利平等、机会均等、规则公正的社会需要每一个家庭共同努力。普通民众增强廉洁家风建设的自觉性,家家户户形成"崇廉""助廉"合力,才能为建设公平公正的廉洁社会夯实根基。

(二)涵养廉洁品德

父母和家长是孩子成长的第一任教师,自孩子一出生,父母有意识或无意识的教育就开始了,父母教育孩子的内容对孩子的一生影响很大。习近平总书记曾深情讲述,他从小就看母亲给他买的小人书《岳飞传》,有十几本,其中一本就是讲"岳母刺字",精忠报国给他留下

---

① 王海珍. 杭州团市委 建设廉洁好家风 [J]. 中华儿女, 2018 (17):88-91.
② 林白芹,詹福满,曹雅丽. 清正廉洁 从家出发:河南省各级纪检监察机关大力开展"树清廉家风"活动 [J]. 中国纪检监察, 2020 (19):24-26.
③ 肖泽锋. 家风传承与廉洁教育同向发力 [N]. 山西日报, 2021-08-03 (11).

了很深的印象。① 从习近平总书记"我将无我,不负人民"以及"以身许党许国、报党报国"的高尚品格中我们显然感受到了与"精忠报国"传统爱国主义精神的相通之处。因而,在家庭教育中,要给孩子"输入"健康成长的精神养分,要把高尚的廉洁道德观传递给孩子。

美国心理学家洛钦斯(A. S. Lochins)的"首因理论"认为,人们最初接触到的信息所形成的对事物的印象会影响以后对该事物的认知,与我国俗语的"先入为主"有相近的意思,都强调先听到的话或先获得的印象在往后产生的重大影响力。这在一定程度上揭示了孩子人生初始阶段的家庭教育具有极端重要性。所以,我们的廉洁教育也要抓住幼儿时期的宝贵阶段开展教育,选择适合孩子的廉政文化读本,对孩子产生潜移默化的影响。在孩子的幼儿时期,可以通过读"廉"古诗、廉绘本,讲廉洁故事,唱廉洁儿歌,向孩子"输入"廉洁文化。古诗词是我国古代文化的精粹,很多诗词对丰富人们精神生活、涵养良好社会风气有显著作用。在家庭教育中可以选择合适的诗词为孩子吟诵,例如,李坤的《悯农》有助于激发孩子同情劳动人民、珍惜粮食的真挚情感,于谦的《石灰吟》可以使孩子们体会到不怕牺牲、光明磊落的高尚廉洁品格。还有中国古代的一些童蒙读物,至今依然有深刻的教育意义,可以给儿童提供丰厚的道德滋养,例如,《弟子规》虽难免有时代局限,但可选择其精华部分,孕育儿童廉洁品德,其中"首孝悌、次谨信。泛爱众,而亲仁""衣贵洁,不贵华"所倡导的讲信用、广泛爱众人以及朴实无华的思想就是至今都应传承的廉洁品德;"物虽小,勿私藏""勿谄富,勿骄贫"则直接提出了廉洁的要求。再者,给孩子讲古今中外的廉洁故事,让孩子从小就明白清正廉洁的人是高尚的人,是值得学习和敬佩的人。例如,诸葛亮的故事,诸葛亮不仅是中国传统

---

① 习近平. 习近平谈治国理政:第二卷 [M]. 北京:外文出版社,2017:355.

文化中智慧的化身，也是勤政清廉的忠臣代表，不仅留下了《诫子书》《又诫子书》《诫外甥书》等勤于职守、清正廉洁的家规经典，也是鞠躬尽瘁、不图名利的为官典范。又如，包青天、杨震、于成龙、纪晓岚等许多古代的清官故事都可以作为家庭教育的文化资源。当然不只是古代清官，爱国爱民、平易近人、廉洁自律、乐于清贫的中国共产党领导干部身上也有许多精彩的清廉故事，这些故事可以让孩子从小对中国共产党人的廉政品格有感性认识。又或者，廉洁儿歌具备寓教于乐的功能，孩子可以在优美旋律中接受正确价值观的引导。例如，创作于20世纪40年代的儿歌《读书郎》，在我国具有很高的传唱度，唱出了读书的目的"不是为做官，也不是为面子光，只为穷人要翻身哪，不受人欺负，不做牛和羊"。有人认为"只为穷人要翻身"已经不合时宜，但是歌曲中鲜明的人民立场并不过时，可以使孩子从小就对底层人民群众产生深厚情感，有助于滋养孩子的浩然正气。又如，中央电视台《经典咏流传》节目将许多传统经典以现代形式唱出来，也可以起到培养孩子良好品德的作用。

（三）带领孩子走进"廉现场"

近年来，许多地区的旅游规划中加入了"廉文化"，将清廉文化的人文景观与自然景观相结合，例如，著名的清官村落浙江金华兰溪市诸葛村，村中建筑设计奇特，行如九宫八卦，村中建筑又处处彰显着诸葛家族清廉低调的精神风貌；广西桂林江头洲百年清官村，古桥、古塔、青瓦墙，幽雅而闲致，"秀才街""举人巷""进士楼"保存完好，记录着清官廉政事迹的牌匾悬挂于青瓦墙上，走在村中，故事里的廉洁家训和清官廉吏的形象更加具体化了。因此，涵养孩子廉洁品德可以在行走中进行，家长可以在节假日带着孩子走进这些蕴含着"廉"文化的地方，在特定的场景中感受清廉文化沁人心扉的芳香。这是家庭中廉政文化"寓教于游"的一种教育方式。

(四) 家长廉洁品德的言传身教

在孩子的成长中，家长的言行举止对孩子品德的形成有最直接的影响。北京师范大学的《全国家庭教育状况调查报告（2018）》揭示，四年和八年级两个年龄段的孩子最崇拜的榜样排名都是父母位居第一，表明家长在孩子心中无可替代的重要地位。在廉洁教育中，家长自身也要成为孩子廉洁的榜样。

清廉品质不仅要体现在教育内容中，更要落实于日常生活中，父母首先要做一个具有廉洁品德的人，才能通过自己的言行举止产生示范作用。家长在日常生活中勤俭节约，而不是铺张浪费，孩子才能爱惜粮食、节约资源；家长待人不论职位高低谦逊礼貌、不卑不亢，孩子才能文明讲理、堂堂正正；家长说到做到，孩子才能诚实守信；家长风清气正，不托关系、走后门，孩子才能光明磊落，不走歪门邪道。从某种意义来说，家庭的廉政教育其实也是家长廉洁品德的自我修炼。否则，不但害了自己而且祸及子女。山西省人大常委会原副主任张茂才与妻子及两个儿子一起上演了"全家齐上阵、贪污父子兵"的丑剧，在落马后他对孩子的不当教育万分悔恨。在孩子成长过程中，常年目睹纷至沓来到家里拜年送礼送红包的人，在父母的欣然接受中他们从小形成了权力能够置换财物的错误认知。尤其是儿子张轩，在中考考试之前，母亲高明兰带着他去给监考老师送礼、送烟、送酒，请求监考老师给他递小抄，中专毕业后又通过关系当上警察。父母的一系列操作对孩子的影响是毁灭性的，张轩把权钱、权权交易当作社会规则，步入社会后完全沉醉于声色犬马的生活之中，成为商人和一些官员围猎的对象，通过他向他父亲请托各种事情，张轩在利用父亲敛财的泥沼中越陷越深，最终与父母一起锒铛入狱。① 固然，这是领导干部家庭教育失范导致的悲剧，但是父母教育孩子的方式方法，普通民众家庭也应引以为戒。

总之，家庭教育具有灵活性特征，要从具体实际出发，因材施教，把廉政文化融入多样化的家庭教育方式当中，引导孩子从小事做起，从力所能及的事情做起。从"不剩一粒米"中养成爱惜粮食、尊重劳动人民的品质，让家庭廉洁教育形成一种潜移默化的力量，使孩子在不知不觉中养成清廉品德。家是中国人的情感依托，家国情怀是中国人最深厚的情怀。党的十八大以来，以习近平同志为核心的党中央，把家庭、家教和家风建设提高到前所未有的高度，不仅充分肯定了家庭教育对个人成长产生的重大影响，也强调对社会进步、民族发展、国家强大的基础性作用。人民大众是家庭的主要成员，当我们把视野放置于家庭这一特定的单元来研究廉政文化建设时，就是要把"廉"文化要素融入家风建设和家庭教育之中，由此为构建廉洁社会、建设廉洁国家奠定坚实基础。

第二节 以学校为清廉单元开展廉政文化建设

在学校推进廉政文化建设，就是要在学校管理、学校教育过程中推动师生员工逐步建立起廉洁从政的思想、信仰，并在廉洁价值观指引下，形成与之相适应的廉洁生活方式。在我国，立德树人是学校教育明确的根本任务，其中与廉政相关的"德"就是重要的"德"，是忠于职守、"权为民所用"、维护公平正义的"大德"，是学校教育应该培育的重要品德。青少年是祖国的未来，拥有清廉品德的青少年才能堪当民族

---

① 中央纪委国家监委宣传部，中央广播电视总台. 正风反腐就在身边：第四集：严正家风［EB/OL］. 央视网，2021-01-24.

<<< 第三章 "非正式制度"视野下我国民众参与廉政文化建设路径研究

大任,才能打造风清气正的郎朗乾坤。因此,要大力引导和教育青少年远离腐败文化,传承优秀传统文化,自觉树立和践行廉洁价值观,把青少年培养成为崇尚清廉、服务人民的有责任、有担当的建设者和接班人。

一、民众参与学校廉政文化建设的可行性分析

以学校为主渠道,积极推进民众参与廉政文化建设既是必要的,也是可以实现的。在学校教育体系中融入廉政文化要素,系统开展廉政文化建设,是世界上许多廉洁程度较高国家的宝贵经验。例如,芬兰将廉政教育与社会学以及法律教育相结合形成体系,从增强法律意识到增强廉政意识,为廉洁政治奠定深厚基础;① 拉美最清廉国家之一乌拉圭在各级各类教育机构中直接开设反腐败法课程,同时也开展公民权利义务教育和国家机关公务员职责和操守方面的教育;② 新加坡各类学校开设与培育廉洁品德相关的课程,并实现东西方廉洁教育方式的有效结合。③ 这些国家的做法为表明以学校为清廉单位开展廉政文化教育的有效性。

着眼于我国当前学校开展廉政文化建设的现状,动员全校师生员工一起参与廉政文化建设成为必要。广大师生员工是学校廉政文化建设的主体,学校推进廉政文化建设具有系统性、规范性、持久性等特征,是增强廉政文化建设效果的重要渠道。在学校推进"以廉洁政治教育塑造人""以廉洁管理和廉洁执教影响人""以廉洁校风滋养人"是具体方略。

---

① 孙晓莉. 国外廉政文化概略 [M]. 北京:中国方正出版社,2014:4.
② 单冠初. 社会分层视域下的公民廉洁教育 [M]. 北京:北京大学出版社,2015:105.
③ 朱新光,苏萍. 西方国家公民廉洁教育比较研究 [M]. 北京:北京大学出版社,2014:150.

二、全社会参与学校廉政文化建设的举措探讨

（一）完善课程体系内的廉政教育

育人是学校最主要的功能，学校廉政文化建设就是育人的过程，最主要的方式是要通过课程体系开展廉政教育，有计划、有目的地对学生施加意识形态领域内的积极影响，使学生形成对廉洁从政的正确认识，并提高学生将廉政意识转化为廉洁行动的能力。

1. 着力构建大中小学一体化的思想政治教育课程体系，为廉政教育开展提供可资依赖的系统的课程支撑体系。2020年12月，中宣部、教育部颁布了《新时代学校思想政治理论课改革创新实施方案》，开宗明义提出要循序渐进、螺旋上升地开设好大中小学思政课，并且明确了在"政治认同、家国情怀、道德修养、法治意识、文化修养"等方面的课程目标体系。该方案为学校师生推进廉洁政治教育提供了有力支持。课程目标提出的政治认同，在当代中国，就是认同中国共产党的领导，认同中国共产党领导下的中国特色社会主义，具体包含意识形态的认同、社会主义核心价值观的认同，以及治国举措的认同。建设廉洁政治是中国共产党的鲜明主张，政治认同在一定程度上为廉洁价值理念的认同提供支持。家国情怀的目标也与廉政理念紧密相连，强调的是家国一体的思想，将个人与国家的前途命运联系在一起，对祖国怀有深厚情感，在新的历史阶段，勇于担负起中华民族伟大复兴中国梦的责任就是家国情怀的体现。随着家国情怀的深化，学生们会逐渐认识到廉洁从政是一种真正的爱国行为，廉洁从政的领导干部才是值得我们拥护和爱戴的领导干部，是学习的榜样。学生会认识到反对腐败不只是国家机关和党政领导干部的事情，而是直接影响国家长治久安，与每个人都息息相关的事情。教师应帮助学生树立廉洁价值观念，对廉洁政治产生心理认同，进而追求和崇尚廉洁，进一步增强对滥用公权力的行为实现监督的

意识。这本身就是廉洁教育的组成部分。法治意识也是廉洁教育应有内容，法治最早在与人治的相比较之下出现，毕达库斯（Pittakos）早在公元前7至6世纪就提出"人治不如法治"的思想。我国在先秦时期也出现了法治思想，《管子》已经形成比较完整的法治理论体系，对今天全面依法治国有着重要启迪意义。全面依法治国，为"权力"运行和监督提供了制度规范。从全面依法治国的视域看，新时代思想政治理论课在改革目标中明确提出培养法治精神，是时代之需，广大师生也需要增强法治意识，尊重规则，敬畏法律，重视法治精神，这与涵养廉洁品质具有高度相通性。至于道德修养和文化修养目标，也与廉洁品质密切相连，不可分割。因而学校廉洁教育的课程体系建设应依托思想政治理论课教育体系而展开，在相应内容中使用古今中外丰富的课程廉政文化资源，使廉洁品质培育与政治认同、爱国情怀、道德修养、法治意识以及文化修养培育相依托。在政治认同的教育中，低年级阶段可以讲述中国共产党人廉洁从政、廉洁家风建设的感人故事，高年级阶段可以学习中国共产党的廉政建设方略和举措。在培育爱国情怀的课堂教学中，学生可以从我国优秀的传统廉政文化汲取"以民为本""家国一体"的高尚情怀；法治意识培养，学生可以从清官遵循法律规则和贪官践踏法律底线的对比当中意识到敬畏法治的深远意义；在提升道德修养和文化修养的教育中，把清正廉洁作为道德修养和文化修养的重要组成部分，不管是古代的清官廉吏，还是新时代的清廉领导干部，都是提升学生清廉修养的教学案例。

  总之，学校廉洁教育应该在积极推进大中小学思想政治理论课教学中强化廉洁品德。这一形式的廉洁教育，依赖于思想政治理论课教师对学生的廉洁品德进行正确引导，也贯穿于学生的学习过程。因而，进一步推动学校开展廉政文化建设，务必解决当前学校思想政治课程教学中存在的问题，主要表现为改变部分小学思政课堂被占用、中学思政课程德育功能被弱化、高校思政课与现实结合不强等状况，足额开设思政课，落实立德树人根本任务，增强思政课在培养青少年高尚品德、法治意识、规则意识等方面的基础性作用。廉政文化教育的主渠道便是依托思想政治教育课程体系而系统展开，螺旋上升，使廉政教育对全体学生实现全覆盖。

2. 开设专门的反腐教育、廉政文化建设等课程，有针对性有目的地培养学生廉洁品德。在依托思想政治教育体系开展廉政教育的基础上，有条件的高校或中职学校，应该开设专门的廉政课程。特别是面对未来职业廉洁风险较高的专业学生，例如，公检法学校或专业学生，财经院校或财经专业学生，如果在上学期间能接受系统的清廉课程教育，培养清廉品德和廉洁职业操守，打好"防腐"疫苗，就能为将来廉洁从政或廉洁从业奠定基础。因此，在廉政文化建设中，需要动员教师，积极参与廉政课程的开设与教学，并以廉政课程为基础，开展廉政研究，深化廉政教学实效性，增强学生对廉政知识的认知，对廉洁品德的认同和追求。

3. 利用并挖掘其他课程的廉政资源，使廉政教育达到潜移默化的效果。语文、历史、法学等许多课程都是实施廉政教育的课程载体。2016年习近平总书记在全国高校思想政治工作会议上的讲话中指出要"加强党史、新中国史、改革开放史、社会主义发展史教育"（简称"四史"教育），之后习近平总书记又多次强调了"四史"教育对大学生及广大青年、广大党员和干部、全体人民增强国家意识、法治意识和责任担当意识等方面的重要意义。如今，许多高校和中学已经独立开设"四史"课程或"四史教育"校本课程，"廉"文化是"四史"课程的内容体系之一，"四史"课理应成为廉政教育不可或缺的课程依托。诚然，不只是"四史"课，所有课程的廉政资源都应该充分运用，激发廉政教育的活力，加大覆盖面，增强育人效果，使清廉品德成为学生的精神追求。

（二）重视学校课程体系外的廉政教育与廉政文化建设

课堂渠道之外，廉政教育还可以融入学生的日常生活中，中小学生的班会课，各种学生社团，班主任、辅导员的教育工作，校园廉政主题活动以及校园文化建设等，都是开展廉政教育的渠道。对不同年龄段的学生开展廉政教育，方式方法要有针对性，在师生的共同参与中增强廉洁教育效果。中小学低年级学生可以画"廉"画、唱"廉"歌、读"廉"诗，高年级学生可以读"廉"书、写"廉"文、听"廉洁"讲座等。例如，2009年3月，常州市新北区春江镇面向全镇党员干部和学校师生开展"把廉洁儿歌带回家"的廉洁教育活动，短短两个多月，就收到作品360余篇，其中很多为中小学师生所创作。例如，"从小学做清白人，莫让贪欲迷双眼。我们爱当小包公，威风凛凛惩贪官。清正英名万古传。"许多作品朗朗上口，深入浅出，使教师、同学们享受到廉洁文化的盛宴，在不知不觉中提升廉洁素养。[①] 高校则可以举办廉政知识竞赛、廉政辩论赛、廉政学术论坛等。例如，为庆祝中国共产党成立100周年，武汉工程大学马克思主义学院承办"廉政文化建设百年历程和高质量发展"学术论坛，100多名各地专家学者就廉洁思想文化、行为文化、制度文化等问题展开深入探讨。[②] 廉政论坛召开，既是对廉政理念的传播，又为廉政文化建设的实践提供理论支撑，这是学校廉政文化建设深入发展的表现。同时，在高中或高校建立廉政文化社团也是发动民众参与廉政文化建设的有效路径，例如，中国大学生廉洁教育在线网站，在传播廉政知识、组织廉政文化活动、增强全国大学生以及广大社会民众的清廉意识等方面起到显著作用。在2018年11月至12月，

---

① "把廉洁儿歌带回家"优秀作品选［J］. 翠苑，2009（4）：78-80.
② 湖北省廉政文化建设研究会研讨廉政文化建设百年历程和高质量发展［EB/OL］. 人民网，2021-06-07.

为纪念联合国设立国际反腐败日 15 周年，全国大学生廉洁社团网络参与主办的"12.9 全国大学生廉洁教育月活动"，覆盖 52 所大学，直接参加的总人数超过 7 万人。[①]

总之，课程教育体系之外，越来越多的教育工作者根据不同年龄段的学生特点以学生乐于接受的形式有意识、有目的地培育学生的廉洁品质，这是值得进一步重视的方略。

（三）开展廉政文化建设研究

学校是知识分子汇聚的地方，学校教师，特别是高校教师以及高校硕士博士研究生，是学术研究的主力军。开展廉政理论及廉政建设研究无疑是廉政文化建设重要的组成部分。王冠和任建明在以我国全日制普通高校为调查对象的研究中指出，我国的廉政研究已经取得了比较丰硕的研究成果，甚至从 2000 年到 2020 年已经有 100 多所大学建立了廉政研究机构，中国政法大学、西南政法大学、西北政法大学、湖南大学、华东政法大学、中国社会科学院大学等高校设置了廉政学学科以及相关学科。一些大学的研究机构还招收了廉政研究方向的硕士研究生和博士研究生。[②] 廉政研究机构在学校的成立和廉政相关方向的硕士博士研究生招生，从深度和广度上拓展了廉政文化建设。此外，一些中小学教师和管理者立足廉政文化建设实践的个案研究，对某地或某校的廉政建设状况进行深入分析，总结廉政文化建设得失，不仅为廉政文化研究的进一步深入发展提供实践基础，也为廉政文化建设实践的继续推进提供宝贵经验。学校师生对廉政文化建设的研究，就是参与廉政文化建设的重要方式。

---

① 12.9 全国大学生廉洁教育月活动圆满落下帷幕［EB/OL］.中国管理现代化研究会网站，2018-12-09.
② 王冠,任建明.廉政学科建设的现状、问题与建议：以国内全日制普通高等学校为调查对象［J］.廉政文化研究，2021,12（4）：19-30.

（四）学校教职员工以身作则践行清正廉洁价值观

学校教职员工能否廉洁从政和廉洁从教直接影响校园廉政教育效果。教职员工自身的廉洁行为就是一种最有说服力的廉洁教育，如果一所学校存在大量教职员工违规收受学生家长礼品礼金、学术研究弄虚作假现象，甚至出现行贿受贿等腐败不堪的问题，那么所有的廉政教育都显得苍白而没有说服力，很难培育学生的廉洁品质和廉洁行为。因而，在学校开展廉政文化建设，学校的广大教职员工包括学校领导干部、普通教师、行政人员以及学校相关部门的从业人员，都是廉政文化建设的重要主体，必须做到育人者必先律己，以身作则与腐败风气做斗争，以清廉养浩然正气，以廉洁从教品德陶冶学生，以克己奉公的清廉行为影响学生。

1. 学校全体教职员工全方位推进廉洁价值理念。教师是人类文明的传承者，师德师风是第一标准，廉洁修身是底线。全体教职员工理应成为清廉品德的弘扬者和示范者。从日常生活到设备采购、科研经费使用、学术诚信等，都需要教育广大教师高度重视，戒贪止欲，从生活、教学、科研等方方面面践行廉洁价值观，推动校园廉洁风气形成。

2. 学校要着眼校园腐败易发生领域和廉洁风险突出领域，推动教职员工都行动起来，进行自我革命，清除腐败文化和腐败风气的侵蚀。只要有资源，有权力集中，就容易滋生腐败和腐败文化，滋长腐败风气，各级各类学校都是如此。从中央巡视组对教育部和中央直管高校开展的巡视中发现，在基建和科研等领域腐败问题依然存在，在与社会联系密切的校办企业、合作办学、附属医院等领域存在突出的廉洁风险，以及其他各省委市委巡视巡察组对学校的巡视巡察工作所发现的诸如中小学的多媒体教室设备购置、出售入学指标等领域的腐败问题，都与廉洁校园建设不相容，是学校廉政文化建设需要重点关注的问题。除了党和政府以腐败"零容忍"态度、严惩腐败的果敢行动力以及上下联动的全方位监督力来推动学校管理者成为廉洁从政者,各学校应对照问题,对教职员工进行廉洁管理和廉洁从教教育,本着"有则改之、无则加勉"原则开展廉洁教育工作,提高教职员工的廉洁自觉意识,使教职员工成为"敬廉爱廉"的典范。

3. 要着手解决人民群众反映强烈的教师收受礼品、接受吃请等不正之风的问题。在巡视巡察、网络曝光以及我们的调研中都发现,一定程度上存在教师收受礼品、接受吃请的现象,虽然大部分教师收受礼品的金额不高,但违反了教育部以及各级教育管理部门的廉洁规定,并且助长了不正之风在校园的蔓延。从调研中发现,许多学校也制定了不能收受学生、家长礼品的规定,但是对于该规定的宣传教育远远不够。有些学校只是在校园公众号、官网上发布,有些学校只是在学校其他主题的会议中顺便提及,极少教师对条例有较为清晰的认知,更别提学生和家长了。而且廉洁规定中往往没有明确一旦违规采取何种惩罚。这就导致教师、学生和家长没有从行动上落实规定,部分学生和家长确实是为感谢教师而送上一份礼品,但也有一些学生和家长把社会上办事送礼的不正之风带到校园里,企图通过送礼获取一些私利。对教师而言,有些教师以尊师重教作为遮羞布欣然接受,并将之看作教师的额外福利;有些教师是碍于情面无法拒绝;有些教师拒绝收受礼品反而被认为"不懂人情世故"而被疏远。学校廉政文化建设,就需要从这些与普通教师、学生以及家长息息相关的事情做起,清除不良风气。学校管理者和教师都应该从廉洁品德的高度认识收受礼品礼金问题,在思想认识上形成自我约束,向学生和家长表明不收受礼品的规定和态度,鼓励学生和家长以打电话、发信息、写信等"非物质化""非金钱化"形式表达对教师的尊重和感谢,构建起清清爽爽的清廉健康师生关系和家校关系。

总而言之,在以学校为清廉单元进行廉政文化建设的微观路径中,教职员工首先是重要参与者,应该率先垂范参与学校廉政文化建设,在廉政教育、廉政文化传播、廉政研究以及清廉行为等许多方面起模范作用。由此推动越来越多的学生成为廉政文化建设的参与者，在学校廉政文化建设中发挥学生主体作用，将教师的主导作用与学生的主体作用相结合，师生共同致力于促进校园廉政文化的蓬勃发展，使清廉成为校园文化中一抹亮丽的色彩。

第三节 以企业事业单位为清廉单元开展廉政文化建设

学校是以立德树人为根本任务的单位和机构，在廉政文化建设中处于独特地位，因而在研究中我们根据其独特性进行了专门的分析。实际上，不仅是学校，所有企事业单位都是开展廉政文化建设的主体。随着社会主义市场经济体制在我国确立并不断完善，我国形成了以公有制为主体、多种所有制经济并存的基本经济制度，公有制企业和非公有制企业都是我国经济社会生活的重要主体。国有企业在关系国计民生的行业和关键领域占据主导地位，控制着我国经济命脉。民营企业对我国GDP增长、税收、就业以及技术创新具有重要贡献。事业单位则是在教育、科技、文化、卫生等各领域提供保障的服务支持系统，具有服务大众、增进人民福祉的公益性特征，在我国经济社会发展中发挥重要作用。

一、企事业单位民众参与廉政文化建设的必要性和可行性分析

不难发现，改革开放以来，我国企事业单位面临新的发展机遇，获得了突破性大发展。然而，企事业单位存在的贪污腐败问题不容小觑。国有企业贪腐涉及金额之巨大、贪腐手法之多样令人震惊，民营企业贿赂"围猎"官员谋取非法收益的现象也屡见不鲜。近年来落马的贪腐

官员大都与"商人朋友"有深度勾连。其背后往往是"官商勾结"形成的以权钱交易为纽带的畸形官商"朋友圈",商人的"围猎"与官员的权力相结合,"官商朋友圈"实质上就是利益输送的"腐败圈"。实际上,不管是国企还是民企,从整体上看,从业人员数量和经济体量都十分庞大,企业的风气好坏直接影响着我国国民经济能否健康发展,影响整个社会风气的好坏。从企业追求利益最大化的目标和原则来看,清正廉洁的营商环境就是最有利于企业节约成本的环境。国有企业和民营企业内部同样面临腐败风险,国有企业的腐败直接导致国有资产大量流失,造成企业严重亏损甚至倒闭。民营企业物资采购、产品销售、资金管理等许多环节一旦出现腐败,会造成重大损失。如果腐败文化在企业内部盛行,那么从企业管理层到企业的普通员工对腐败"寻租"必然是容忍的,甚至会把腐败"寻租"作为企业发展的有效方式。由此必然投入更多的成本用于企业"寻租",从而挤压企业健康发展所需的经费投入,例如,科研创新经费、商品质量提高经费等,对于企业长远发展是严重的障碍。党力、杨瑞龙、杨继东(2015)、徐细雄、陈柯甫、淦未宇(2016)、何轩、马骏、朱丽娜(2016)、日本京都大学 Yano Gang(2017)等众多学者的研究揭示了腐败对企业创新的消极影响。董斌和张兰兰以中国 2007—2017 年的上市公司为研究样本对企业内部腐败文化与企业技术创新之间的关联性展开研究,研究结果表明企业内部的腐败文化显著抑制企业技术创新。[①] 科技创新是企业发展的不竭动力,腐败文化对企业技术创新的抑制必然成为企业发展的绊脚石。北京师范大学中国企业家犯罪预防研究中心关于 2014—2018 年 5 个统计年度的《中国企业家犯罪分析报告》也发现腐败在企业具有较高发生率。报告指出,5 年间我国企业家腐败犯罪的总次数为 3635 次,腐败犯罪

---

① 董斌,张兰兰. 企业腐败文化治理与技术创新[J]. 重庆大学学报(社会科学版),2022,28(6):33-48.

占全部犯罪的比例达40.54%，国有企业家腐败犯罪占其全部犯罪的比例居然高达88.36%，民营企业家腐败犯罪占其全部犯罪的比例也达到31.88%。其中受贿罪、贪污罪、挪用公款罪排在国有企业家腐败的前三位，占国有企业家腐败犯罪总数的79.43%；职务侵占罪、单位行贿罪、挪用资金罪、行贿罪、非国家工作人员受贿罪则是民营企业家腐败犯罪的前五位，占民营企业家腐败犯罪总数的92.06%。腐败犯罪企业家总人数为3362人。由此可见，不管是国有企业还是民营企业，预防腐败具有极强的现实意义。并且报告揭示公共部门的腐败与民营企业和企业家的腐败之间客观上存在着相互交织、互为因果的关系。值得注意的是，国有企业受贿罪频次总数最高，民营企业家则是行贿罪的频次总数最高，而且民营企业家的单位行贿罪和行贿罪在2018年增长幅度较大。一个极有深意的调查结论：企业家腐败犯罪发案率与企业所在城市的经济发展水平成反比，即四线及以下城市处于高位水平，进而三线、二线、一线城市企业家腐败犯罪发案率普遍较低。[①] 这一定程度上表明企业腐败与政商环境、社会风气紧密联系，也恰恰说明了廉政文化建设的必要性。从现阶段我国企业发展的状况看，除了腐败犯罪，形成违背企业协作精神的小团体、推卸责任、任人唯亲等问题在企业中也较多存在。而且企业腐败发生的环节广泛，几乎涵盖企业经营生产的所有环节，由此决定广大企业员工是参与廉政文化建设、遏制企业腐败发生的主体力量。

事业单位的腐败问题也值得重视，近些年揭露的许多事业单位腐败案件也显示了事业单位反腐败形势的严峻性。中央纪委国家监委网站揭露，广西来宾市人民医院原院长周方，先后接受20多位医疗行业商人的贿赂，大搞医药、器械采购利益输送，收受财物金额达1800多万元，

[①] 张远煌，赵军，黄石，等. 中国企业家腐败犯罪报告（2014—2018）[J]. 犯罪研究，2020（6）：2-46.

还有900多万元无法说明来源的财产。调查发现，不仅是院长，该医院多位领导甘愿被"围猎"，周方一案的查处牵出数案，涉及几十人。"围猎"与"被围猎"的黑色利益链可见一斑。这并非个案，据统计，"十三五"以来，广西纪检监察机关共立案查处的医疗卫生系统案件就多达4000余件，其中涉及各级医院和乡镇卫生院的约2500件。① 毫无疑问，这样的腐败现象绝不是广西仅有，在全国具有一定的普遍性。不仅是医疗体系单位存在复杂的腐败问题，企业与企业之间、企业与事业单位之间、企事业单位与国家机关之间，腐败问题错综复杂、相互交织。在各单位的腐败案例中，权力观的错位十分突出，"围猎者"用金钱购买权力，"被围猎者"则把权力变成了捞钱工具，非法利益链伸延之处，就是腐败滋生之地。这凸显了廉政文化建设由企事业单位领导干部拓展至全体民众的必要性和紧迫性。动员各单位积极参与廉政文化建设，激发各单位职工的积极性，就能从根本上解决企事业单位的腐败问题。浙江省义乌城投集团纪委在"清廉国企"建设中，结合自身业务特点，率先行动起来，把"清廉工地"作为国企与民企衔接的关键点，创设极具特色的民营企业"亲清家园"，以此带动项目参建民营企业开展"清廉民企"建设，使清廉成为一种立足市场竞争的强大文化软实力，② 显示了企事业单位清廉单元建设的有效性。

二、企事业单位民众参与廉政文化建设的举措探讨

（一）正确认识廉政文化在企事业单位中的重要地位

从负责人到普通员工，都要增强廉政文化建设的重要性认识。廉政文化是社会主义先进文化的重要组成部分，企业党组织、工会组织、共

---

① 杨文佳，蔡艺芃. 斩断围猎与被围猎的黑色利益链［EB/OL］. 中央纪委国家监委网站，2021-10-11.
② 王铮. 义乌城投集团打造"清廉工地"［EB/OL］. 浙江在线，2021-12-14.

青团等组织首先要发挥先锋作用,把廉政文化建设放置于重要议事日程,制定企业廉政文化建设的具体实施方案和措施。同时,对单位员工分层次有针对性开展廉政教育,消除员工对开展廉政文化建设的偏见,充分认识腐败对发展的严重危害,提高廉政品德,增强廉政意识。为增强廉政文化建设的效果,还需要结合各单位各部门特点、职工的具体职务、岗位的类型进行廉洁品德的培育。例如,对处于垄断地位、关系国计民生的国有大企业员工,要注重进行防范贪污受贿、挪用公款的思想教育和作风教育;对民营企业员工,要强调和突出对行贿、挪用企业资金等非法行为的自我约束的教育;对事业单位员工则更要重视理想信念教育,强化服务意识。具体到不同的员工,应该根据具体部门的腐败风险开展针对性的廉政教育。对每一位员工都需要培育廉洁从业的职业道德,树立正确廉洁观,严守职业道德底线,全体员工共同构建起廉洁的企事业环境。

(二)把廉政文化融入单位文化建设中

单位文化归根结底是一个单位价值观的体现,单位员工是文化建设的主体。要以寓教于乐的形式推动更多员工参与多形式廉政文化建设。中国企业文化研究会理事长孟凡驰认为,文化相较制度,在根治腐败上更显优势,因为文化可以让人从内心拒绝腐败,而制度不行,认为廉政文化建设在企业发展中具有极端重要性。[①] 而且,廉政文化包含依法依规的价值标准、道德规范、思想观念和行为方式,是现代企业发展"软实力"的重要组成部分。事业单位则承担着提供公共服务的义务,单位的文化建设需要体现社会主义本质属性,体现社会效益。廉政文化就是如此,是各单位应该弘扬的先进文化。因而,企事业单位的廉政文

---

① 李夏. 文化建设,规避企业腐败的利器 专访中国企业文化研究会理事长孟凡驰[J]. 法人,2021(4):70-72.

化建设要力戒形式化，将诚信、勤政、清廉的道德品德融入单位文化建设中，把廉洁美德与职业道德、社会公德相结合，通过丰富多彩的廉政文化活动丰富单位文化内涵，结合各单位存在的腐败风险开展廉政文化建设，提高全体员工参与廉政文化建设的积极性，激发全体员工参与廉政文化建设的内生动力。通过参与廉政文化活动，企事业单位全体员工能够认识到，清廉的单位文化、廉洁的员工，从长远来看是推动各单位健康发展的保障。从而促使员工在廉政文化参与过程中抵制腐败文化，将廉政价值理念、廉政价值规范内化于心，外化于行，把清廉作为工作和生活中的一种自然而然的选择。

（三）激发员工积极性，鼓励员工从实际出发参与廉政文化建设

各单位廉政文化的蓬勃发展，需要单位各成员担负廉政文化建设主体责任。从整体来看，当前我国企事业单位反腐败的形势依然严峻，廉政文化建设这一触及腐败根本的解决问题的路径不容忽视，廉政文化建设要获得深入和长远发展，最终必须依靠各单位员工的自觉参与。全体成员从遵守国家法律、地方法规、企业规章制度入手，逐步增强法治意识，为构建廉洁价值取向奠定基础。进而，各员工可以自觉参与或组织廉政文化活动，营造各单位的廉洁氛围，例如，将廉洁字画比赛、廉洁诗词朗诵、观看廉洁影片、廉洁茶话会、廉洁宣讲会等活动与党团活动、工会活动、节庆活动相结合，在日常工作和生活中接受廉政文化的熏陶，在潜移默化中增强廉政意识。同时，鼓励企事业单位员工通过微信、微博、抖音短视频等方式结合本单位发展实际对贪污受贿、官僚主义、形式主义、奢靡之风等不良风气进行抨击和批判，结合本地区本单位的历史文化，挖掘、传承和弘扬传统"廉"文化，同时也鼓励对廉政官员、廉洁行为等真善美精神价值的赞美讴歌等。对企业事业单位员工而言，以这样的方式参与廉政文化建设切实可行。不仅有助于企业员工本人在廉政文化建设过程中不断提高廉洁从业素养，确立廉洁价值

观，也有助于进一步传播和弘扬廉政文化，促进企事业单位内部廉政文化向外部廉洁社会文化拓展。

总而言之，企事业单位员工参与廉政文化建设是提升各单位现代化治理水平的迫切需要，也是反腐败斗争的治本工程。企业要充分发挥党团组织、工会组织以及各单位廉政觉悟较高成员在廉政文化建设中的引领作用，从小处着眼，一步一步推进，使全体员工远离"围猎"与"被围猎"的腐败关系网，逐渐形成正确的廉洁价值判断和廉洁自律行为，并自觉成为廉政文化的传播者，以各单位的朗朗清风来锻造全社会的风清气正。

第四节　以城市社区为清廉单元推动民众参与廉政文化建设

社区是我国社会治理的基本单元，社区居民委员会是群众基层自治组织。我国宪法赋予基层居民委员会实现民众自我管理、自我组织和自我服务的权力。关于基层社会治理，党的十九大报告指出要"加强社区治理体系建设，推动社会治理重心向基层下移，发挥社会组织作用，实现政府治理和社会调节、居民自治良性互动"。社区居民以社区为平台参与廉政文化建设，体现的是多元主体共治的崭新治理理念，是政府治理与居民自治良性互动的表现形式。

一、社区民众参与廉政文化建设必要性和可行性分析

党的十八大以来，社区在社会治理中的作用越来越突出，与此同时，社区民众参与廉政文化建设依然存在较大不足。其一，一些社区党组织和居民委员会的廉政文化建设工作被弱化和边缘化，没能较好发挥动员和引领民众参与廉政文化建设的领导作用。其二，由于缺乏有效的

引领作用，社区举办的有限的形式化廉政文化宣传活动对居民的影响不大，在促进社区居民形成廉政意识上的作用比较有限，社区民众对廉政文化建设的参与也明显不足。其三，社区参与廉政文化建设的渠道不足，活力不够。由于绝大部分社区未能真正确立廉政文化建设的工作队伍，没有具体工作方案，也没有构建廉政文化参与的多元渠道，无法有效激发社区居民参与的积极性和主动性。其四，社区居民是基于居住在一定地域范围内构成的民众集合体，居民之间联系较少，联系纽带不足，民众之间的文化交流与融合不够，在很大程度上制约了民众对廉政文化建设的参与。这表明，与社区进行廉政治理和廉政文化建设的现实需要相比，当前社区民众参与廉政文化建设的人数还远远不够。充分利用社区平台，动员广大社区居民积极参与，是廉政文化建设现实需要。

同时，从"非正式制度"视域看，社区民众在参与廉政文化建设方面取得了一定的成效，表明以社区为清廉单元动员民众参与廉政文化建设具有可行性。我们的课题组调查发现，社区通过设立廉洁工作站在社区内开展廉政文化建设，为基层群众参与廉政文化建设提供重要平台。从我们调研的5个社区情况看，廉洁工作站着力于组织社区"两委"成员、党员干部学习宣传上级关于党风廉政建设和反腐败工作的重大决策部署、重要文件、重要制度、重要会议精神，对党员进行党性党风党纪教育、廉政教育、警示教育培训，也开展了一些推进廉政文化进社区的群众接访工作、廉洁宣传活动。有些社区还将廉洁活动与在职党员进社区服务活动、文明社区创建活动相结合，开展社区公德、家庭美德、职业道德的宣传教育，一定程度上营造了"大廉政"宣传教育氛围。与此同时，社区廉洁工作站也在社区党务公开、政务公开、工作人员履职和廉洁自律情况以及社区推进的各项惠民政策落地、集体事项决策、资金使用等方面履行监督职责，对民众加强廉政监督意识起到促进作用。因而，我们要进一步推动广大民众参与社区廉政文化建设，增强廉政文化建设效果。

二、城市社区民众参与廉政文化建设的举措探讨

社区在我国社会治理中的作用越来越凸显，也是广大民众的聚集地。廉政文化建设要立足现实，依赖社区居民，从问题入手，探寻有效路径。

（一）强化社区党组织和居民委员会对民众参与廉政文化建设的引领作用，充分利用廉洁工作站，开展常态化廉政文化建设

我国许多地方已经设置了基层廉洁工作站，廉洁工作站成为推动社区廉政文化建设的重要平台。而廉政文化建设效果不佳的社区，恰恰是没能充分发挥廉洁工作站的应有作用。许多社区廉洁工作站往往因为缺乏上级领导部门的常态化管理而被弱化，又因社区工作人员对廉洁工作站认识上的不足而使廉洁工作站处于实质上的停滞状态。因而，促进民众以社区为平台，积极参与廉政文化建设，要先加强廉洁工作站管理和增强社区工作者对廉政文化建设的重要性认识，改变廉洁工作站被弱化状况。廉洁工作站站长、副站长、廉情监督员等所有工作站成员应各司其职，充分发挥廉洁工作站在走访群众、收集问题线索、开展群众监督上的独特优势，使民众以廉洁工作站为纽带，有更多机会积极参与廉政文化建设，为社区廉政文化建设的开展做好坚实的基础性工作。

（二）将廉政文化活动融入社区文化建设的整体规划之中，开展以传承和弘扬廉政文化为主体的文明评选活动，激励更多民众参与廉政文化建设

相较各单位与作为廉政文化建设主体的单位职工之间的"强联系"，社区与社区民众之间是一种"弱联系"，在激发民众参与廉政文化建设积极性方面处于劣势。这就需要社区廉洁工作站将处于"弱联系"的社区居民联络起来，构建社区民众之间的"强联系"，进而开展

廉政文化建设。社区廉洁工作站应立足社区实际，利用社区资源优势，汇聚社区廉政文化建设人才，把关心关注廉政文化建设的民众，纳入社区廉政文化建设"智库""头雁"组织或志愿者组织，成为社区廉政文化建设主力成员。例如，在广西梧州，就有一批年事已高的特殊的廉洁监督员，有的是老干部、有的是老艺人、有的是老教师等，他们退休后依然愿意发挥自己的特长和优势，成为深得群众爱戴拥护的"清廉使者"，他们收集监督信息，宣传惠民政策，传播优秀家风家教，将"触角"延伸到百姓家门口。① 他们既有助于整合社区内的廉政文化资源，凝聚廉政文化建设的民众力量，为社区开展廉政文化建设献计献策，群策群力；又能作为桥梁联系和动员更多民众参与廉政文化建设。此外，社区还可以开展"清廉文化传承人""清廉模范家庭"等评选活动，增强社区民众参与廉政文化建设的凝聚力和荣誉感，推动廉政文化建设在社区基层走深走实。

（三）线上线下同发力，构建"强联系"平台，推动更多社区群众借助"强联系"平台参与廉政文化活动，营造廉洁社区风尚

社区廉洁工作站等机构与社区廉政文化"智库""头雁"成员，共同努力推动更多群众接受廉政教育，并自觉参与廉政文化的弘扬与传播工作。例如，搭建民众接受廉政教育和参与廉政文化建设的线上线下平台，建立社区"廉洁工作坊""清廉茶馆"等，传颂爱国爱民情怀，弘扬家庭美德、职业道德和社会公德，赞美崇尚节俭、清正廉洁的高尚品德，把廉政文化融入社区民众的日常工作和生活中，使其成为影响社区居民形成正确价值判断的正能量。例如，浙江舟山市定海区干览镇龙潭村"廉情监察点"，设立在人口商铺集聚的百年老街，实行廉情接访坐班轮岗机制，定时定点接待接访群众，"廉情监察点"同时具有"廉心

---

① 梧州：廉洁工作站里德高望重的"清廉使者"[EB/OL]. 新浪网，2020-10-23.

自测""谈心谈话""警示教育"等各种功能。① 社区也可以构建网络平台，着眼社区特色，或结合特定节日，经常性开展丰富多彩的廉政文化活动。例如，有些社区因荷花而闻名，可在每年荷花盛开季节举办"清廉文化"节，把"赏莲花""拍莲景""吃莲子"与"读廉诗""听廉歌""弘廉德"相结合，使社区群众共同享受"崇廉""爱廉"的文化盛宴。同理，"廉文化"也可与"竹""茶""兰"等有形载体结合，把廉政文化以具体化形式根植于民众心中，增强廉政文化建设实效性。

概而论之，就是要立足社区"弱联系"的实际，构建起"强联系"的线上线下平台，从满足社区群众多元文化需求出发，有序推动越来越多的社区民众成为廉政文化建设的主体，构建人人有责、人人尽责、人人享有的生动活泼的社区廉政文化建设局面。

第五节　以农村为清廉单元推动民众参与廉政文化建设

与城市社区一样，农村也是民众生活聚集地，作为社会治理的基层单位，意义凸显又任重道远。但农村又与城市社区有显著的区别，农村主要是从事农业生产的相对固定的民众聚集地，且因中国传统乡土社会的独特性，农村构成的是以血缘关系为纽带的"熟人"社会，民众参与廉政文化建设更具复杂性。很显然，广大村民是农村廉政文化建设主体。

---

① 廉情监察点 激活监督"神经末梢"[EB/OL].浙江省纪委省监委网站，2020-04-23.

一、农村民众参与廉政文化建设的必要性和可行性分析

党的十八大以来,在全面从严治党的背景下,我国农村基层党风廉政建设无论是从重视程度还是从建设成效来看,都呈现出向前发展趋势。然而,广大村民对廉政文化建设认识不深、理解不充分,参与的积极性也明显不足,问题比较突出。苗乃春对山西清徐县农民参与廉政文化建设状况的调查数据显示,有53%的村民认为普通群众没有必要接受廉政文化教育或看情况而定,而66%的村民对本村开展的廉政文化活动不感兴趣。[1] 魏斌冠对广东蕉岭县、遂溪县、郁南县等7个县市16个乡镇的村民进行调查,调查结果也显示,20%的村民认为没有必要进行廉政文化建设,53%持无所谓的态度,只有27%认为有必要。对于廉政文化建设涉及的对象,高达84%的村民认为廉政文化建设涉及的对象是"村干部"或者"村干部和党员",只有16%的村民认为廉政文化建设涉及对象是"村干部、党员和全体村民"。[2] 我们的课题组在农村开展问卷调查和实地调研的结果也显示出村民参与廉政文化建设的积极性并不高。绝大部分村民没有把廉政文化建设作为与自己息息相关的事情看待,对廉政文化建设的关注和关心十分有限,监督意识也比较薄弱。部分村干部认为村级廉政文化建设活动确实很少,主要制约因素是资金短缺。关于开展廉洁工作的组织机构问题,我们进行了专门的调研,在调研的5个行政村中,其中1个行政村与其近邻的其他3个行政村共同归属一个廉洁工作站,廉政文化的开展主要由廉洁工作站负责,基本上每年到每个自然村开展一次廉政文化宣传活动,以文艺演出、板

---

[1] 苗乃春. 我国农村廉政文化建设研究:基于山西省清徐县的调研分析 [D]. 太原:山西大学,2015.
[2] 魏斌冠. 村民自治背景下的新农村廉政文化体系构建 [D]. 武汉:华中师范大学,2015.

第三章 "非正式制度"视野下我国民众参与廉政文化建设路径研究

报宣传为主要方式;还有1个行政村单独设立了廉洁工作站,廉洁工作站有2名工作人员,但因为村委办公地点有限,廉洁工作站并没有挂牌,廉洁工作站也没有开展过具体的活动,主要职能是传达上一级领导部门的廉洁工作精神;另外3个行政村的村干部和村民表示没有听说过廉洁工作站及类似的村级廉洁工作机构。总体上看,课题组对农村廉政文化建设的调研访谈揭示:大部分村民和村干部认为廉政文化建设在农村基层开展的意义不大,认为村民与廉政关系不大。这明显与新时代我国农村现代化建设目标中对农村廉政文化建设的要求不相符。学界现有研究成果和本课题组的调研共同表明农村廉政文化存在严重的"供给"不足。

此外,与基层群众利益息息相关的"微腐败"却在农村大量存在。据统计,全国纪检监察机关在党的十八大到十九大期间,共处分村党支部书记、村委会主任27.8万人。在中央纪委监察部网站2017年12月发布的月报中,点名道姓通报曝光的52起侵害群众利益的不正之风和腐败问题案件,其中36起发生在农村,涉及村(居)干部,占通报案件的70%。[①] 这表明随着国家对农村建设资金投入的加大,农村腐败问题需要更加重视。中国方正出版社编订出版的《以案说廉:90个群众身边"微腐败"典型案例剖析》《漠视侵害群众利益典型案例剖析》也揭示了农村存在的多种类型腐败,有的乡镇干部和村干部侵吞、骗取国家惠民惠农补贴,有的索取、收受困难群众财物,有的接受困难群众吃请,还有的村委主任利用宗族势力欺压群众等,这些案例在我国农村基

[①] 段相宇.整治群众身边腐败问题力度只会加强不会削弱[EB/OL].中央纪委监察部网站,2017-12-07.

层具有一定的普遍性。① 这些腐败现象的发生表明，不少农村基层干部宗旨意识淡薄，对人民群众毫无感情，丧失道德廉耻之心，践踏法律底线，有的连五保户、贫困户、低保户和残疾人的救助款都不放过。面对花样百出的身边腐败，许多村民敢怒不敢言，或者认为无处可言，有些则以"吃请"、交"办事费"等形式向村干部妥协，以获取一些本该属于自己的利益，这在实际中进一步加剧了农村腐败的发生。本课题组对农村的调研访谈中，许多村民认为村干部在实际工作中照顾"亲朋好友"是不可避免的事，因为大家都是如此，认为如果自己能拿到两万元救助款，给村干部三四千元"办事费"合情合理。这一方面反映了农村中"微腐败"的存在，另一方面也表明村民缺乏廉政知识，权力监督意识不强，村民廉政素养需要进一步提升。

当前我国农村存在的腐败现象和廉政文化供给不足的现实昭示着以农村为单元开展廉政文化建设的现实紧迫性。而我们在农村的调研中也发现，绝大部分村民支持党中央的强力反腐政策，村民也十分渴望获得公平公正的权益。而且一些地区以农村为清廉单元开展廉政文化建设取得了较好的成效，例如，广西苍梧在完善5个村级廉洁工作站示范点的基础上，搭建"以茶话廉"平台，构建"清风茶社"，以谈话形式对党员干部开展廉政教育；还给廉洁工作站中包含村务监督委员会成员、离退休干部、党员和群众为代表的廉政监督员列出监督党员清单和监督责任清单，使廉政监督员有的放矢，权力监督责任感也得到加强；镇纪委依托廉洁工作站每月至少一次到村开展公开接访活动，也有助于推动农

---

① 《以案说廉：90个群众身边"微腐败"典型案例剖析》编写组. 以案说廉：90个群众身边"微腐败"典型案例剖析 [M]. 北京：中国方正出版社，2020；《漠视侵害群众利益典型案例剖析》编写组. 漠视侵害群众利益典型案例剖析 [M]. 北京：中国方正出版社，2020.

村树立廉洁社会风气。① 这昭示着动员民众参加农村廉政文化建设具有可行性。

广大村民与基层领导干部既是农村廉政文化建设的主体，也是廉政文化建设的对象。广大民众要立足本村传统习俗、风土人情，与农村基层党员干部一起，在农村廉政文化建设中发挥积极作用。

二、农村民众参与廉政文化建设的举措探讨

（一）建立并完善农村廉政文化建设机构是首要举措

结合学者和记者对全国各地农村廉政文化建设考察和报道以及我们的实地调研，得到一个重要的认识，即在基层设立专门负责廉洁工作的机构是推动基层民众积极参与廉政文化活动的有效方式。2021年宁夏青铜峡市纪委监委，在全市9个镇（街道）选取了24个行政村（社区）为试点，建立村（社区）廉政监督工作站。2021年各监督工作站共接待群众达2158人次；还组织了240场次"民情沟通日"活动，参与群众高达13,903人次，沟通事项1264个，排查问题线索350条，3名村（社区）干部因涉及群众利益问题被查处。② 基层廉洁工作站作为廉政文化建设的专门组织机构，为推动农村开展一系列廉政文化建设活动提供依靠，也为农村廉政文化建设的深入开展奠定基础。要以农村为清廉单位，推动民众积极参与廉政文化建设，专门机构的设置是重要方略。

---

① 胡桂川．苍梧：探索"123"模式 打通基层监督最后一公里［EB/OL］．广西纪检监察网，2017-06-22．
② 吴宏丽．青铜峡：监督工作站助力乡村振兴与"廉"同行［EB/OL］．宁夏纪委监委网站，2021-12-09．

(二）从村民切身利益出发，着眼于增强村民"静态参与"廉政文化建设成效

所谓的"静态参与"，就是作为廉政文化建设的对象，去了解和接受廉政文化。这一层面的廉政文化建设，主要是有针对性地对农村民众展开廉政教育活动，增强廉政文化建设的吸引力，激发村民"静态参与"积极性，形成对腐败问题的正确认知。习近平总书记在庆祝中国共产党成立100周年大会上庄严宣告"在中华大地上全面建成了小康社会"，农村村民和城市居民一起实现了全面小康梦想。全面小康是全面发展的小康，既要经济不断发展，人民民主也要不断扩大，人民群众也要更加广泛、直接参与社会事务管理，享受社会主义的公平正义。腐败是对公平正义的侵蚀，农村存在的种种"微腐败"直接损害群众的切身利益，随着我国正风反腐力度加大，腐败的手段也越来越隐蔽，更需要村民参与廉政建设，形成腐败治理的强大支撑力。当前广大村民对腐败危害的认知水平依然不高，对廉政文化的重要性认识不足，对发生在身边的腐败也有较高的容忍度。如今，我国已经开启全面建设社会主义现代化的新征程，乡村振兴如火如荼开展，廉洁乡村建设既是乡村振兴的目标任务，也是重要保障。因而，我国的廉政文化建设要深入农村，就要动员广大村民参与乡村廉政文化建设。必须首先对广大民众开展廉政文化教育，使村民充分认识自己拥有的权力，向民众宣传党中央治理"微腐败"的坚定决心，鼓励村民敢于对村干部以及各级干部的偏袒行为大胆说不，坚决抵制各种类型的"吃拿卡要"等各种腐败行为。可以从村民对于廉政文化建设和反腐败斗争存在疑惑的问题入手开展活动，在答疑解惑中引导村民形成"廉荣贪耻"的价值判断。也可以挖掘传统廉政文化资源、创办廉政文化墙或廉政文化橱窗、设立农家书屋以及廉政图书专柜、展播廉政电影等多种多样形式，逐渐增强村民的廉政意识，树立廉洁价值观。总之，从村民的切身利益出发，引导村民从

党中央强力反腐的实际成效,特别是从大量"微腐败"案例的惩治中增强村民对反腐败斗争的感知力,降低腐败容忍度,这是推动村民参与廉政文化建设的关键步骤,也进一步推动村民从静态接受廉政知识向动态积极参与廉洁乡村建设提升。

(三)着眼于村民的"动态参与",推动全体村民自觉参加廉政文化活动,成为廉洁乡村建设的主力军

大量的调查研究揭示,农村廉政文化活动不仅少,而且村民的关注度低,效果也不明显。究其原因主要在于廉政文化活动常常为应付检查而进行,缺乏计划性和常态化,与村民切身利益关联性不强,形式比较单一空洞,活动的效果不明显。要改变这样的状态,必须紧紧依靠村民,以廉洁工作站等廉政文化建设机构为基础,有计划地开展丰富多彩的廉政文化活动,通过廉政文化活动解决村民关于廉政问题的种种疑惑,或者通过廉政文化活动满足村民的文化需求。总体来说,廉政文化建设要落实以人民为中心的发展思想,站在村民的立场,以村民喜爱的方式开展,才能吸引村民关注,激发村民的参与积极性。例如,在当地的特定节日开展廉政活动,将廉政文化与当地的民俗文化、戏曲戏剧文化相结合,吸引更多村民参与其中。让他们站在乡村大舞台上,用自己擅长的方式表达对腐败的嘲讽和清廉的渴望。这对铲除农村腐败文化土壤、培育民众廉洁价值观有着积极意义。

(四)鼓励村民在日常生活中传播廉政文化,践行廉洁价值观

廉政文化建设的持久魅力往往体现在廉政行为文化上。我们的廉政文化建设,要深入农村,更要推动农村民众形成廉洁的生活方式。通过农村的廉政文化建设,使村民成为党中央惩治基层腐败的坚决拥护者和坚强支持者,引导村民面对利用职务便利侵害群众利益的干部,要敢于,也要善于运用正确方式进行监督举报,而不再是纵容基层干部"吃拿卡要",要汇聚起农村广大民众的监督力量,与农村"微腐败"

以及各种不正之风做斗争，赢取属于村民们的公平正义、朗朗乾坤。

总之，我国农村民众受腐败、"亚腐败"观念影响较深，农村依然存在较多"微腐败"现象。要立足于我国农村农民廉洁状况的实际情形，扎实推进农村廉政文化建设，推动村民摆脱容忍腐败的陈腐观念，树立廉洁价值观，参与廉政监督，促进基层党员干部廉洁奉公，营造农村风清气正的良好政治生态。

第六节　以大众传媒为清廉单元推动民众全方位深层次参与廉政文化建设

在马克思的概念里，社会是人与人之间的关系总和，是人类生活的共同体。从廉政文化建设来看，家庭、学校、企业、城市社区、农村都是社会的组成部分。而家庭、学校、企业、社区和农村有着相对明确的区域边界和相对固定的群体边界，在边界内的民众有着某些共同特点并相互联系，社会则是一个没有明确区域边界的最大群体。在我国，大众传媒已经深深嵌入人民的生活之中，大众传媒突破了各种区域的边界限制，具有大众性和公共性的显著特征。因而，大众传媒可以作为一个特别的清廉单元，探究最广泛的民众如何借助大众传媒在破除腐败文化、传承优秀传统清廉文化、弘扬"崇廉敬廉"廉洁价值观中有所作为。

一、我国民众借助于大众传媒参与廉政文化建设的必要性和可行性分析

党的十八大以来，以习近平同志为核心的党中央坚定不移地坚决推进反腐败斗争，始终保持反腐败高压态势，人民群众对党中央反腐的信任度不断提升，贪腐之风得到极大遏制，在课题组关于腐败认知的调查中，民众对于现实生活中的腐败现象具有较高的判断力，显示人民大众的廉政认知达到了较高的水平。然而，实现我国腐败治理水平不断提升，人民大众的廉政意识仍然需要大幅度增强，人民大众参与廉政文化建设的积极性需要极大提高。当我们从民众参与的视野考察廉政文化建设面对整个社会群体探索有效路径时，大众传媒具备的传播功能上的独特性，为全体社会民众参与廉政文化建设提供了便利性和可能性。而且大众传媒在我国现代社会中主要担负的三种角色也显示了利用大众传媒推动民众参与廉政文化建设的必要性。其一是作为"社会"一部分的角色，主要发挥社会环境监测、文化传承、娱乐休闲等本体功能；其二是作为"国家"控制"社会"的角色，主要发挥政治沟通和政治控制功能；其三是作为"国家"与"社会"之间的第三领域的角色，主要发挥政治参与和舆论监督的功能。[1]从国家治理体系观察，大众传媒又在塑造党政形象、权力监督以及培育社会主义核心价值观等方面发挥显著作用。这些分析显示了面对广泛的"社会"场域，大众传媒在民众参与廉政文化建设方面起到其他任何平台都难以与之相提并论的作用，能够在很大程度上满足民众参与廉政文化建设的需要。

在当前，我国社会层面的廉政文化建设大范围开展，其中借助大众传媒建设廉政文化是最重要的路径，我们能够深切感受到大众传媒在廉政文化建设中的突出作用。大众传媒既包括报刊、电视、广播等传统媒介形式，也包括由于互联网逐渐普及而产生的微信、微博、抖音、快手等新媒体平台。我国已经成为世界互联网使用第一大国，2022年2月，CNNIC中国互联网统计报告发布了第49次《中国互联网络发展状况统计报告》，中国网民人数逐年增加，至2021年12月，我国的网民规模

---

[1] 费爱华. 大众传媒的角色定位及其社会管理功能研究：基于国家与社会的视角[J]. 南京社会科学，2011（5）：99-105.

达 10.32 亿，互联网普及率高达 73.0%；网络视频用户规模达 10.07 亿，占网民整体的 94.5%。手机网民达 10.29 亿，网民使用手机上网的比例达 99.7%，使用电视、电脑、平板上网的网民也有相当数量。显然我国已经构成一个人数巨大的数字社会。尤其值得注意的是，仅是与 2020 年 12 月相比较，2021 年 12 月的统计中就显示了我国个人互联网应用的快速增长，尤其是网络视频用户规模增加 4794 万。而且网络视频在内容上发挥主流价值观的引导作用，在技术层面不断创新，在行业管理层面自律性得以显著增强。① 可见，在我国，大众传媒已经与广大民众紧密相连。当然，尽管新媒体具备了许多新的优势，依然不能完全取代传统媒体，相比较而言，传统媒体在监管、信息的真实性、权威性、导向性等方面优势突出。传统媒体与新媒体相结合的发展，为民众参与廉政文化建设提供了广阔舞台。大众传媒的本质意义，就在于连续不断地大量传播信息。传播学奠基人物施拉姆（Willur Schramm）用"社会雷达"来比拟大众传媒的传播功能。② 从"非正式制度"层面看，大众传媒因为其传播技术的专业性和传播手段的产业化，在廉政文化传播、对大众施行廉政教育以及廉政价值观引导等方面，体现了适用性和优越性。新媒体的快速发展，又为广大普通民众参与廉政文化建设提供极大便利。人民大众既可以通过大众传媒获取廉政知识、品读廉政故事，也可以利用大众传媒以丰富多彩的形式创作和宣传廉政文化，大众传媒为廉政文化建设提供了日新月异的广阔平台。总之，不管是破除腐败文化，还是传承优秀传统廉政文化，以及确立廉洁价值观，大众传媒都是凝聚民众力量的最广阔开放性舞台。然而，值得注意的是，网络

---

① CNNIC 中国互联网络信息中心. 第 49 次《中国互联网络发展状况统计报告》[EB/OL]. 中国互联网信息中心网，2022-02-25.
② 施拉姆，波特. 传播学概论 [M]. 陈亮，周立方，李启，译. 北京：新华出版社，1984：37.

<<< 第三章 "非正式制度"视野下我国民众参与廉政文化建设路径研究

新媒体和自媒体的发展，一方面，为民众参与廉政文化建设提供极大的便利性；另一方面，也为拜金主义、享乐主义等庸俗腐败价值观提供了场所。大众传媒成为各种文化和价值观的博弈场。从当前的状况看，在网络空间中，泛娱乐化、庸俗化大有市场，廉洁价值取向依然处于式微状态。例如，伴随着新媒体发展而形成的备受关注的"饭圈"文化，依靠微博、微信、抖音等平台形成聚散地，与偶像形成"虚拟"互动，在发展中不断与消费文化相结合，呈现出越来越多错位消费观和价值观的文化现象。2021年5月，粉丝"倒牛奶"取瓶盖为"偶像"打榜投票的做法再次引发网友对"饭圈"不良文化的声讨。这是一种浪费食品的违法行为，与廉洁清正的价值观格格不入。面对这种行为，不仅央视新闻媒体进行了痛批，《人民日报》也发文指出"优秀节目当以质取胜，把好责任关、导向关、内容关，才能以清朗健康、热情向上的内容回馈观众"①。许多网友纷纷质疑、抨击，最终使越来越多民众认识到构建精神文明家园的重要意义所在。透过"倒牛奶"事件，我们看到了大众传媒在批判错误思想、引领正确价值观上具有强大作用。放置于民众参与廉政文化建设的视域看，大众传媒的文化传承功能和舆论导向功能，对破除腐败之风、传承"廉"传统以及树立"廉"风尚具有积极意义。

二、民众借助大众传媒参与廉政文化建设的举措探讨

（一）利用大众传媒的政治参与功能，发挥大众传媒在铲除腐败之风方面的积极作用

在现代社会，大众媒体已经成为文化软实力的角力场，各种社会团

---

① 梁言品.人民日报评论：牛奶版买椟还珠令人反感，青春不该这样"有你"[EB/OL].上观新闻，2021-05-05.

体、非政府组织都希望通过媒体争夺话语权，赢取对自己所认可和推崇的文化以及价值观的广泛支持力量。例如，趋利性使一些资本力量为了"吸金"而不顾社会效益，培育金钱至上、及时行乐、奢侈消费等错误价值观，公然挑战公序良俗。享乐主义、拜金主义和极端个人主义等腐化堕落的思想作风成为滋生腐败的文化土壤，侵蚀我国民众，与中国特色社会主义文化格格不入。党的十九大报告明确指出要"抵制腐朽落后文化侵蚀"。我国大众传媒理应发挥社会管理功能，以主流媒体为引领，旗帜鲜明地批判特权思想、官僚主义等腐败思想和各种以权谋私的腐败行为，对宣扬腐朽思想的影视、文学、戏曲戏剧等各类作品也要严加管控，发挥清除腐败文化的重要作用。在俄罗斯的托木斯克市，新闻媒体曾与社会团体合作，以"托木斯克州反腐败联盟"名义发起反腐败宣传活动，批评贪污腐败为"社会垃圾"，倡议用"垃圾"为腐败官员立牌，这种活动起到了很好的反腐败宣传效果，让人们印象十分深刻。[①] 如今互联网技术支持下的大众传媒已获得突飞猛进的大发展，对于揭露腐败、抨击腐败可以采取更加多样化的有效措施，也必然会取得更加显著的成效。如今，民众获取信息的重要渠道之一便是媒体，当大众传媒对腐败思想、腐败风气的批判如潮水般涌向民众，民众终将意识到腐败文化和腐败行为的错误和危害所在，从而选择否定之、唾弃之、远离之。而且，在主流媒体的引领作用下，如果能带动越来越多的民众利用自媒体表达对奢靡之风、官僚主义、拜金主义等腐败思想和文化的抨击和否定，那必将凝聚起民众之伟力，以民众廉洁之风气挤压腐败之风，呈现廉洁正能量。大众传媒还应大量传播我国反腐败成果，通过传播一起起腐败案件的处理，一个个"大贪""小腐"被绳之以法，彰显"违法必究"的反腐逻辑，传达"伸手必被抓"的道理。从而粉碎领导

[①] 单冠初. 社会分层视域下的公民廉洁教育 [M]. 北京：北京大学出版社，2015：107.

干部对腐败不会被发现的侥幸心理,也清除群众对腐败的崇拜、羡慕情感,引导人民大众选择远离贪腐,鄙视贪腐,成为廉洁价值理念的拥护者和倡导者。

当然,大众传媒还具有监督腐败的功能,是政治参与功能的组成部分。大众传媒在行使舆论监督功能时对权力滥用腐败行为的揭露和批评,对增强人民大众的权力监督意识具有显著意义。

(二)利用大众传媒的文化传承功能,发挥大众传媒在传承优秀传统廉政文化上的作用

毋庸置疑,任何文化的传承和发展都要依靠文化的传播,文化传承是大众传媒本体功能之一,人民大众可以借助大众传媒实现对优秀传统廉政文化和红色廉政文化的传承与创新。近年来,大众传媒对我国传统文化的传播成效显著,《中国汉字听写大会》《中国谜语大会》《中国诗词大会》等节目深受民众喜爱,在很大程度上推动我国民众对传统文化产生浓厚兴趣。中央电视台于2018年开始推出的《经典咏流传》也是以推动中华优秀传统文化创造性转化、创新性发展为使命,将我国优秀传统诗词经典与现代流行元素相融合,以现代民众喜闻乐见的方式传唱,深受观众喜爱。《光明日报》认为《经典咏流传》"用新技术、新手段和新视角吸引更多青年受众,以更年轻的姿态联结大小屏,这是节目在提升观众体验方面的一次有益探索"[1]。在该节目中,谭维维将民谣与流行元素相结合深情传唱元代王冕的《墨梅》,以优美的歌声歌颂墨梅淡泊名利、清正廉洁的高尚情操,歌手黄绮珊传唱唐代著名诗人刘禹锡的《陋室铭》,用现代歌曲形式弘扬了刘禹锡不慕名利、崇尚清廉的高尚品德。经典传唱人把古代诗词中的廉文化以民众喜爱的形式传唱,该节目不仅收视率高,而且网络的再次播放量极大,许多观众在聆

---

[1] 刘江伟.和诗以歌,让经典咏流传[N].光明日报,2020-03-20(10).

听和学唱歌曲的过程中必然潜移默化体悟廉文化的真谛。这是大众传媒传承优秀传统文化的典范。广大民众或者收看，或者通过自媒体二次传播，或者自行唱起廉政经典，都是积极参与廉政文化建设的生动表现。

当然，还可以通过网站，旗帜鲜明地传承我国优秀传统廉文化。例如，2015年5月22日，中央纪委监察部网站推出"中国传统中的家规"栏目，展现了大量家规中的清廉内涵。该网站2年多时间连续播放100期，选择我国历史上有影响力的人物或名门望族的家规家风故事，每期详尽讲述一个人物或家族的经历、家规内容及其对后世的影响，集思想性、科学性和美感于一体，成为提高民众素养的重要品牌栏目。由于其中大量的家规涉及尚勤俭、崇清廉的修身治家为官的高尚情操，因而该栏目也为广大民众传承廉政道德、培育中国特色社会主义廉政文化提供丰厚的滋养。这些节目在传承优秀传统文化上的成功实践表明，传统廉政文化具有强大的生命力，只要能以观众喜爱的形式激活和再创造，就能够在满足人民群众对文化的多元需求中实现传承与发展，并转化为强大的精神力量。因而，当我们的视线放置于全社会全体民众探寻民众参与廉政文化的路径时，就要动员人民群众深入挖掘传统廉政文化的内涵底蕴，在此基础上实现创新性发展，借助大众传媒打造传承廉政精神的文化品牌，利用品牌效应推动越来越多民众在不知不觉之中增强对廉政文化的认同感，并自觉成为传统廉政文化的传承者和传播者。在主流媒体和官方网站的引导下，激发民众"传统廉政文化热"，推动民众自发组建讨论和传播优秀传统廉政文化的QQ群、微信群、公众号，或者制作弘扬传统廉文化的短视频，形成浓厚的传统廉政文化传播氛围，使优秀传统廉政文化和红色廉政文化受到越来越多民众的关注和喜爱。

（三）充分发挥大众传媒的舆论导向功能，发挥大众传媒在民众心中树立廉洁价值观、弘扬廉洁风尚方面的重要作用

在传播学框架理论中，传播者所使用的角度、逻辑、方法和风格都会影响信息的传递，而受众在日常生活中累积的经验、行为态度、价值选择等要素，也会对受众处理自己所接收信息产生影响。这就说明不管是文化传播者还是接受者，都不是完全被动的，传播文化和接受文化都是文化建设的参与者。面对大众传媒，广大民众以多种方式参与廉政文化建设，有时是以受众的身份接受廉政知识，有时是以传播者的身份，主动传播廉政文化，这两种身份都是对廉政文化建设的参与。作为受众时，民众需要发挥主观能动性，增强对廉政文化的理解和认知；作为传播者时，则需要运用不同方法、风格来增强廉政文化的影响力，以便达到更好的廉政文化建设效果。

早在1994年，江泽民同志就在全国宣传思想工作会议提出要"以正确的舆论引导人"[①]，1996年他在视察《人民日报》社时又指出"舆论导向正确，是党和人民之福"，而"舆论导向错误，是党和人民之祸"。[②] 江泽民同志把舆论正确与否与党和人民群众福祸关联起来，舆论的重要意义不言而喻，他充分肯定了大众媒体在影响民众思想、塑造民众价值观方面的积极作用。如今，大众传媒更深入地与民众结合，大众传媒的舆论导向作用更加凸显。习近平总书记强调要"使主流媒体具有强大传播力、引导力、影响力、公信力，形成网上网下同心圆，使全体人民在理想信念、价值理念、道德观念上紧紧团结在一起，让正能量更强劲、主旋律更高昂"[③]。大众传媒传播廉洁从政价值理念、廉洁

---

① 中共中央文献研究室. 十四大以来重要文献选编（上）[M]. 北京：中央文献出版社, 2011: 565.
② 江泽民. 江泽民文选：第一卷 [M]. 北京：人民出版社, 2006: 564.
③ 习近平. 习近平谈治国理政：第三卷 [M]. 北京：外文出版社, 2020: 317.

社会风气就是弘扬权力来源于人民、权力为人民所用的正确权力观的正能量，也是为提高国家治理体系和治理能力现代化水平而凝聚民众伟力的源头活水。因而，大众传媒应发挥作为党和人民"喉舌"的作用，提高舆论引导水平，宣传党和政府的廉政方针政策，解答民众关于廉政的各种疑问和困惑，营造"说廉""爱廉""敬廉"的舆论环境。当前，我国的大众传媒发展到一种"自组织"形态系统，"自媒体"是推动"自组织"系统形成的重要力量。① 大众传媒既可以借助权威媒体阐述"廉"的文化价值，也可以通过自媒体灵活多样的形式掀起"廉"文化热潮，还可以通过廉洁道德模范对"崇尚清廉"风气形成正向影响力。在革命战争年代和社会主义建设时期，毛泽东就十分重视发挥榜样的道德示范作用。毛泽东鲜明指出"为着有力地彻底地消灭贪污现象、浪费现象和官僚主义现象，必须奖励那些不贪污、不浪费和毫无官僚主义习气的模范的单位和人物，从这些单位和人物与那些贪污者、浪费者和官僚主义者之间划出明显的界限来"②。他通过纪念白求恩同志，号召全党全军和全体民众学习白求恩，做高尚的人，纯粹的人，有道德的人，脱离了低级趣味的人，有益于人民的人。③ 习近平总书记也强调榜样的感召力，他号召全国县委书记做焦裕禄式的县委书记，始终做到心中有党、心中有民、心中有责、心中有戒，把廉洁自律作为共产党人为官从政的底线。④ 从社会角度看，榜样是民众学习、工作和生活中的动力，榜样在提升民众道德素养、弘扬家国情怀、传播社会正能量方面所起的作用是巨大的。大众传媒应宣传各行各业里勤勤恳恳工作，又具备清正廉洁高尚品德的廉政模范，打造廉政名片，彰显"兢兢业业""勤

---

① 曾志勇，樊明方. 大众传媒坚持正确舆论导向的科学思维与方法 [J]. 媒体，2016 (17)：84-86.
② 中共中央文献研究室. 毛泽东文集：第六卷 [M]. 北京：人民出版社，1999：209.
③ 毛泽东选集：第二卷 [M]. 北京：人民出版社，1991：660.
④ 习近平. 习近平谈治国理政：第二卷 [M]. 北京：外文出版社，2017：139-149.

政清廉""一身正气"的廉洁道德风尚,并通过大众传媒推延至整个社会,从而推动廉洁社会风气形成。大众传媒也可以通过展现廉政榜样克服腐败文化侵蚀,以实际行动坚守清正廉洁的价值选择,以榜样为示范,推动廉洁社会风尚。从我国古代历史上的刚正不阿、勤政为民的清官,到近代以来为了实现中华民族伟大复兴而勤政清廉、全心全意为人民服务的许多先进中国人、优秀共产党员领导干部,他们理应通过大众传媒走进千家万户,成为全民的"偶像",让他们的高尚品德影响广大民众,让以廉为美、以洁为荣的价值观深入人心,依托于鲜活的廉政模范推动"清正廉洁"价值理念根植民众心中。

大众传媒还可以通过创作并播放人民群众喜爱的高质量的廉政电影、电视剧以及戏曲戏剧引领"抑贪扬廉"的社会舆论导向,把对腐败文化的批判、古代廉政文化的传承和社会主义廉洁价值观的弘扬熔铸于作品之中,以优秀的廉政作品鼓舞人民群众,以高尚的清廉精神触动民众的灵魂,在潜移默化中塑造民众"崇廉""爱廉"品质。例如,2017年热播的反腐电视剧《人民的名义》,紧贴时代,艺术地反映了我国的反腐热点、焦点问题,引发了民众的强烈共鸣。该剧 2017 年 3 月 28 日开始播放,4 月 20 日猫眼专业版的网播量数据显示,微博话题#人民的名义#达 98.3 亿,每百人中至少有 37 人在观剧,其影响之广让人叹为观止。① 就如同广大民众一起接受一场生动而深刻的廉政教育。在电视剧热播后,主流媒体及时做出引导,《人民日报》于 2017 年 4 月 4 日刊发《〈人民的名义〉揭示权利畸态官场霉变》一文,结合《人民的名义》的人物形象和故事情节,嘲讽那些嘴边挂着人民、背地里糊弄人民的"两面人"贪官,严厉抨击官场上拉帮结派的贪腐风气,引

---

① 《人民的名义》大数据[EB/OL]. 网易新闻,2017-04-21.

导人们唾弃虚与委蛇的官员。①《中国青年报》也批判了现实中存在的《人民的名义》中的"丁义珍"式蹲式窗口对人民尊严的伤害。②《人民政协报》《中国文化报》等中央级报刊和浙江、辽宁、安徽、新疆、江西、湖南等省、自治区的省级日报也纷纷参与报道，从而构建起主流意识形态的廉政话语，引导人民群众从该剧中获取正确廉政观。主流媒体之外，许多普通民众也参与了《人民的名义》反腐话题的讨论，他们通过"微博话题"、弹幕、表情包等形式表达对反腐败的大力支持，以及对执政为民的清廉干部的深深喜爱之情。其中包括许多年轻人，成为话题参与的主体。可见，制作高质量的反腐败影视作品，民众就能以影视作品为载体，通过大众传媒，增强廉政文化建设效果，提供廉政文化建设的广泛影响力。

需要特别指出的是，大众传媒毫无疑问也可以作为家庭、学校以及社区、企业、农村廉政文化建设开展可依赖的平台，然而当我们将廉政文化建设的视野放置于这五个特定"单元"时，我们的探究更加注重根据它们的"独特性"探寻民众开展廉政文化建设的有效路径。而当"单元"扩大到整个社会时，大众传媒更体现了对最广大民众参与的适应性，大众传媒不管是作为"客体"，还是作为"主体"，都有助于全体社会民众参与破除腐败文化、传承优秀传统廉洁文化以及确立廉洁价值观。而与此同时，我们又必须明确，大众传媒只是大众通过"社会"渠道进行廉政文化建设的最主要方式，但不是唯一方式，社会民众形成的廉洁社会组织、发起的各种廉政文化活动等，都是民众参与廉政文化建设的"社会"路径。

---

① 龙明洁.人民日报：《人民的名义》揭示权利畸态官场霉变［EB/OL］.央广网，2017-04-04.
② 王钟的.蹲式窗口以人民的名义伤害人民的尊严［N］.中国青年报，2017-04-19（2）.

总而言之，着眼于传播廉洁从政知识、树立廉洁从政观念的"非正式"制度视域下探寻的六大具体路径，并不是互相独立，而是有机结合。例如，以家庭为途径的廉政文化建设，每一个家庭都可以开展，但因其缺乏专业性，往往需要学校、社区、社会等领域的支持，教育部《关于加强家庭教育工作的指导意见》指出，要"加快形成家庭教育社会支持网络，推动家庭、学校、社会密切配合"[1]。这种配合是多方面的，例如，教育学、心理学的专业人才可以给予实施方法上的指导。在廉洁家教的资源选择上，汉语言文学、马克思主义理论、伦理学等学科的专家学者可编辑廉洁诗词集、故事集、儿歌集以及廉洁游学打卡基地集为家庭教育开展提供支撑。同样，学校、企业、农村、社区和大众传播都需要形成合力，互相支撑，从而更加畅通民众参与廉政文化建设的渠道，也更好增强建设的成效。这些渠道和举措构成了民众参与廉政文化建设的具体路径，从实际出发，切实可行，又与每个人息息相关。提高全体民众的廉政意识，促使全体社会成员认同廉洁从政价值理念，形成"崇廉尚廉"人文环境和社会文化氛围。

第七节　"非正式制度"视野下我国民众参与廉政文化建设整体推进路径探索

在我国廉政文化建设中，民众的参与地位越来越得到重视，在某些领域的廉政文化建设实践中民众已经成为参与主体之一。从"非正式制度"的意识形态层面看，人民群众的廉政意识逐步增强，对廉洁从

---

[1] 中华人民共和国教育部. 教育部关于加强家庭教育工作的指导意见[EB/OL]. 中华人民共和国教育部网站，2015-10-16.

政的认可度不断提高,在参与的方式方法上也积累了一些宝贵的经验。然而,从我国廉政文化建设的总体看,民众廉政意识还需进一步加强,参与廉政文化建设的积极主动性不够,主要还是被动式、应付式参与,需要进一步提高民众积极性,使民众变被动为主动,自觉参与廉政文化建设。除了上述从各个"清廉单元"探索路径,还需考量非正式制度视野下的整体推进路径。

一、"非正式制度"视野下我国民众参与廉政文化建设的成效

中国共产党是马克思主义政党,成立以来十分重视党的自身建设和廉政文化建设,对腐败行为不容忍、不姑息,不仅加强党的先进性和纯洁性建设,使党担负起我国革命、建设和改革事业的领导责任,而且始终重视动员人民群众支持和参与党的反腐倡廉工作。党的十八大报告提出了"加强反腐倡廉教育和廉政文化建设"的目标任务,更加重视发挥人民群众在廉政文化建设中的作用,坚持以人民为中心的发展战略,大力推进廉政文化建设。从党内到党外,从政府机关到领导干部家庭、各个家庭,再到学校、企业、农村、社区到全社会开展了各种各样的廉政文化建设,构建起以党政领导干部为关键、广大人民群众为基础的廉政文化教育和廉政文化传播系统。我国民众参与廉政文化建设取得了一些成效。

(一)廉政文化建设与人民群众越来越密切地联系在一起

广大民众以各种各样的形式参与廉政文化建设,有的建设廉洁家风,有的挖掘廉政文化资源开展廉政教育,有的进行廉政调查、开展廉政研究,还有的唱"廉歌"、画"廉画"、写"廉书"、编"廉剧"等,人民群众与廉政文化建设的联系越来越密切。

(二)建立了一些廉政文化建设基层机构

一批专门着力于依靠民众开展廉政文化建设的工作站已经建立,一

些省份的部分市县在社区和农村设立了基层廉洁机构，例如，广西的廉洁工作站，江苏、四川的廉情工作站、浙江的廉情监察工作站等。这些基层机构作为廉政文化建设中连接群众的"前哨阵"，其积极意义是明显的，不仅最易于发现基层廉政存在的问题，有利于针对问题开展廉政文化建设工作，而且由于机构设置在基层，机构成员中还有普通民众代表，具备联系群众的天然优势，动员群众参与廉政文化活动具有便利性，也为群众参与廉政监督提供平台，使民众的监督意识得到提高。

（三）廉政文化建设渠道得到拓展

在学校，与廉洁、廉政相关的内容已经依赖于语文、历史以及思想政治理论课等课程载体纳入教学体系中，在一些高校，还专门开设了与廉政相关的必修或选修课程，甚至一些学校开设了廉政相关的研究生专业方向。这就为廉政教育奠定了重要的基础。与此同时，作为面对广大民众开展廉政文化建设的重要平台——大众传媒越来越重视廉政文化的传播与弘扬，发挥了弘扬廉政文化的导向功能，并且在主流媒体的引领作用下，许多自媒体也成为廉政文化传播的旗手，使廉政文化在多元的社会文化中占有一席之地。

（四）人民群众参与廉政文化建设的研究得到越来越多的关注

在廉政文化研究中，人民群众参与的重要性得到越来越多的关注，不同学科背景的学者从多角度、多视域下对群众参与廉政文化建设的重要性、参与路径、参与状况等方面展开了研究和考察，取得了一定成果，为民众参与廉政文化建设的实践提供理论依托。

（五）主管领导或上级管理部门在引领和动员民众参与廉政文化建设中的主导作用在一些地方得到体现

调查研究显示，主管领导或上级领导部门越重视的地区，民众参与廉政文化建设的积极性越高，实效性越好。这种重视不仅体现在活动资金的划拨，更表现为主管领导对廉洁价值观的选择、廉政文化活动本身的参与及其对民众的尊重与关爱。由此可见，民众参与廉政文化建设的问题与广大党政领导干部息息相关，与党政领导干部的反腐倡廉建设紧密相连。

（六）民众的廉政素养整体有所提高，部分民众甚至达到较高水平

他们不仅把廉洁价值观作为自觉的选择，还敢于和腐败文化做斗争，积极参与廉政文化的传播与弘扬，成为廉政文化建设的先锋。在家庭中，他们积极主动建设廉洁家风，重视家庭成员廉洁品德培育。在学校、单位、社区、乡村等各领域廉政文化建设中，他们为廉政文化建设出谋划策、身体力行、率先垂范，推动廉政文化建设深入开展。可以肯定地说，部分民众或主动或被动地从身边的具体路径出发，参与廉政文化建设的宏大范畴，对自己或他人增强廉政意识、促进社会廉洁风气的形成起促进作用。

二、"非正式制度"视野下我国民众参与廉政文化建设存在的问题

很显然，当前人民群众在廉政文化建设中的积极性得到较大提高，从廉政意识形态领域看，也取得一些成效。然而，从整体上看，仍然需要加大力度，不断拓展群众参与廉政文化建设空间，提升民众参与廉政文化建设的实效性。

（一）有关部门对民众参与廉政文化建设的重视程度不够

预防腐败是廉政文化建设的基本功能。党政机关毫无疑问是廉政文化建设的主体，公职人员，特别是领导干部是廉政文化建设的对象。因而，在廉政文化建设的理论研究和实际建设中，有不少人认为将普通群众作为廉政文化建设的主体和主要对象是"干部感冒，群众吃药"的不恰当行为。加之人民群众具有数量大、文化水平参差不齐、从事行业多样化等特征，动员群众参与廉政文化建设的实践具有较大的困难。因

而在理论上和实际中，认为群众没有参与廉政文化建设的必要性、不重视动员群众参与廉政文化建设的情况十分普遍。然而实际上，廉政文化建设预防腐败的基本功能决定了廉政文化建设的对象和主体不仅仅是公职人员和党政领导干部，因为廉政文化建设需要促使全体社会成员增强对廉洁从政价值理念的认同，如果广大民众不认同廉洁从政理念，认为领导干部就应该用手中权力为自己或亲朋好友谋取私利，必然会使公职人员"滥用权力"，导致腐败的泛滥。因而，只有全体社会成员共同参与廉政文化建设，才能构筑起预防腐败的牢固思想道德防线；只有社会民众广泛参与，才能对党政领导干部和公职人员"秉公用权""廉洁奉公"形成强大的监督约束力量，使腐败的行为遭到抵制，使廉洁从政成为选择。再者，廉政文化建设要促成良好的政治生态，决定了这是一项触及全社会的系统工程，群众的参与不可或缺。从当前的状况来看，民众参与的重视程度显然不够，认为普通群众参与廉政文化建设意义不大的领导干部还有相当数量。这就导致在廉政文化建设中，常常忽视群众参与的方式方法，甚至一些有助于群众参与的好方案，也因为领导的不重视而流于形式。例如，在学校渠道中，许多廉政资源由于重视不够而没能有效转化课程教学资源。又如，社区和农村基层廉洁工作站（或称为"廉情工作站"等）是密切联系群众、动员群众参与廉政文化建设的好举措，但也常常因为领导不重视而没能充分发挥应有作用。从总体看，由于相关部门和领导的不重视，民众主动参与廉政文化建设的热情不高，参与自觉性不够，能力也不足，这是我国进一步推进廉政文化建设亟待解决的问题。

（二）廉政文化建设对民众的吸引力不足

上述分析显示，广大民众参与廉政文化建设领域是广泛的，路径是多样的，但是对民众参与的吸引力不足也很明显。尤其是在基层，很多民众对廉政文化的关注度极少，我们的课题组在农村和社区的调研中发现，许多群众对宣传栏上粘贴的廉政宣传丝毫不感兴趣，还有些村民反映对每年少之又少的廉政文化演出没有印象。例如，廉政教育，教育资源众多，廉政资源如何脱颖而出成为教育者的选择，既有赖于教育者自身的认知，廉政资源自身的吸引力也有重要的影响，如廉政故事、廉政儿歌、廉政影片本身的趣味性，以及廉政教育基地的感染力都是重要因素。我们在一些廉政教育基地开展调研，发现廉政教育基地传播廉政文化的形式比较单一，主要以图片加文字的展览为主，缺乏感染力和震撼力。而且，对本区域的廉政资源挖掘不足，缺乏独特性，对参观者的触动深度不够，需要进一步加强对历史文化名胜、旅游景点中的廉政文化资源的挖掘，开辟民众接受廉政文化和传播廉政文化的多元载体。

（三）民众参与廉政文化建设缺乏系统性

很显然，民众参与廉政文化建设的途径和平台并不少，家庭、学校、社区、农村、企事业单位以及媒体平台都是广大民众进行廉政文化建设的畅通渠道。然而，各单元开展廉政文化建设缺乏系统性，大部分处于零散的状态。在家庭单元中，更多依赖于民众的自觉，领导干部的引领性作用和相关部门的指导性作用尚未得到很好发挥；在学校单元中，还未构建起大中小学相互衔接、系统推进的廉政文化建设体系，廉政文化建设的考核和评价体系基本未确立，师生共同参与的学校廉政文化建设体系还很不成熟；在企事业单位单元中，应付性地发动民众参与廉政文化的现象还比较多；在农村和社区单元中，民众参与廉政化建设缺乏常态化管理机构；大众传媒单元对推动民众参与廉政文化建设的积极意义不断显现，但系统性不足，各类媒体在传播廉政文化中的相互协调性不够充分，大众传媒在廉政文化建设中的长效机制也尚未建立。

（四）全社会尚未形成推动民众参与廉政文化建设的合力

对于民众是否应该参与廉政文化建设的争论依然存在于我国廉政文化建设的理论和实践中，轻视群众在廉政文化建设中发挥作用的人还有

第三章 "非正式制度"视野下我国民众参与廉政文化建设路径研究

一定数量。正是因为没有形成共识，所以在一定程度上影响着合力的形成。固然，部分民众正在以不同方式致力于廉政文化建设之中，但是家庭、学校、企事业单位、社区、农村和大众传媒各清廉单元建设的具体实施路径基本上是个人或某个单位独立开展廉政文化建设，并未形成相互协作的合力。而且许多单位是应付式完成廉政文化建设任务，缺乏计划性，与其他单位相互配合、促进廉政文化建设获得深入发展的做法还比较少。

三、构建整体推进路径的思路

我们知道，民众参与廉政文化建设在意识形态领域彰显的重要作用往往具有缓慢性、长期性特征，只有当越来越多的群众接受和认可廉洁价值观，形成腐败零容忍态度，鞭挞腐败、"亚腐败"行为，赞赏、褒扬廉洁从政行为，人民群众才能够凝聚起反腐败的强大力量，在我国腐败治理中发挥重要作用。因此，改变当前我国廉政文化建设总体上对民众参与廉政文化建设不够重视的现状，推动全社会形成合力系统推进群众性廉政文化建设是当务之急。

（一）党内外反腐倡廉教育一体化建设，实现增强党政领导干部公仆意识与人民群众的主人翁意识相统一

廉政文化建设不仅是党内的事，而且是事关全党和全社会的大事，要面向全党全社会，推动反腐倡廉教育一体化建设。党内反腐倡廉教育是重点，旨在推动党政领导干部树立廉洁从政理念，并内化于从政实践之中，从根本上构筑起"不想腐"的防线，真正做到廉洁奉公、"权为民所用"，在实际工作中履行"人民公仆"的职责。而与此同时，党外人民群众的反腐倡廉教育是基础和保障，社会民众通过反腐倡廉教育不断提高廉政意识，确立廉洁价值观，对党员领导干部廉洁从政具有显著的正向推动作用。如果社会民众具有"廉荣贪耻"的廉洁价值追求，

党政领导干部则更可能会把"廉洁从政"作为自己的行为准则,否则他会受到民众的鄙夷,甚至抛弃。反之,如果社会民众大多数以获取特权、追名逐利为价值取向,以腐败为荣,那么必然会导致领导干部寻找腐败机会,最终不可避免滑向腐败深渊。可见,社会民众的廉政意识状况会对领导干部和其他公职人员产生同向影响。民众的廉政意识既体现在民众对廉洁品德的认同和追求,民众远离"腐败制造"和"腐败参与",最终铲除腐败温床;民众的廉政意识也直接影响其对腐败的容忍度,民众的廉政意识越强烈,对腐败容忍度越低,也就越自觉地成为腐败行为的监督者。公婷和王世茹的实证研究指出,民众对腐败的容忍度在很大程度上决定着反腐败的成效。[①]显然,民众对腐败的容忍度与廉政意识呈负关联,民众的廉政意识越强,对腐败的容忍度越低,监督腐败的主动性越强;民众越缺乏廉政意识,对腐败的容忍度越高,则越不可能监督腐败行为,甚至会给腐败行为提供庇护环境。由此可见,具有贪腐价值认同的社会民众,是领导干部滑向腐败深渊的催化剂,大众对腐败的认可和容忍是腐败蔓延的强大推手;相反,廉洁的社会风气和具有廉政意识的人民大众则可以为领导干部廉洁从政筑起牢固的"防腐"城墙。人民大众的廉政意识可形成一种内在的恒久"软力量",对我国领导干部廉洁从政产生深刻的社会影响。因而,要一体推进反腐倡廉教育,党政领导干部与广大人民群众共同参与反腐倡廉建设,在建设中强化党政领导干部的公仆意识和人民群众的主人翁意识,将领导干部的关键少数、一般党员干部的大多数与人民大众的全体成员在廉政文化建设中相统一,以"关键少数"在廉政文化建设中的示范作用引领"绝大多数"和"全体社会成员",又以"全体社会成员"和"绝大多数"的廉洁品格滋养"关键少数",从而达到预防腐败的目标。

[①] 公婷,王世茹. 腐败"零容忍"的政治文化:以香港为例[J]. 复旦公共行政评论, 2012(2): 169-186.

（二）构建起涵盖全社会全体民众的廉政教育和廉政文化研究体系

廉洁从政的价值观要成为全社会认可的价值观，必须构建起廉政教育体系，以家庭教育为基础，学校教育为主阵地，社会教育为大舞台，相互依赖，彼此相连，以体系化、规范化的教育强化廉洁品德、廉洁价值在广大民众心中的地位。习近平总书记多次强调领导干部要做到廉以修身、廉以持家，注重家风建设，培育良好家风，教育好、管理好亲属和身边工作人员。如今，领导干部廉洁家风建设逐渐得到强化，其引领作用不断发挥出来，我国廉政文化建设要在党政领导干部的示范作用下，推动更多家庭重视清正廉洁家风建设，重视对孩子廉洁品德的培育，夯实廉政教育体系的根基。进而，学校廉洁教育与家庭廉洁相连，发挥主阵地作用，把清廉品德融入立德树人的学校教育全过程，在潜移默化中逐渐加强和深化学生对廉洁的认识，从感知到向往到追求，使孩子们在走向工作岗位之前就播下清廉的种子，自觉承担起建设清廉中国的重任。社会层面的廉政教育要与家庭、学校的廉洁教育相统一，既要利用廉政教育基地、反腐倡廉警示基地、传统廉政文化园等场地为广大民众提供廉政滋养，又要有计划持续以形式多样的廉政活动对特定群体开展有针对性的廉政教育，通过社会教育的大舞台，在全社会唱响清廉文化主旋律。很显然，全社会全体民众廉政教育体系的构建，需要教育部、中宣部、民政部、妇联等各部门通力合作，有序推进，才能解决廉政文化建设中管理部门不重视动员群众、人民群众参与性不强、廉政教育开展缺乏规划性等一系列问题，从而增强廉政教育效果，使全体社会成员逐步提高廉政意识。廉政文化研究是廉政教育的重要支撑，也是廉政教育的深层次发展，全社会全体民众共同努力构建起廉政文化研究体系对深化廉政文化建设意义重大。由中央纪委国家监委主管主办的方正出版社，在全党全社会深入贯彻党的十八大反腐倡廉精神、加强廉政文化建设的背景下推出《廉政文化文库》，有着重于理论研究的《廉政文化建设要论》（张利生著）、《廉政文化概论》（麻承照著）、《中国廉政法制史研究》（揭明著）、《国外廉政文化概略》（孙晓莉著）、《廉政文化与民俗》（陈勤建著）等，也有适合大众阅读的通俗读物《中华廉吏传》（彭勃著）、《廉诗三百首》（张建华著）、《廉政格言警句》（唐军著）等。这些专著本身是民众参与廉政文化建设的研究成果，又为广大民众广泛而深入开展廉政文化建设提供理论支撑和普及性读物，对廉政文化传播的意义不言而喻。例如，杭州市由地方党委政府主办，与18家高校廉政研究机构合作，成立了惩治和预防腐败联合研究中心，成为服务全国的反腐倡廉研究机构，通过整合廉政研究资源形成研究合力，以举办廉政论坛、开展专题研讨、组织课题攻关、举办专家讲座以及孵化研究成果等方式解决反腐败的前沿问题和实践中面临的反腐难题。[①] 全社会推动廉洁教育，不断显现廉政文化研究与传播的合力仍然是我国加强廉政文化建设的重要主题。

（三）构建起民众广泛参与的廉政文化传播体系

廉政文化传播是廉政文化建设的重要环节，过去，廉政文化传播主要是以各级政府部门的相关政务机关为主体开展直线单向传播，随着互联网技术的快速发展和迅速普及，不仅使廉政文化传播的受众前所未有扩大，而且传播主体也有了新的变化。其显著的特征是，得益于互联网的互动性和开放性，以及移动电子设备的普及，民众由单纯作为受众的角色转变为廉政传播参与者。作为廉政文化受众的人们，是一种被动式的廉政文化建设参与，而作为廉政文化传播主体的民众，则是廉政文化建设的主动式参与者。这种转变在技术层面依托于网络技术的发展，在个人道德素养方面则是廉政意识提升的结果。例如，浙江绿农公司开展互联网直播+清廉文化建设，把清廉文化寓于"浙粮"品牌的经营理念

---

① 江南. 国内首家校地合作反腐研究中心在杭成立 [EB/OL]. 央视网, 2008-11-15.

之中，也熔铸于产品品质之中。而在这一活动中，公司每个成员都有麦克风，个个都是宣讲员。不仅使清廉文化更接地气，吸引众多粉丝，公司职员也在宣讲中进一步提高对廉政的认知水平。[①] 因而，在廉政文化建设中，从纪检监察等相关机构的官方网站、公众号、微信微博、短视频到主流媒体的传统和新式传播平台，再到普通大众主导的自媒体，构建起广泛的廉政文化传播体系。在传播渠道上，实现传统传播渠道与新媒体渠道相结合；在传播内容上更加多样化，举办廉政理论宣讲、廉政故事讲述、廉政人物推介等；在形式上，将新闻报道廉政文化的权威性与民众自媒体开展廉政文化传播的灵活性结合，既重视灌输性传播，又辅之娱乐性廉政作品的潜移默化；评价体系也需进一步优化，应从重数量转向重质量。在这一体系中，广大民众既是受众，也可以是传播者，要充分发挥人民群众廉政文化建设的积极性主动性，积极参与对廉洁从政品德和廉洁价值观的有效表达，以更新颖的形式、更活泼的方式增强廉政文化建设的实际效果。

（四）构建起体现民众廉政意识状况的廉政文化建设的科学评价体系

评价体系往往具有导向功能，科学的评价体系对深化廉政文化建设具有正向影响力。"非正式制度"视野下的民众廉政文化建设效果，常常是缓慢地，潜移默化地推进，而且具有内在性。如果对民众参与廉政文化建设的评价，仅仅集中于统计为群众举办了多少场廉政讲座、开展了多少次廉政文艺演出、廉政书画展、廉政诗词朗诵以及有多少人参加了活动这些数据，是远远不够的，这样的评价还只是停留在廉政文化建设表面，无法真正体现民众参与廉政文化建设产生的实际效果。而且这种重数量轻质量的评价体系容易导致民众参与廉政文化建设走向形式

---

① 程阳蓓．搭建"口袋中的清廉阵地" 浙江绿农聚力清廉国企建设［EB/OL］浙江在线，2021-11-30.

化。香港地区的做法可以作为全国的范例：香港特别行政区廉政公署为掌握市民对贪污问题的看法和对廉政公署的看法，每年开展民意调查，访问对象为15至64岁的居港人士，方式为随机抽选约1500人接受访问。[①] 很显然，这样的调查一方面可以通过民众对腐败的容忍度、对廉政的认知水平以及对廉政工作的愿望变化来判断廉政文化建设的效果，另一方面也为继续推进廉政文化建设、拟定建设目标和建设方案提供依据，以便更好地做到"有的放矢"。从全国范围来看，中央监委和国家纪委等相关机构，也可以聘请专业人士设计科学合理的调查和测量方案，在我国各省区市县甚至社区、乡镇、农村有序开展测量，将这些测量数据与廉政文化开展的次数、人数相结合，对民众参与廉政文化建设的效果进行全面评估。科学的评价体系有助于推动我国廉政文化建设朝着增强民众廉政意识、在全社会形成廉洁风气的方向发展，更好发挥预防腐败的功能。

总之，在"非正式制度"视野下探讨我国民众参与廉政文化建设，着重解决的问题是有效动员广大民众在参与廉政文化建设中形成"崇廉""尚廉"的各种习惯、价值观念及意识形态。应推动民众立足于各个清廉单元，结合自身实际，以切实可行的方式方法参与廉政文化建设。以"破"（破除腐败文化）—"承"（传承优秀传统廉政文化和红色廉政文化）—"立"（确立廉洁价值观）为建设思路，使"崇廉尚廉"观念成为广大民众的不二选择和追求。在"非正式制度"视野下的考察发现，民众参与廉政文化建设在我国有着悠久的历史传统，也是中国共产党治党治国的宝贵经验。党的十八大以来，党中央在正确判断我国面临的腐败形势的基础上，对惩治和预防腐败做出了战略部署。习近平总书记明确反腐倡廉的价值取向在于强化党全心全意为人民服务的

---

① 见香港特别行政区廉政公署官网：https://www.icac.org.hk/tc/survey/obj/index.html。

宗旨，指出清除腐败是民心所向，对腐败零容忍，以猛药去疴的决心坚决惩治腐败。党的十九大报告明确提出要弘扬清正廉洁价值观。中国共产党关于反腐倡廉建设的重要理论创新，为民众参与廉政文化建设提供了理论指导，民众参与廉政文化建设取得了一些成效。当然，实践中的不足也十分明显，民众参与廉政文化建设仍需构建整体推进路径使廉政文化建设向纵深发展。而且，着眼于意识形态领域开展的廉政文化建设，只有与"正式制度"层面的廉政文化建设相结合，双管齐下，才能取得廉政文化建设的更好效果。

第四章

正式制度视野下我国民众参与廉政文化建设的路径研究

在制度变迁理论中，正式制度是指一系列被制定出来的规则，大到国家宪法、法律条文，小到各种契约、各项规章制度。这是一种自上而下建立的制度，可在较短的时间内建构，却具有显著的权威性。在民众参与廉政文化建设中，正式制度的保障十分必要。

廉政文化建设仅仅聚焦于非正式制度层面是不完整的，因为廉政文化不只是廉洁从政的知识和观念，还包含关于廉洁从政的规范，特别是明文规定的规范，属于新制度经济学制度变迁理论中的"正式制度"层面，是廉政文化规范化的表现形式。非正式制度领域的廉政文化具有明显的"惰性"，产生作用的过程是润物细无声的缓慢渐进过程，需要正式制度以其权威性、有序性以及可持续性为民众参与廉政文化提供强大保障。这就决定了在廉政文化建设研究中，权威性的正式制度建构在激发人民群众参与廉政文化建设的积极性、创新民众参与廉政文化建设的方式方法等方面，具有快速、权威以及稳定的显著优势。民众参与廉政文化建设，也要有好的制度给予牢固可靠的保障，才能充分调动人民群众的积极性，有目标、有计划地参与廉政文化建设。正式制度视野下我国民众参与廉政文化建设的路径研究，主要考察和探究如何从正式制度层面为民众开展廉政文化建设提供有力支撑。

<<< 第四章　正式制度视野下我国民众参与廉政文化建设的路径研究

第一节　健全和完善人民当家作主的制度体系是最根本的制度保障

民众参与廉政文化建设的最大底气在于国家的一切权力来自人民，也是人民当家作主的具体表现。

一、维护人民当家作主权益的根本大法是民众参与各项事务的最大底气

1949年9月29日，中国人民政治协商会议第一届全体会议通过《中国人民政治协商会议共同纲领》，宣告中国人民成为新社会新国家的主人。① 1954年9月20日，第一届全国人民代表大会通过中华人民共和国第一部宪法，以根本大法的形式明确我国的一切权力属于人民，人民代表大会是国家的权力机关，各级人大代表都要接受人民的监督。② 新中国的成立，宪法的颁布，从根本制度上确立了人民当家作主的政治地位，人民成为国家的主人，是建设国家的重要参与者。此后，人民民主成为重要的制度形态和治理机制贯穿于我国的社会主义建设和改革开放的实践中，人民当家作主落实于国家生活和社会生活的各个层面，这是民众参与廉政文化建设最坚实的制度保障。

---

① 中共中央文献研究室，中央档案馆．建党以来重要文献选编：1921—1949：第二十六册［M］．北京：中央文献出版社，2011：758.
② 中共中央文献研究室．建国以来重要文献选编：第五册［M］．北京：中央文献出版社，2011：450-467.

二、坚持发展全过程人民民主，完善人民当家作主制度体系

2021年12月国务院新闻办发布了《中国的民主》白皮书，指出"全过程人民民主，充分彰显社会主义国家性质，充分彰显人民主体地位，使人民意志得到更好体现、人民权益得到更好保障、人民创造活力进一步激发"①。党的十八大以来，我国建设取得举世瞩目的历史性成就，党和国家事业发生了深层次的历史性变革。以习近平同志为核心的党中央在不断深化民主政治发展规律认识的基础上，大力推进全过程民主，从制度层面确保人民当家作主落实到党治国理政的全部实践中。人民民主的突出优势表现在最广大人民拥有真实的民主，人民大众具有民主的广泛参与权，人民群众的利益诉求能够畅通表达，全体人民能够依法依规实现对国家事务和社会事务以及经济文化事务的管理，人民还能够依法对权力运行进行监督。全过程民主首先表现为"全"，人民实现民主不只是通过政治选举作为表现形式，还在政治、经济、文化以及社会等各方面具有充分的参与性，这为我国人民全方位参与社会主义建设，提供了制度保障，当然包括人民大众参与廉政文化建设。当前我国已经进入了新的发展阶段，需要继续推进全过程民主，不断完善保障人民当家作主的制度体系。

（一）夯实我国全过程民主的根基

首先，坚定不移维护人民当家作主的本质特征，这是我国社会主义民主与其他民主的显著区别。人民群众是历史的创造者，理所当然拥有国家权力，我国宪法明确国家的一切权力属于人民，"人民当家作主"的本质特征决定了国家要按照人民的意愿履行国家权力所依托的公共职能，国家的法律和政策要体现人民的意志、维护人民的利益，激发广大

---

① 中国的民主［EB/OL］.中国政府网，2021-12-04.

人民群众建设社会主义的积极性和主动性，凝聚起强大的中国力量。党的十九大报告中指出："有事好商量，众人的事情由众人商量，找到全社会意愿和要求的最大公约数，是人民民主的真谛。"突出了人民大众对决策深刻而又广泛的参与。其次，坚持党的领导为根本保证，这是近代以来我国取得一切伟大成就的宝贵经验。在半殖民地半封建社会的中国，帝国主义、封建主义和官僚资本主义的疯狂掠夺和残酷压迫下，中国人民过着饥寒交迫而又毫无政治地位的生活。中国共产党以为中国人民谋幸福、为中华民族谋复兴为使命，将一盘散沙的人民群众组织起来，带领中国人民进行艰苦卓绝的斗争，取得了新民主主义革命的彻底胜利，成立了新中国，实现了人民当家作主。在中国共产党的领导下，我国取得了社会主义革命、社会主义建设和改革开放的伟大成就，特别是党的十八大以来的历史巨变，广大人民群众越来越充分地行使当家作主的权利。因此，我们有理由相信，中国共产党是中国特色社会主义制度的最大优势，也是人民当家作主的根本保证，党的领导是保障人民全方位参与廉政文化建设的根本保证。最后，坚持发展和完善社会主义法治体系，以习近平法治思想为指导，以人民为中心，在包括廉政文化建设的各个领域依靠人民，维护人民权益。

（二）完善制度体系保障人民当家作主，推进全过程民主

党的十九届六中全会明确提出要"发展全过程人民民主，保证人民当家作主"。社会主义全过程民主推动人类社会民主制度达到新高度，是具体而生动体现人民当家作主的民主，需要完整的制度程序保障人民当家作主的核心地位，保证人民的意愿与国家意志、党的主张相统一。完善我国根本政治制度和基本政治制度，以制度体系保障人民大众的广泛知情权、充分参与权、畅通表达权与全面监督权，人民大众依法可实行民主选举、民主协商、民主决策、民主管理和民主监督。人民代表大会制度是我国的根本政治制度，是我国的权力机关，各级人大代表

由人民选举产生,来自各行各业、各地区和各民族,对人民负责,也受人民监督,人民通过人民代表大会行使国家权力。中国共产党领导的多党合作和政治协商制度把共产党的领导和各党派及无党派人士团结起来,集中各种意见和建议,发挥人民政协政治协商、民主监督、参政议政重要作用。民族区域自治制度凸显民族平等性,维护各民族共同团结奋斗,保证各族人民平等享有当家作主的民主权利,确保少数民族的人民大众也能够积极参与国家和社会事务的管理。基层群众自治制度是保障全过程民主推进的基础性制度,党的十八大之后,健全基层群众自治制度是提升国家治理体系和治理能力现代化的重要内容。基层群众自治制度不断发展和完善,人民群众参与社区、农村等基层公共事务和公益事业的管理,监督渠道大大拓宽,人民当家作主的广泛性得以充分展现。

我国通过不断发展和完善根本政治制度和基本政治制度体系,为人民大众直接或间接参与国家和社会事务的管理提供了制度保障,使全过程民主获得实实在在的发展。这些宏观层面上的根本制度和基本制度建设,始终以人民当家作主为根本出发点,为人民群众参与廉政文化建设提供最厚实的制度支撑。

三、进一步完善人民当家作主的制度建设,满足我国实现社会主义现代化强国目标的需要

党的十九大报告指出我国要在实现第一个百年奋斗目标的基础上向第二个百年奋斗目标奋进。新的"两步走"战略安排决定了我国在社会主义现代化建设中必将不断完善人民参与国家和社会事务管理的各项制度,激发人民群众参与建设的热情,在新征程中凝聚起全国人民建设社会主义现代化强国的智慧和力量。

人民大众参与廉政文化建设既是对我国文化建设的一种参与,又是

对腐败治理的参与，是人民立场的突出表现。因而，从国家宏观层面来看，不断坚持和完善人民当家作主的制度体系，推进全过程人民民主，就是对人民大众参与国家和社会公共事务管理的根本制度保障。就这一意义而言，要从正式制度层面探讨民众参与廉政文化建设的路径，首要就是从根本制度上保障人民大众的参与权，赋予人民作为廉政文化建设主体的"主人翁"权利，不断完善人民当家作主的制度体系，为人民大众参与廉政文化建设提供最大的底气。

第二节 确立民众参与廉政文化建设的成文规则是直接的制度依据

很显然，我们的研究视域是广大民众参与廉政文化建设，旨在推动广大民众在思想观念领域内形成廉洁价值理念，并促成大众的廉洁行为习惯和廉洁行为模式。而民众的参与，不仅表现为民众作为客体对廉政文化的"接收"，一种静态参与；也表现为其作为主体对廉政文化的"传播"，一种动态参与；同时体现为落实于行动中的廉洁行为方式，主要表现为对权力运行进行监督。为了更有效推动民众的参与，使这些工作的开展变得有据可依、有章可循，那必然需要依赖于成文规则，也就是正式制度。这些正式制度包括国家法律、党内法规以及部门规章等，从制度上明确群众参与廉政文化建设的领导机制、方式方法、经费保障、绩效评价等要素，是推动群众参与廉政文化建设持续稳步发展的制度依据。

一、我国民众参与廉政文化建设的正式制度层面的成效

不管是学界的理论研究,还是在党政机关和企事业单位的实际工作中,都在不断提升对民众参与廉政文化建设的重视程度,一些正式制度得以确立和完善。

(一)一系列与民众参与廉政文化建设相关的正式制度相继确立

2005年1月,中共中央印发《建立健全教育、制度、监督并重的惩治和预防腐败体系实施纲要》,明确提出反腐倡廉教育要面向全党全社会,要大力加强廉政文化建设,增强全社会的反腐倡廉意识,形成以廉为荣、以贪为耻的良好社会风尚。强调要扩大党员和群众对干部选拔任用的知情权、参与权、选择权和监督权,推进防治腐败的制度改革和创新。提出要切实加强社会监督,发挥人民团体的监督作用,建立健全受理群众举报违纪违法行为的工作机制,也要充分发挥新闻媒体的舆论监督作用。① 中共中央办公厅、国务院办公厅公布《关于加强农村基层党风廉政建设的意见》,提出要完善农村民主决策制度,还明确要建立乡镇政务、村务和农村基层党务要向农民群众公开的制度。② 从制度层面保障农村民众参与权力监督。《教育部关于在大中小学全面开展廉洁教育的意见》指出,确定从2007年起,在全国大中小学全面开展廉洁教育,明确大中小学全面开展廉洁教育的基本原则以及各阶段开展廉洁教育的目标和主要内容、方法途径,并强调要加强领导、完善机制。③ 2008年6月,中共中央印发《建立健全惩治和预防腐败体系2008——

---

① 中共中央关于印发《建立健全教育、制度、监督并重的惩治和预防腐败体系实施纲要》的通知[N].人民日报,2005-01-17(1).
② 中共中央办公厅 国务院办公厅 关于加强农村基层党风廉政建设的意见[EB/OL].中国政府网,2006-09-28.
③ 教育部关于在大中小学全面开展廉洁教育的意见[EB/OL].中国政府网,2007-03-30.

2012年工作规划》，作为2008年至2012年推进惩治和预防腐败体系建设的指导性文件，明确提出加强面向全党全社会的反腐倡廉宣传教育以及在全社会开展廉政文化建设的要求，强调要支持和保证群众监督权。① 2010年年初，中央六部委联合下发的《关于加强廉政文化建设的意见》强调要"大力营造崇尚廉洁的社会风尚"，将廉政文化建设融入社会主义精神文明建设和反腐倡廉建设的全过程，鲜明提出要推动廉政文化进机关、社区、学校、农村、企业、家庭等社会各领域。要求各级党委、政府担负起领导责任，建立健全领导协调机制；各级纪检监察机关要发挥组织协调作用，加强指导和督促检查；各级宣传、文化、广播影视、新闻出版等有关部门则要发挥优势，密切配合。还明确提出要建立政府投入为主、社会各方支持的廉政文化建设经费保障机制。② 中央六部委发布的政策性文件，为我国依靠群众推动廉政文化建设提供了"正式制度"的重要依据，也为各部门各单位加强廉政文化建设提供了依据。党的十八届三中全会针对反腐败斗争存在的问题，明确提出要"加强反腐败体制机制创新和制度保障"，2013年12月，中共中央印发《建立健全惩治和预防腐败体系2013—2017年工作规划》，为2013年至2017年的5年党风廉政建设和反腐败斗争提供制度依据。该规划强调民众的参与性，提出加强廉政文化建设，要积极借鉴我国历史上优秀廉政文化，把培育廉洁价值理念融入国民教育、精神文明建设和法制教育之中，也提出各级党组织要动员和组织人民群众有序参与廉政建设和反腐工作，发挥社会各有关方面的积极作用。③ 对于民众参与家庭家教家

---

① 中共中央印发《建立健全惩治和预防腐败体系2008—2012年工作规划》[N]. 人民日报，2008-06-23（1）.
② 六部门联合下发《关于加强廉政文化建设的意见》[EB/OL]. 中国政府网，2010-01-04.
③ 中共中央印发《建立健全惩治和预防腐败体系2013—2017年工作规划》[N]. 人民日报，2013-12-26（1）.

风建设的制度也日趋完善，2021年7月，中央宣传部、中央纪委机关等多部委联合印发《关于进一步加强家庭家教家风建设的实施意见》[①]（以下简称《意见》）提出要强化党员和领导干部家风建设，以家风建设引导党员和领导干部筑牢反腐倡廉家庭防线，并且以纯正家风涵养清朗党风政风以及社会风气。《意见》强调家风建设中的廉政目标，表明廉洁是家风建设最重要的组成部分。而且《意见》还提出了家风建设要吸引群众的参与，动员广大家庭通过家风建设汇聚起实现中华民族伟大复兴中国梦的磅礴力量。《意见》印发后，推动建设廉洁家风的活动更广泛开展起来。2021年10月，第十三届全国人民代表大会常务委员会第三十一次会议通过《中华人民共和国家庭教育促进法》，以国家法引导全社会注重家庭、家教、家风，明确未成年人父母或其他监护人及其他家庭成员对未成年人实施家庭教育的主体责任，国家在制定家庭教育大纲、提供家庭教育服务等许多方面给予支持，城乡社区、中小学校幼儿园、早期教育服务机构、公共文化服务机构以及家庭教育服务机构协同推进。这些正式制度的确立，为广大民众以家庭为具体路径开展家庭廉洁教育提供了切实保障和深厚的制度支撑。而且，2022年2月，中共中央办公厅印发《关于加强新时代廉洁文化建设的意见》，不仅明确要实现干部清正、政府清廉、政治清明，还旗帜鲜明地提出社会清朗的建设目标，要各地区各部门担负起政治责任、做好谋划、建立统筹协调机制，以推动新时代廉洁文化建设深入发展。[②] 该意见为新时代引领和动员广大民众参与廉政文化建设提供指南。

除全国人大、党中央和国务院、国家部委层面的正式制度外，一些

[①] 中宣部、中央文明办、中央纪委机关等联合印发《关于进一步加强家庭家教家风建设的实施意见》[N]. 人民日报，2021-07-23（4）.

[②] 中共中央办公厅印发《关于加强新时代廉洁文化建设的意见》[EB/OL]. 中国政府网，2022-02-24.

<<< 第四章　正式制度视野下我国民众参与廉政文化建设的路径研究

省市也制定了廉政文化建设规章制度，并且得以推进。例如，2021年7月，湖南省委出台《关于推进清廉湖南建设的意见》，明确清廉湖南建设的目标任务，以清廉机关、企业、学校、医院、乡村等清廉单元建设为重点，进而带动清廉文化在湖南全省得以全面推进。① 广西壮族自治区委员会也印发了《关于大力推进清廉广西建设的意见》，明确推进清廉广西建设总要求以及全党全会开展清廉文化建设的总方案。② 湖北恩施出台《关于推进清廉恩施建设的实施方案》，由州委书记亲自挂帅，以制度形式确立清廉建设任务，明确牵头单位、责任单位并细化分工，把清廉文化有效融于机关、企业、学校、医院、村居和家庭建设中。③

我们没有办法也不必要穷尽所有关于民众参与廉政文化的正式制度，大量文献调查和实地调研结果表明，民众参与廉政文化建设的正式制度确立已经成为一种比较普遍的存在。这些制度显示了廉政文化建设对广大人民群众的依赖，为民众参与廉政文化建设提供了稳定而权威的制度堡垒。在一些地区，民众参与廉政文化建设以制度为依据，有序推进，取得了较好的建设效果。

（二）我国已先后制定了一系列正式制度，促进人民群众实现对权力的监督

1. 随着政府政务和信息公开的规章制度的确立和完善，群众监督有了更加坚实的基础。2016年印发的《关于全面推进政务公开工作的意见》，强调政务公开对保障人民群众知情权、参与权、表达权、监督权的重要意义，明确以"让群众看得到、听得懂、能监督"为基本原

---

① 湖南省纪委监委. 湖南：以清廉单元建设示范带动清廉建设全域推进 [EB/OL]. 中央纪委国家监委网，2021-10-18.
② 中共广西壮族自治区委员会关于大力推进清廉广西建设的意见 [N]. 广西日报，2022-01-25（3）.
③ 湖北省纪委监委. 湖北恩施：细化责任明确分工 合力推进清廉建设 [EB/OL]. 中央纪委国家监委网站，2021-11-16.

169

则，通过政务公开让人民群众能够在更大程度参与政策制定、执行和监督。①《中华人民共和国政府信息公开条例》实施11年后，于2019年再次修订完善，政府信息主动公开内容更加优化，依申请公开程序更加完备，行政机关责任约束更加刚性。人民群众对行政机关的政府信息公开工作有进行监督和提出批评、建议的权利。②

2. 在党的规章制度中凸显群众监督。党中央在巡视制度的相关法规中也对人民群众的监督进行相关阐释。2014年修订的《人民检察院举报工作规定》分十一章对举报工作的依据、原则、受理原则、举报人权利等内容做了十分详尽的阐述，为调动群众监督积极性提供制度依托。同时，党的十八届六中全会审议通过并公布的新修订的《中国共产党党内监督条例》，着眼于党内监督，维护党的先进性和纯洁性，并且该条例在总则中开宗明义，提出要"坚持党内监督和群众监督相结合"。整个条例11次提及"群众"，强调党内监督要密切联系群众，民主生活会要重视解决群众反映的问题，要认真处理信访举报、重视群众评价，要将群众反映比较强烈的领导干部作为执纪审查的重点之一，各级纪律检查机关须自觉接受党内监督、社会监督和群众监督，党的基层组织要了解群众对党的工作和党的领导干部的批评和意见，各级党组织和党的领导干部应当认真对待、自觉接受社会监督和群众的批评。③ 从制度上明确党在加强自身建设进程中，要更加重视群众监督的作用，并以党内法规加以强化。同样，这种制度层面的强化在2015年和2017年两次完善和修订的《中国共产党巡视工作条例》中也得到了体现。该

---

① 中共中央办公厅国务院办公厅印发《关于全面推进政务公开工作的意见》[J]. 中华人民共和国国务院公报，2016（7）：14-17.
② 中华人民共和国政府信息公开条例[J]. 中华人民共和国国务院公报，2019（12）：11-18.
③ 中国共产党党内监督条例[N]. 人民日报，2016-11-03（6）.

<<< 第四章　正式制度视野下我国民众参与廉政文化建设的路径研究

条例第十五条进行了修改:"巡视组对巡视对象执行《中国共产党章程》和其他党内法规,遵守党的纪律,落实全面从严治党主体责任和监督责任等情况进行监督"①。《中国共产党巡视工作条例》中对监督要求更严格、规定更具体。第三十一条明确"巡视进驻、反馈、整改等情况,应当以适当方式公开,接受党员、干部和人民群众监督"②。群众监督已经通过制度建设融入党的巡视工作中,有助于伴随党的巡视工作常态化发展而得到持续发展。同时,2019年1月开始实施的《中国共产党纪律检查机关监督执纪工作规则》也在十六条和六十条明确了群众监督的必要性,提出纪检监察机关应发挥党员和群众的监督作用,要畅通各种举报渠道,建设覆盖纪检监察系统的检举举报平台,及时受理检举控告,还要自觉接受社会监督和群众监督。③ 2019年1月中共中央印发的《中国共产党政法工作条例》第三十一条提出,"各级党委应将领导和组织开展政法工作情况纳入党内监督体系,实行党内监督和外部监督相结合,增强监督合力。"④ 人民群众监督作为外部监督的一种重要方式,与党内监督结合,不仅是健全对党组织和党员监督体系的重要途径,也是新形势下解决党内突出问题的现实需要。之后,中共中央在2019年9月发布修订后的《中国共产党党内法规制定条例》第二十五条明确提出,"与群众切身利益密切相关的党内法规草案,应当充分听取群众意见"⑤。再次明确,中国共产党的党内法规的确立,人民群众也有表达意见的权利。在中国共产党建党百年之际,中共中央印发

---

① 中共中央关于修改《中国共产党巡视工作条例》的决定 [N]. 人民日报,2017-07-15 (1).
② 中国共产党巡视工作条例 [N]. 人民日报,2017-07-15 (4).
③ 中共中央办公厅印发《中国共产党纪律检查机关监督执纪工作规则》[EB/OL]. 中国政府网,2019-01-06.
④ 中共中央印发《中国共产党政法工作条例》[N]. 人民日报,2019-01-19 (2).
⑤ 中国共产党党内法规制定条例 [N]. 人民日报,2019-09-16 (3).

《中国共产党纪律检查委员会工作条例》，在第二十八条明确要坚持和完善"人民群众支持参与的反腐败工作体制机制"；在第三十四条关于加强日常监督的举措中，提出要了解社会群众的反映，尤其是在加强基层监督中，要扩大群众的参与；在第三十五条中提出要畅通信访举报渠道，依法依规受理党员群众的信访举报；第五十条提出，坚决防治"灯下黑"，要自觉接受民主监督、群众监督、舆论监督等各方面监督。① 这体现了党内"正式制度"的建设越来越重视群众意见、群众参与、群众监督，为广大群众参与廉政文化建设、进行群众监督提供制度基础。2021年9月，中央纪委国家监委会同有关单位联合印发《关于进一步推进受贿行贿一起查的意见》，对进一步推进受贿行贿一起查做出部署，还强调要加大查处行贿的宣传力度，彰显了我国对受贿行贿行为的零容忍，揭示了反腐败斗争既事关领导干部，又与每个民众息息相关，以正式制度的方式在全社会倡导廉洁守法理念。②

3. 从法律层面强化群众监督。《中华人民共和国宪法》第二十七条明确我国一切国家机关和工作人员都必须坚持"倾听人民的意见和建议，接受人民的监督"根本原则，第四十一条进而指出我国公民对于国家机关和国家工作人员的违法失职行为，具有"向有关国家机关提出申诉、控告或者检举的权利"。我国民众的监督权有了国家大法最强有力的保障。2018年修正的《中华人民共和国刑事诉讼法》第一百一十一条对举报形式、举报人及其家属的安全保障和举报信息的保密性作出了规定，确保民众更规范、更安全地进行权力的监督。2018年十三届全国人民代表大会第一次会议通过的《中华人民共和国监察法》，是一部反腐败国家立法，更是从国家法律层面充分肯定了群众监督在我国

---

① 中国共产党纪律检查委员会工作条例［N］. 人民日报，2022-01-05（5）.
② 中央纪委国家监委会同有关单位联合印发《关于进一步推进受贿行贿一起查的意见》［EB/OL］. 中央纪委国家监委网，2021-09-08.

<<< 第四章　正式制度视野下我国民众参与廉政文化建设的路径研究

监察工作中的地位和作用。其中第五十四条明确"监察机关应当依法公开监察工作信息，接受民主监督、社会监督、舆论监督"，确立了群众在监察工作中履行监督职责的法律依据。① 同时，该监察法还规定监察机关要加强公职人员的日常监督，主要通过收集群众反映、座谈走访等方式来促进公职人员依法用权、秉公用权、廉洁用权。② 当然，群众反映公职人员履职情况本身就是一种监督，而且这种监督与监察机关对公职人员的日常监督紧密联系在一起。离开群众的监督，监察机关的日常监督成效必然大受影响，因而监察法实施条例以其制度的刚性加以强化，是推动群众监督的必要举措。

总体看来，在正式制度层面，群众参与监督的权利在党内法规条例和国家法律中得以确立，群众监督的重要性得以体现。群众监督在实践中实施的必要性也通过正式制度得以明确，因而，群众参与权力监督的廉洁行为方式因具有制度保障的权威性而得以更好推进。

4. 一些企事业单位制定了大众参与廉政文化建设的相关规章制度，从广义来说，这也属于正式制度层面。大量的研究成果以及我们课题组的实地调研结果显示，廉政制度文化体现于各单位的规章制度体系之中，规范对象既包括党政领导干部，也涵盖广大的普通群众。我们的课题组深入高校调研发现，学校的校务公开制度、教学管理制度、科研管理制度等系列制度中对行政人员廉洁从政、教师廉洁从教以及学生廉洁品德培育进行了约束和规范。在加强教师师德长效机制建设方面，为更好贯彻落实上级部门制定的《教育部关于建立健全高校师德建设长效机制的意见》以及关于研究生导师立德树人职责和高校教师师德失范行为处理的相关规定，并依据我国的《中华人民共和国教师法》《中华人民共和国高等教育法》和高校教师职业道德规范及行业准则等要求，

---

① 中华人民共和国监察法［EB/OL］. 中国政府网，2018-03-26.
② 中华人民共和国监察法实施条例［EB/OL］. 人民网，2021-09-22.

有的高校制定了"××大学师德建设长效机制实施办法""××大学教师职业行为负面清单及师德失范行为处理办法""××大学师德考核实施办法"等规定，并制定师德师风建设活动实施方案，方案中明确要"建立健全学校、教师、学生、家长和社会广泛参与的师德监督体系"，还要充分发挥学校教学督导团的教学监督功能，加强对教师师德师风的监督。严格执行师德失范"一票否决制"，在教师资格认定、招聘录用、考核评价、职称评聘、评优评先等方面，综合运用师德考核结果。在《教学规程（教师篇）》中，明确规定"任课教师成绩提交工作接受广大师生的监督"，"任课教师、相关管理人员徇私舞弊、弄虚作假、故意破坏选课、成绩等教学管理数据的，除按教学事故处理外，情节严重者应依法依规严肃处理"。在《教学规程（学生篇）》中也明确了学生课程考核时如存在舞弊、弄虚作假，以及故意破坏选课、成绩等教学管理数据的按照相关规定严肃处理，情节严重者依法追究责任。学校通过一系列规章制度的制定，推动师生在制定和执行制度过程中逐渐形成对准则的认可和对清廉价值的认同，这本身就是广大教职员工参与廉政文化建设的过程。这种做法绝非一所高校所为，绝大部分高校会制定一整套推进党员干部廉洁从政、广大教师廉洁从教以及学生廉洁品德培养的相关制度，在单位层面为民众参与廉政文化建设提供"正式制度"的支撑。例如，山西大学公开表示制订了有关校园廉洁文化建设的工作方案，还在导师制的考核体系中纳入廉洁文化相关指标，对如何将廉洁文化全方位融入办学治校的全过程做出了规划，为全体师生员工参与廉政文化建设提供了依据和行动指南。[①] 除了高校，其他行业的许多单位也在改革当中不断完善民众参与的廉政制度建设。浙江省丽水市人民医院

---

① 山西省纪委监委. 山西大学纪委加强校园廉洁文化建设［EB/OL］. 中央纪委国家监委网站，2021-12-31.

先后制定规范医院和商家的交往途径。① 四川省人民医院纪委设置重大事项全程公开、接受全院职工监督的崭新监督机制。同时，确立对违规供应商进行处罚的制度，即一旦发现供应商有"围猎"行为，就被列入黑名单，停止与之合作，并在医院的官方网站上通报，还将其违法行为抄送市场监督管理部门。这一系列的正式制度建设有效动员全院职工和广大民众成为腐败的"监督员"。② 企事业单位中的廉政制度建设，从民众参与的角度看，对广大企事业员工而言，既是廉洁行为的指针，又是参与监督的依据，具有显著的积极意义。

二、群众参与廉政文化建设的正式制度存在不足

群众参与廉政文化建设的制度从整体上看，还突出表现为"供给不足"，具体表现为以下四个方面。

（一）从法律层面看，缺乏群众参与廉政文化建设的具体法律条文

我国宪法赋予了人民群众当家作主的权利，党的十九届五中全会公报提出，到2035年要基本实现国家治理体系和治理能力现代化，人民平等参与权利得到充分保障。我国已经构建起反腐败斗争机制体制。在这一体系中，人民群众的参与和支持是重要一环。然而，如何从法律层面强化不敢腐、不能腐和不想腐一体推进效能，制定解决不想腐的自觉性问题的法律制度，仍然有所欠缺。也尚未确立专门针对民众预防和惩治腐败的廉政法，对于人民群众该如何参与廉政文化建设，以及具体到廉政文化建设中如何对权力进行有效监督，法律法规还是不够详尽。在我们对我国民众反腐意识和反腐行动状况的调查问卷中，害怕被打击报

---

① 浙江省纪委监委.浙江丽水：织密清廉医院智慧监督网［EB/OL］.中央纪委国家监委网站，2021-12-24.
② 张琪彬.净化医疗卫生行业生态［N］.中国纪检监察报，2022-01-04（6）.

复和影响个人以及亲友安全是人民群众不敢进行举报腐败的最大顾虑。这也表明，要推动民众的廉政监督行为，法律层面对民众举报腐败的安全保障非常重要。

（二）党中央以及各相关部委关于群众参与廉政文化建设的正式制度总体上"供给不足"

中央纪委等六部委联合下发的《关于加强廉政文化建设的意见》在推进廉政文化建设过程中，一些实际问题出现了却没能通过及时完善"正式规则"予以解决。例如，廉政文化建设存在的形式主义、缺乏经费支持、缺乏计划性等，这些问题的解决需要进一步完善"正式制度"，细化实施方案、确立经费保障制度、制定常态化推进廉政文化建设方案以及建立廉政文化建设的考评体系等。正是因为制度供给不足，不管是廉政文化建设的推动者，还是参与廉政文化建设的广大民众，其积极性都没有得到充分调动。例如，一些社区建的廉洁工作站，因为没有制定详细的廉政文化建设方案而常常在实际中被忽略。又由于该工作推进的效果好坏对社区和相关负责人并没有实质性的影响，该工作在社区工作中被边缘化。

（三）正式制度执行不够有力

在我国的廉政文化建设中，还存在这样的情况，有些地区、单位制定了群众参与的廉政文化建设"正式制度"，却因为执行力度不够而没能发挥作用。课题组在学校、社区、乡村和企业的实地调研中发现，与群众相关的廉政文化建设章程、方案并不少，但很多没能较好推行和落实，存在敷衍、应付的情况，出现了制度变成"稻草人""纸老虎"的现象。这也恰恰表明制度需要进一步完善，尤其应该充分利用人民群众的监督力量，建立对制度执行的监督机制。

<<< 第四章　正式制度视野下我国民众参与廉政文化建设的路径研究

（四）一些地方在群众参与廉政文化建设方面的好做法、好经验没有及时总结，没能以正式制度的权威性加以推广

这些情况易导致好的做法无法常态化，也难以使好经验发挥"辐射效应"。据中央纪委国家监委网站报道，许多地方在打造民众参与廉政文化建设上具有宝贵经验。例如：陕西省西安市地铁2号线打造的"清风古城号"廉洁文化主题地铁专列，将古今廉政警句、廉政故事、廉洁家风家训"载入"车厢，广大民众既是廉政文化专列的打造者，也是接受廉政文化熏陶的受教育者；山东省临清市挖掘地域特色廉政文化元素，打造廉洁文化品牌；江苏省南京市栖霞区的"红枫廉韵"，包含廉政文化主题活动、廉政节目巡演、方言版廉政动漫拍摄与展播等多项内容，激发了领导干部和广大群众的积极参与。如果这些在实践中行之有效的群众参与的廉政文化建设经验能够加以总结，以"正式制度"的形式在全国更多省份和地区推进，必将形成规模化效益，有助于推动人人学廉、人人讲廉、人人助廉的廉洁社会风气形成。

三、进一步完善民众参与廉政文化建设制度安排的路径探索

（一）在制度变迁的模式选择上，要实现诱致性制度变迁与强制性制度变迁两种模式的统一

新制度经济学制度变迁理论认为制度变迁主要有诱致性变迁和强制性变迁两种模式。诱致性制度变迁是在预期的外部利润刺激下微观个体主动参与、缓慢推进的制度变迁，通常是由局部到整体，或者由于种种因素的干扰，没能由局部上升到整体，由于个体局部行动到社会普遍接受的过程会经受种种考验，加之这是一种自下而上的主动性制度变迁模式，自身的脆弱性十分明显，往往容易导致制度变迁的失败。于是，由政府强制推行的自上而下的制度变迁就成为制度变迁的另一种重要模式。它有效地克服了诱致性制度变迁的脆弱性缺陷，具有权威性和坚定

性的优点。但是作为自上而下的制度变迁，制度制定者的有限理性往往难以遵循一致性同意原则，因而部分制度执行者往往会"阳奉阴违"消极应对，也就无法实现强制性制度变迁的预期绩效。新制度经济学制度变迁理论阐明了诱致性制度变迁与强制性制度变迁的利弊所在，也揭示了两者相结合的必要性。从我国廉政文化正式制度建设的研究视域考量，要有效克服正式制度制定者的有限理性，必须在正式制度设置过程本身就坚定人民群众的立场。而且要在自上而下推行廉政文化制度变迁之前，先将视线下移，对群众参与廉政文化建设的实际进行深入调研，直面群众在廉政文化建设中的困难，认真听取群众关于廉政文化建设的意见和建议，使民众的意愿、社会的需要与具有权威性的正式制度实现统一，才能使廉政文化的制度建设取得预期效果。

"人民至上"是中国共产党百年奋斗重要的历史经验之一，"以人民为中心"是习近平新时代中国特色社会主义的重要发展战略，人民群众参与廉政文化建设体现了党的主张。因而，正式制度的确立和完善要重视群众视角，将人民群众的意愿与党的主张、国家的意志相统一，使民众参与廉政文化建设的制度最终为民众所接受，为民众传播廉洁价值观、弘扬清廉社会风气、监督权力正确使用提供保护。

（二）在推动制度变迁的工作方法上，要立足我国现状，有的放矢，完善我国民众参与廉政文化建设制度安排

调查和研究发现，以下问题需要通过进一步完善正式制度加以解决。

1. 家庭中的廉洁教育明显不足，普通民众进行廉洁家教、清廉家风建设还处于自发阶段，主要依靠家长自觉推进，如果有正式制度支持，民众加强家庭廉洁教育必然会取得更好的效果。我们调研发现，许多家长表示渴望政府清廉，也希望整个社会形成清正廉洁的社会风气，但认为对自己孩子廉洁品德的培养并非当务之急，也不知道如何培养。

《中华人民共和国家庭教育促进法》已于2021年通过,并于2022年1月1日开始实施,突出了家庭、家教和家风建设的重要性,作为立德树人重要品质的廉洁教育应该是家庭教育中的重要组成部分。通过正式制度明确家庭廉洁教育主体责任人、实施方案、支持措施等,将为千家万户开展廉洁教育提供保障,也为我国反腐败斗争纵深发展提供基石。

2. 学校廉政文化建设的系统化体系尚未建立,需要正式制度加以强化。在我们深入调查的学校中,接受访谈者都明确表示所在学校有开展廉政文化建设,然而形式单一,效果不突出。中小学开展的形式主要是廉政文化宣传板报或粘贴廉政标语等,高校有时会举办廉政文化主题报告、开展廉政知识竞赛等。大部分学校没有制定专门开展廉政文化建设的实施方案,没有常态化开展廉洁教育和廉政文化建设的计划和措施,更没有贯通大中小学的体系化廉政文化建设。加强学校廉政文化建设的制度安排,必将推动学校廉政文化建设取得更好效果。

3. 加强社区廉洁工作站的制度化建设。社区的廉洁工作站(或称为"廉情工作站"等)是动员群众参与廉政文化建设的重要平台,许多群众希望廉洁工作站能有更大的作为,能成为他们学习廉政知识、反映腐败问题、联系基层干部的有效平台,然而因缺乏强有力的经费支持制度、工作推进方案以及考评体系等强制性机制,不少廉洁工作站形同虚设,没有进行常态化工作,需以正式制度的权威性、长期性来推动社区廉洁工作站在民众参与廉政文化中发挥更大作用。

4. 需要进一步完善农村基层廉洁制度和监督制度实施方案。我们在对普通村民的调研中,深切感受到部分村民对村干部、乡镇干部的失望与无奈。在我们再三确认访谈材料只是作为研究资料,并不出现真实姓名的前提下,群众才愿意接受访谈。一些群众认为干部利用权力为自己和家人、亲戚谋取特殊的利益是再正常不过的事情,在扶贫款和各种惠农补助发放、低保户的选择等方面都能体现。村民觉得不公平也没办法，不知向谁反映，而且认为即使反映了，也不可能得到解决，既浪费时间又有遭受报复的危险。当我们建议可向村务监督委员会反映问题时，村民却根本不相信村务监委会能起到监督村干部和乡镇干部的作用。也有村民认为村干部选举和监督委员会成员的选举只是形式。G省Y市某村村民反映，他们曾经参加过的投票是工作人员提着投票箱到家里让其投票，自己根本不认识也不了解候选人情况，认为投票没有意义，甚至怀疑工作人员根本就不会打开投票箱计票。不规范的选举投票形式以及现实中对权力监督的无能为力，使村民对廉政文化建设十分漠然，对党和政府的信任感也不强。同样，其他学者的调研数据也显示了农村基层"微腐败"存在的严重性和村民参与监督渠道的缺乏。某省调研发现，全省80%的县乡都有侵吞、贪占惠农补助和有关涉农补偿补贴资金的案件，有的乡镇街道甚至有超过50%的村发现了这些问题。[①]调查数据揭示了相关工作部门对于涉农补偿补贴资金审批和管理存在监管不力的问题，也揭示了相关政策对民众宣传不够，透明度不高，表明群众知情权、参与权、表达权、监督权的严重缺失。由此可见，国务院印发的《农村基层干部廉洁履行职责若干规定（试行）》《关于建立健全村务监督委员会的指导意见》等加强农村廉政文化建设的重要制度在部分地区没有落地。可见，不仅要制定民众参与的相关廉洁制度，也要有促进实施的有效方案。

5. 非公有制企业，特别是中小型非公有制企业的廉政文化建设总体薄弱，制度建设迫在眉睫。我们在对民营中小企业的调研中发现，廉政文化建设被严重边缘化，没有开展廉政文化建设的计划和目标。从访谈中了解到，员工基本上没有参加过廉政文化活动，不少人认为廉政文化与非公企业关系不大，作为员工干好自己该干的活即可，厂务是否公

[①]《以案说廉：90个群众身边"微腐败"典型案例剖析》编写组．以案说廉：90个群众身边"微腐败"典型案例剖析［M］．北京：中国方正出版社，2020：18．

开、企业如何管理不是自己关心的问题。甚至有员工直言对企业来说，利润最大化就是目标，"打点关系"的投入如果能带来丰厚利润，这种投入就是值得的。清廉与企业密切相关的实际依存度与企业员工对廉政文化建设的淡漠形成鲜明的对比，这种对比表明了非公企业廉政文化建设具有现实紧迫性。从短期看，廉政文化建设也许不能直接给企业增加利润，因此企业缺乏廉政文化建设的内在动力，非公企业缺乏廉政文化建设的主动性，非正式制度下的非公企业廉政文化建设面临困境。然而，从长远看，一个清正廉洁、诚信可靠的企业必将为增强企业竞争力、凝聚力提供强有力的支撑。因此，企业加强廉政文化建设的顶层设计，通过自上而下制定正式制度来推进企业全体员工有序开展廉政文化建设，是一项重要的任务。

6. 大众传媒应在民众参与廉政文化建设中担负起更加重大的责任，需要完善大众传媒开展廉政文化建设的正式制度。当我们从家庭、学校、社区、农村以及企事业单位探讨廉政文化建设时，针对的都只是有一定界限的特定群体中的民众，而大众传媒属于无边界的所有民众都可以参与的范畴。一方面表现为大众传媒的受众是所有民众，另一方面所有民众可以借助大众传媒参与文化的传播，因而从民众参与廉政文化建设的视域来看，借助大众传媒，人人都可以是廉政文化建设的主体。民众可以借助大众传媒学习廉政知识；可以依赖大众传媒传播廉政文化，开展廉洁教育；也可以借助大众传媒，实行对权力的监督；等等。因而，从正式制度层面看，政府需要确立大众传媒廉政文化建设制度，为大众传媒开展廉政文化建设提供资金保障，确立优秀廉政建设项目在大众传媒中优先展播的规则，以及制定民众利用大众传媒进行权力监督的章程，等等。通过制度的刚性推动民众建立起"知廉爱廉敬廉"的舆论导向。

(三)从正式制度的"可移植性"特征着眼,要借鉴一些清廉国家关于群众参与廉政文化建设的制度安排,汲取其合理部分为我所用

世界各国反腐倡廉的有益做法都可以积极借鉴,这是习近平总书记对于深入推进党风廉政建设和反腐败斗争的鲜明观点。① 在新制度经济学的制度变迁理论中,正式制度具有显著的可移植性,可以从一个国家移植到另一个国家,那些不具备社会制度属性的人类智慧成果,可以用"拿来主义"为我所用。众所周知,反腐败问题是全世界各国共同面对的难题,有些国家通过正式制度建设促进民众积极参与廉政文化建设,并取得显著成效,选择对我国具有适用性的制度建设经验,不失为正式制度建设的重要路径。我们选择一些清廉程度比较高的国家进行分析,总结其正式制度建设经验,以便借他山之石来琢己身之玉。

1.芬兰经验。其一,以法律保障政府执政的透明,政府档案馆以及公共部门的所有档案向公众开放,包括新闻媒体。芬兰民众有权利并可以有多种畅通渠道了解政府部门的相关情况,甚至任何公民随时可能与总统进行平等交谈。② 与之相配套的是,芬兰公民和团体的收入以及财产也具有高度透明性。政府透明执政和公民收入、财产公开化并行的制度安排对公务人员具有不敢腐的威慑作用。其二,法律规定芬兰行政监察专员公署要充分依靠普通公民开展日常工作,所有公民可以向公署举报官员的违纪违法行为。芬兰有关法律还规定,监察机关要重视公民意见,总检察长每年要到全国各地巡视,直接接待公民,倾听意见。接受和审理普通公民对官员的举报是最高检察长和议会总检察官最重要的一项责任。其三,在芬兰,各级政府机构设置法律辅导员,法律明确了法律辅导员的职责就是帮助有需要的民众高效行使投诉和举报等监督腐败的权利,以确保每个公民不会因为对法律的不理解或者其他困难而无

---

① 习近平.习近平谈治国理政:第一卷[M].北京:外文出版社,2014:390.
② 朱军.芬兰的廉政文化[J].检察风云,2005(5):30-31.

法行使权利。[1]

2. 瑞典经验。瑞典是监察专员制度和政务公开首创国家。在民众参与廉政文化建设的制度安排方面有着值得学习的宝贵经验。除了政府的透明性，比较突出的：一是法律规定议会行政监察专员有权力将监察事项公开化以增强透明度，尤其是行政当局对调查意见不予答复或采纳时，监察专员可依靠广大民众的社会舆论形成对当局的倒逼力量。法律规定每一个议会行政监察员每年到全国各地视察的时间不能少于30个工作日，瑞典法律也赋予公民控诉权，任何人遭受政府的违法行为或者不公正行为的侵害，都可以在一定时间内向议会监察员提出口头或者书面的控诉。[2] 二是瑞典在法律上允许非官方反腐机构的成立，由此形成比较完善的社会监督制度，民众监督和媒体监督制度完善，全民全方位参与反腐堪称典范。[3] 任何一个公民如果怀疑某官员有贪腐行为，民众可以自行举报，也可以通过参与工会等社团组织来监督公职人员的腐败行为。社会监督制度对集中民众力量开展监督、检举政府、公职人员以及商人的违法腐败行为作用显著，实现了全民监督、全面监督。[4] 三是，完善的公民个人征信制度。瑞典个人征信制度的完善保障构成个人征信记录的广度，不仅涵盖信贷、纳税等金融领域，而且贯穿于与诚信品质相关的方方面面。就连学生时代乘车逃票都被纳入污点记录，对其职业生涯产生严重的负面影响。[5] 这就对广大民众在日常生活中培养诚信清廉品德起到强大的助推作用，与廉洁教育相结合，对促成"崇廉尚廉"的社会氛围必然是相得益彰。

---

[1] 孙晓莉. 国外廉政文化概略 [M]. 北京：中国方正出版社，2014：7-9.
[2] 孙晓莉. 国外廉政文化概略 [M]. 北京：中国方正出版社，2014：15-17.
[3] 四川省社会科学院课题组，四川省廉政建设研究中心. 国外境外预防腐败体制机制研究 [M]. 成都：四川人民出版社，2018：164.
[4] 王鹏，赛明明. 瑞典怎样有效防治腐败 [J]. 理论导报，2017（2）：47-48.
[5] 唐海歌. 瑞典廉洁模式及其启示 [J]. 管理观察，2015（31）：25-27.

3. 澳大利亚经验。澳大利亚在 20 世纪七八十年代也曾经是腐败比较严重的国家，经过一段时间的腐败治理，逐渐建立起清廉政府。在其廉政文化建设过程中，从制度层面使民众力量得到充分重视是其显著特征。澳大利亚与芬兰、瑞典一样，从制度上保证政府行为对社会民众公开透明。此外，社会民众对权力的监督也得到法律的保障，尤其是公民投诉权的保障和对举报人的保护十分完善。澳大利亚制定《公民投诉保护法》，明确规定对公民投诉的有效保护，以此提高民众投诉的积极性，还专设《保护举报法》，要求政府依据法律设置专门的保护举报官，以法律形式保护民众的合法举报行为免遭打击和报复，以此为社会民众对权力的监督保驾护航。①

4. 新加坡经验。新加坡从 20 世纪 60 年代正式建立共和国到逐渐成为世界上最清廉的国家之一，以法律制度推进廉政文化建设是其宝贵经验，民众的参与同样不容忽略。其中极具特色的是新加坡政府发布《共同价值观白皮书》，是新加坡人民需要共同遵守的正式制度。这一制度将新加坡民众与国家的前途命运紧密联系在一起，增强民众对国家的认同感，动员民众凝聚力，对加强廉政文化建设，效果十分明显。同时，新加坡贪污调查局在政府各部门设立情报员，鼓励民众举报贪污腐败行为，即便是公务员收受一盒咖啡或香烟的举报案件，调查局也会受理，并认真调查。② 此外，新加坡针对各系统的特征制定针对性的廉政方案，如建立激励节约、控制浪费、医疗补贴向低收入群体倾斜的医疗制度，制定完善教师良好形象、实行教育资源均等化、强调公共服务价

---

① 四川省社会科学院课题组，四川省廉政建设研究中心. 国外境外预防腐败体制机制研究 [M]. 成都：四川人民出版社，2018：138，148.

② 四川省社会科学院课题组，四川省廉政建设研究中心. 国外境外预防腐败体制机制研究 [M]. 成都：四川人民出版社，2018：177，181-182.

<<< 第四章 正式制度视野下我国民众参与廉政文化建设的路径研究

值观的教育系统预防腐败措施等。[①] 以制度的权威性推动全民参与廉政文化建设，使清廉和反贪理念渗透于各行各业，使国家的反腐治理得到民众的大力支持而取得更显著的成效。

总之，世界各国廉政文化建设体现了民众参与在正式制度的保障下更能充分发挥作用。我们必须开拓视野，借鉴和参考他国的成功经验，一些不具备社会制度属性，且行之有效的制度，我们可以大胆"移植"。以上国家廉政文化建设的经验显示了政府执政高度透明和政务高度公开的必要前提，也突出对民众参与权力监督的严密保护，这是从正式制度层面推动民众制约公职人员"不敢腐""不能腐"的重要举措，使之与非正式制度促成的"不想腐"共同起作用，将有助于"三不腐"的一体化推进。因而，我们要借鉴运用之，必将为我国民众参与廉政文化建设注入强大动力。

（四）正式制度建设的内容覆盖面需要不断拓展，并更加详尽

1. 进一步完善人民当家作主的根本政治制度，进一步健全我国全过程人民民主的制度建设。不可否认，人民群众参与廉政文化建设只是人民参与国家治理和社会公共事务管理的一个很小的领域。然而，这是我国的根本政治制度赋予了人民当家作主根本政治权力的体现。而且，我国的全过程人民民主又体现于中国共产党治国理政的全过程之中，为广大人民参与政治、经济、文化、社会等诸多领域的管理和监督提供了最坚实的保障。我国的根本政治制度和全过程人民民主保障人民群众有权利投入中国特色社会主义现代化，有权利同一切滥用公权力、侵犯群众利益的腐败分子做坚决的斗争，也有权利成为传承优秀传统廉政文化、确立清廉价值观、监督权力规范使用的中国特色社会主义建设者。

[①] 李秋芳，孙壮志. 反腐败体制机制国际比较研究［M］. 北京：中国社会科学出版社，2015：109-113.

因此，就正式制度建设而言，人民当家作主的根本政治制度不能动摇，而且要不断完善，使广大民众的主人翁意识和建设社会主义国家的自觉性不断加强，进而更加积极主动投入廉政文化建设。全过程人民民主是我国国家制度建设的创造和创新，不仅强化人民代表大会制度作为根本政治制度的"人民性"显著特征，对广大人民群众也具有最广泛的包含性，是"人民至上"的鲜明表达，彰显马克思主义显著的人民立场。全过程人民民主还需要健全和完善中国共产党领导的多党合作和政治协商制度，使协商民主在"全过程""全领域"推进，有助于民众的广泛参与；全过程民主也需要完善广大基层群众实现自我监督的基层群众自治制度，这也恰恰是最广泛民众参与廉政文化建设的基层制度保障。因而，要不断完善和发展我国的根本政治制度，完善和发展我国全过程民主的制度体系，充分发挥人民大众在我国腐败治理中的强大作用，凝聚民众在廉政文化建设中的力量，体现我国的制度优势。

2. 从制度上进一步加强政府部门和公共事务部门的透明度，切实推进公职人员财产申报制。公开透明是世界上许多清廉国家最显著的特征，芬兰、丹麦、瑞典、新加坡等国，都是透明度较高的国家。近年来，我国对政务和政府信息公开的制度建设取得了较大成效，信息公开渠道得到拓宽，极大提高了民众的参与度。但是与我国清廉国家建设目标仍然存在差距，人民群众对政府部门信息公开的需求仍然不能满足，政务向社会民众公开程度和力度仍需进一步提高。对政务透明具有重要意义的公职人员，特别是领导干部的财产公开制度需要完善并切实推进，当前的正式制度设计中，党政各机关中的县处级副职以上干部、人民团体和事业单位中的县处级副职以上干部以及国有企业领导班子成员都纳入了报告个人事项规定的范畴，报告事项包括本人婚姻和配偶、子女移居国（境）外、从业情况等事项，以及本人和配偶、共同生活子

<<< 第四章　正式制度视野下我国民众参与廉政文化建设的路径研究

女的收入、房产、投资等项目。① 这是我国财产公开制度的一大进步。然而，制度建设中的不足之处依然是明显的。领导干部个人事项的报告只是放置于党政机关内部，向组织部门提供查询，并没有通过法定渠道向全社会公众公开，公开透明程度有限；而且主体范围只是县处级副职以上领导干部，没有涉及所有公职人员，在很大程度上限制了社会民众的监督。财产公开尽可能使公职人员的财产情况有更明确而细致的呈现，才能为群众提供更有效的监督。2022年1月，中央纪委国家监委推出的专题片《零容忍》第五集《永远在路上》中，张雨杰的贪污案在一定程度上显示了我国现有领导干部个人事项报告制度的局限性所在。曾就职于滁州市不动产登记中心交易管理科的张雨杰，仅仅是一名普通职员，就能通过职务之便在3年内贪污近7000万元人民币。一个普通职员就能够轻而易举贪污巨款，滁州市不动产登记中心财物管理的漏洞之大让人触目惊心。在张雨杰贪污案上，我们也看到了监督制度的缺失。张雨杰将巨额贪污款主要花在各种高端消费上，在滁州工作的他到上海租住月租3.8万元的房子，每天坐高铁上下班，在外旅游时住10万元一晚的海景套房。如此超出自己消费能力的奢侈消费，单位居然毫不知情，没能进行有效的监督，社会民众的监督也没能发挥作用，直到2020年3月因新冠疫情严重，二手房交易停止，才发现资金的缺口。然而，张雨杰所贪污的巨额资金大部分已被挥霍掉而无法追回，给国家造成了巨大损失。这一案件揭示了进一步推进公职人员财产申报向社会大众公开的正式制度建设的紧迫性。政府部门以及公共事务部门应更加积极主动地加强与社会大众之间的联系与沟通，除需要保密的特别事务和资料外，应加强信息对公众的公开度，以便民众监督，减少贪污发生的可能性。

---

① 中共中央办公厅、国务院办公厅印发《领导干部报告个人有关事项规定》和《领导干部个人有关事项报告查核结果处理办法》[J]. 中国纪检监察，2017（9）：7.

3. 从制度上明确人民群众廉政文化建设的"参与者"身份,确立民众廉政文化建设的主体地位。我国的廉政文化建设长时间以党政内部系统为主要场域,而与之密切联系的社会外部系统则呈现出非均衡性。腐败研究著名学者迈克尔·约翰斯顿(Michael Johnston)认为预防和反击腐败的重要战略就是实现国家与公民社会之间的平衡发展。[1] 廉政文化建设的主体要不断向社会系统拓展,不断激发人民群众的积极性和主动性,推动全社会各领域内的个体和组织都参与廉政文化建设,从而实现党政系统内部廉政文化建设与社会外部系统之间的均衡发展。我国民众的参与作用需要进一步发挥出来,使之与国家党政内部系统的反腐败工作之间能够更好实现平衡发展。我国宪法明确人民群众的主人翁地位,一些廉政制度也强调了人民群众在廉政文化建设中的参与者身份,然而民众如何参与建设,在哪些具体领域参与廉政文化建设,仍然不够明确,导致大部分民众不知从何下手,广大民众作为"参与者"身份难以在实践中落实。因而,需要不同层级的"正式制度"对民众参与"破""承""立"廉政文化建设做出战略性部署,并明确民众在不同单元开展廉政文化建设的具体方案。还要从制度上简化民众参与廉政文化的程序,增强参与便利性,国家和政府给予引导和支持,使民众参与廉政文化建设的主体地位从制度到实践得以体现。

4. 从制度上引导和规范民众正确行使监督权。民众参与监督是一种积极的廉政行为方式,需要在全社会积极鼓励和大力倡导。然而,人民群众只有规范行使监督权,合法合规进行权力监督,才能凝聚起全天候"探照灯"的民众监督力量,成为我国治理腐败的利器。否则,如果部分民众存在不负责任的态度,以"监督"为名,歪曲事实,发泄私愤,虚假举报,或者借助网络平台的便捷性通过"人肉搜索""报复

---

[1] 何增科. 反腐新路:转型期中国腐败问题研究 [M]. 北京:中央编译出版社,2002:70.

式曝光"等网络暴力行为方式侵犯他人权益,必将影响社会的稳定与安全。因而,需要从正式制度安排上,为民众参与监督提供规范,例如,制定《群众监督法》《群众监督实施纲要》等法律法规,对监督主体、监督对象、监督渠道、监督程序加以规范化,既能避免一些以监督之名来扰乱社会秩序的不法行为,更能为民众正确规范行使监督权提供保障,推动民众参与监督在法治的轨道上走实走深。

总之,依靠群众的支持和参与,是有效预防和应对腐败问题、提升我国廉政建设水平的基础和条件,正式制度建设是推动民众参与廉政文化建设的重要途径,具有稳定性、强制性和权威性特征。我国促进民众参与廉政文化建设的正式制度建设已经付诸实践,应当立足我国实际,并借鉴清廉国家建设中对我国具有适用性的宝贵经验,构建促进民众参与廉政文化建设的制度体系。人民当家作主根本制度的建设和完善,是人民群众参与廉政文化建设、约束公权力最根本的保障;从法律到各部门各单位制定的民众参与廉政文化建设的各种规章制度,是推动人民群众作为社会主体建设廉政文化的直接依据;群众监督的法律法规为人民群众参与廉政监督提供安全保障和行动指南。这不仅使正式制度下民众参与廉政文化建设取得更好的成效,而且在与非正式制度相结合的建设中,推动人民群众主动接受廉政文化、主动传播廉政文化,选择廉洁行为模式,不受贿行贿,构建清廉人际关系网络,自觉监督权力以防范腐败。

第五章

构建我国民众参与廉政文化建设的长效机制研究

廉政文化建设最重要的目标是预防腐败，十九届中央纪委六次会议明确提出要保持反对和惩治腐败的强大力量常在，要坚定不移把反腐败斗争推向纵深发展，并指出要加强廉政文化建设的方略。这表明构建民众参与廉政文化建设长效机制对于加强新时代廉政文化建设，促进打赢我国反腐败斗争攻坚战、持久战具有重要意义。

第一节 构建非正式制度建设和正式制度建设的联合机制

非正式制度视野下的民众参与廉政文化建设，是民众在意识形态范畴内破除腐败文化、传承优秀传统廉政文化和党的红色廉政文化，并逐渐树立关于廉洁从政的世界观、人生观和价值观，营造清正廉洁的社会风俗和道德风尚。它深深触及和影响着人的灵魂，对整个社会群体的清廉道德情操、价值取向和理想信念产生重大影响。旧观念的破除和新观念的形成，不是一朝一夕就能完成。非正式制度建设是一个缓慢的过程，是一种潜移默化的道德教化，是通过影响和改变人们的意识形态来形成"贪耻廉荣"的社会价值判断，对公职人员选择廉洁奉公、清廉为民形成外在推动力，起的是"润物细无声"的功效。然而，如果民众参与廉政文化建设只是一种自发的自下而上的行为，一旦受到外力的阻挠和压力,往往会由于自身的脆弱性而导致行动终止。只有与具有权威性的自上而下形成的正式制度相结合,才能促进民众参与廉政文化建设获得长期发展。

一、充分发挥基层党组织作用,使非正式制度与正式制度建设更好实现连接

在我国,中国共产党是社会主义建设的领导者,基层党组织是党治国理政的神经末梢,与最广大人民群众接触最多,起着战斗堡垒作用。在廉政文化建设中,基层党组织担负引领广大民众参与的责任,具有明显的优势。在非正式制度的意识形态层面,学校、企业、社区、农村以及各社会组织的基层党组织可以有计划地向民众传达廉政政策、传播廉政知识,组织民众开展廉政文化活动,鼓励民众参与廉政监督等,以基层党组织稳定而强大的力量解决民众自发参与廉政文化建设的脆弱性。在正式制度建设层面,基层党组织可以深入调研,了解民众在参与廉政文化建设中的障碍性因素,通过正式制度的制定和完善,解决问题,或将意见建议向上一级党组织汇报,通过更高层面的制度安排解决民众在开展廉政文化建设具体实践中所面临的困境。从而,在非正式制度与正式制度廉政文化建设的相互关系中,非正式制度建设实现民众廉政意识的增强,孕育清廉社会风气,为廉政文化正式制度建设提供沃土,使正式制度能够被民众接受并发挥其作用;正式制度的确立则是坚实保障,使民众参与廉政文化建设因有据可依而更加行稳致远。在这两者之间,基层党组织是一个关键的连接点,在正式制度建设中保障民众参与廉政文化建设的地位和核心利益,在非正式制度建设中,依靠民众,动员群众,凝聚起廉政文化建设群众伟力,为一体推进不敢腐、不能腐、不想腐奠定基础。

二、民众自下而上的发力与党和政府以及各单位的自上而下发力相结合

民众参与廉政文化建设的着眼点是"民众",当我们的研究聚焦于广大民众参与廉政文化建设的实践状况考察时,可以看到,在各行各业,在家庭、学校、社会等各场域中,许许多多普通的群众以自己的微弱力量,以高度的廉政自觉,或与腐败文化做斗争,以举报、信访等方式履行监督职责以破除腐败,或殚精竭虑传承和创新传统优秀廉政文化和党的红色廉政文化,或致力于在全社会树立起"崇廉""尚廉"的廉洁价值观。他们的努力既对构建清正廉洁、公平正义的社会环境具有积极影响,又推动越来越多民众加入廉政文化建设的行列。在没有任何外力干扰的情况下,随着清廉的正能量不断释放,必然越来越多的民众参与其中,成为清廉社会的建设者。然而,在实际的实践中,外力干扰始终存在,廉政文化与处于对立面的腐败文化共存,在民众参与廉政文化建设的进程中,贪腐力量的反扑一直存在。仅仅依靠民众自下而上的自发行为难以战胜顽固的腐败力量,甚至可能会招致行动的中途夭折,使整个社会陷入腐败文化横行、清廉者无立锥之地的境地。而且,民众自下而下推进廉政文化建设的缓慢性,也与我国反腐败斗争的迫切需要不相符。再者,如果偏离制度化、法治化轨道,很容易对社会安定产生负面影响。因而,自上而下动员民众参与廉政文化建设的强制力就显得异常重要。这种自上而下的力量不仅体现在确立民众参与廉政文化建设的正式制度,也体现在党委领导、政府负责、各部门各单位积极推进廉政文化建设与民众参与廉政文化建设相结合。民众参与廉政文化建设,需要主心骨、指引者,各级党委制定法律法规以及实施纲要,有计划、有步骤地推动民众成为廉政文化建设的接受者、传承者、传播者。需要特别强调的是,在制定民众参与廉政文化建设的正式制度时,要充分了解民众的意愿,倾听民众的建议,尊重民众的意见表达,在正式制度制定

过程中实现各级部门自上而下的发力与民众自下而上的出谋划策相结合。同时，从更广泛的范围看，正式制度的实施与民众自下而上自发自觉参与廉政文化建设也实现耦合。从而，一方面破解民众自我参与廉政文化建设的脆弱性和缓慢性缺陷，另一方面也突破了廉政文化建设囿于党政领导干部和公职人员内部的藩篱，实现了与人民大众的融合，必将由此获取强大的力量和持续发展的动力。民众参与廉政文化建设也必然借助自上而下的具有稳定性的正式制度建构获取长期发展的强大外在推动力，在建设进程中逐渐实现"外力"与"内在动力"的结合，使越来越多民众成为清廉价值观的追求者、弘扬者和践行者，民众参与廉政文化建设才能进入良性循环的发展轨道。

第二节　构建民众监督与党的自我革命相结合的联动机制

在十八届中央纪委五次全会上，王岐山同志指出要紧紧依靠人民参与支持，使群众监督无处不在，充分肯定了人民群众监督的正能量为党风廉政建设提供深厚支撑力。民众的清廉意识形态和廉政制度提供的坚实保障，对民众的廉洁行为方式产生直接或间接的影响。从民众视角看，其廉洁行为方式最重要的外化标识是参与对权力的监督。因此，民众在日常生活中把权力监督作为自觉的廉洁行为选择，既是民众参与廉政文化建设的表现，也是廉政意识和廉政制度对民众廉洁行为产生影响的表现。因而，在廉政文化建设的长效机制构建中，我们特别重视民众监督在与党的自我革命相结合中获得常态化发展。

习近平总书记在党的十九届六中全会又提及跳出治乱兴衰的历史周期率问题，他说毛泽东同志在延安的窑洞里给出了"让人民监督政府"的第一个答案，如今，我们党又给出了"自我革命"的第二个答案。

这揭示了民众监督与党的自我革命的辩证统一关系，要构建起民众监督机制，推动民众监督与党的自我革命相结合，内外发力共同解决历史周期率问题。民众监督与马克思主义经典著作中的群众监督、人民监督具有相同内涵。党的二十大报告提出，要完善党的自我革命制度规范体系，强调以党内监督为主导，促进各类监督贯通协调，表明民众监督理应成为党的自我革命制度体系不可或缺的组成部分。

民众监督和自我革命是中国共产党百年来不断发展壮大并始终保持强大生命力的外部因素和内在原因，两者相互促进。民众监督是从外部施以影响，是党自我革命的强大推动力。人民群众数量众多，又是国家权力的所有者，是国家的主人，对执政党存在的问题会有更直接的感受，感触也更深。正因此，习近平总书记以古人所说的"知屋漏者在宇下，知政失者在草野"告诫党员领导干部要知民意、解民困。[①] 保障民众监督的扎实推进，中国共产党就拥有更多发现问题的机会，就更能够了解民意，更好满足人民群众的期待，永葆共产党的先进性和纯洁性。

一、强化领导干部接受民众监督的自觉性和民众参与监督的积极性相结合

党的十八大以来，党不断强调领导干部要自觉接受人民监督，提出在虚心接受人民监督中增强服务人民的本领。然而，党的群众监督理论尚未在实践中得以全面落实，作为被监督的对象，部分领导干部采取了反击措施。他们弱化、淡化甚至阻挠民众的监督，有的领导干部根本不把群众的意见放在心上，有的压制民众通过大众传媒进行舆论监督，还有的甚至对提供问题线索的群众进行报复。与此同时，实现监督的广大

---

① 乔清举.知屋漏者在宇下，知政失者在草野［N］.光明日报，2019-01-07（11）.

民众，与领导干部相比，在社会地位以及社会资源的整合能力等许多方面明显处于弱势，害怕监督、不敢监督成为民众实现权力监督的重要影响因素。又加之监督意识不足、监督法律知识的缺乏等，民众参与监督的动力不足也显现出来。由此，不管是对领导干部，还是对广大民众，都需要从思想层面和制度层面注入动力，以党的自我革命精神增强接受人民监督的自觉性，并赢取人民群众的信任和支持，破解监督者和少数站在人民对立面的被监督者之间的冲突与对抗，增强人民群众参与监督的信心和勇气。这种动力来源于党员干部自我革命的自觉，来源于党政领导干部密切联系群众，也来源于人民群众对廉政知识的把握和廉政意识的提升，以及参与权力监督带来的安全感和荣誉感。

二、拓展群众监督的渠道，使党内监督系统与党外监督系统相结合实现常态化发展

通过畅通群众来信来访渠道，优化网络群众举报平台等，以多样化的畅通渠道为民众进行监督提供便利。

（一）不断提高信访工作透明度和公信力，使人民群众的满意度有所提高

着眼于我国信访工作中存在的问题，2014年2月，中共中央办公厅、国务院办公厅印发《关于创新群众工作方法解决信访突出问题的意见》，着力从源头上预防和减少信访问题发生，进一步畅通和规范群众诉求表达渠道，进一步健全解决信访突出问题工作机制的改革创新。[①] 此后，群众全方位参与"阳光信访"的进程得到加快。国家信访局还陆续选取一些群众评价不满意的信访事项进行重点督办，并向社会公开。2014年12月12日至2019年11月19日，国家信访局网站共公

[①] 关于创新群众工作方法解决信访突出问题的意见［EB/OL］.中国政府网，2014-02-25.

布414项对群众信访的督查情况。一方面有助于国家信访局主动接受社会监督和群众评价，另一方面也对民众表达诉求、依法信访给予引导，增强了信访的公信力。而且群众诉求渠道更加畅通，最高人民检察院检察长张军在十三届全国人大二次会议上明确提出"建立7日内程序回复、3个月内办理过程或结果答复制度"后，重复信访和越级信访明显减少，群众信访满意度大增。我国最高检数据显示，2021年全国检察机关共接收群众信访895，362件，其中重复信访272，013件，信访总量和重复信访量为近8年来最低。特别是最高检信访量大幅下降，2021年共接收群众信访184，445件，占全国检察机关信访总量20.6%，为20年来最低。① 省级的信访工作也有较大的发展，据统计，2015年广东省全年共受理信访举报68，770多件（次），其中立案的就有14，898件，立案总数比上一年增加1/3。② 数据的背后是人民群众以信访形式规范化表达诉求，或提出建议意见，或对失职公职人员进行投诉，广大民众维护自我合法权益的行动力有所增强，而重复信访和越级信访的减少又表明民众对信访的满意度在提升。我们要推进民众参与廉政文化建设的持续发展，就不能满足于信访工作上的现有成绩，必须不断提高透明度，增强公信力，提升民众的满意度。

（二）更充分发挥民众的网络监督功能

在党的自我革命过程中，不断推进群众监督理论创新发展，十分重视群众利用网络平台进行监督。近年来，我国群众网络举报的数量显著增加，群众监督的积极性大大提高。一方面，各机关部门开设的网络举报和监督网站为群众监督提供了便利性，增强了群众举报的主动性。例

---

① 戴佳. 短短三年，信访结构"倒三角"问题何以持续改善：解读群众信访"件件有回复"后最高检信访量占比全国检察机关信访总量20年来最低的"密码"［N］.检察日报，2022-02-17（2）.
② 杜若原，邓圩，罗艾桦. 广东：反腐不手软 发展不停步［N］.人民日报，2016-01-27（1）.

如,在原中央纪委监察部网站开通之后,2013年9月2日至2014年5月2日,8个月共收到检举控告类网络举报74,049件,是网站开通前8个月所收到的所有举报数量的将近2.5倍。[①] 另一方面,自媒体平台也成为民众展开监督的有效渠道,通过微信、微博、网上论坛等形式爆料揭露公职人员的腐败行为,简便又快捷。从近年来央视盘点的反腐典型案例中的"房姐""房叔"到"表叔",大批中高层官员落网都得益于群众在微博、论坛发帖的网络举报提供的重要线索。人民群众通过网络对权力进行监督,成为我国反腐败斗争的利器。在今后的廉政文化建设持续深入推进过程中,必须更加充分发挥民众利用网络平台进行监督的功能,与党内监督相结合,增强预防腐败成效。

(三)要责成各相关部门对群众监督举报给予及时反馈

当前,还存在民众的建议、意见、举报线索得不到及时反馈的情况,民众根本不知道自己的建议意见是被接受还是被拒绝,也不清楚自己提供的公职人员违法违规线索是否有相关部门进行查证,这必然导致民众在"自说自话"的自我感觉中对监督却步不前。因此,群众监督的推行需要及时反馈机制与之匹配,要明确反馈时间期限,并在期限内给予回复。就党的自我革命而言,需要充分利用好群众的监督意见,发现自身不足,有针对性地进行党的自我完善。就民众而言,及时反馈就是对群众监督的尊重和肯定,有助于激发民众参与监督的积极性和主动性,推动群众监督长久而持续发展。

(四)进一步完善民众监督与党的巡视巡察相结合机制

党的十八大至十九大期间,从中央到省市县的巡视巡察,实现了横向的全覆盖和纵向全链接,数十万的民众被纳入信访举报和面对面的访

[①] 中纪委线索渠道:情妇检举最主动 兄弟揭发最坚决[EB/OL].人民政协网,2014-05-20.

谈中,为党的巡视巡察工作提供了大量可靠的线索。① 根据中央纪委国家监委网站发布的数据统计,党的十九大以来,十九届中央巡察组群众监督作用依然凸显。"首轮巡视处理群众信访举报40余万件次,绝大部分反映的是群众身边的不正之风和腐败问题"②,群众监督热情高涨,参与性极强。在后面的几轮巡视中,人民群众也积极踊跃向巡视组提供一些领导干部的问题线索,推动巡视工作取得更好的成效。群众监督不只是在中央一级的巡视中发挥作用,在各省市级巡视和县级的巡察工作中也是如此。浙江省嵊州市的第十二轮巡察整改期间,巡察干部们走访群众180余人次,收集群众反映集中的难点堵点问题21个,意见建议30条。③ 海南三亚市委"巡察办"明确表示要让广大群众知晓巡察、支持巡察、参与巡察,更加积极主动地向巡察反映情况、提供线索,从而促进巡察更加精准发现问题,增强巡察效果。④ 可见,群众监督在与党的巡视巡察上下联动中获得深入而长久的发展。要构建民众参与廉政文化建设的长效机制,就要不断强化群众监督与党的巡视巡察工作的深度结合。

第三节　建立和完善协调机制

廉政文化不仅是廉洁从政的公职人员专属的职业文化,而且是覆盖

---

① 罗宇凡,朱基钗.高举巡视利剑 推进全面从严治党:十八届中央巡视回眸[N].人民日报,2017-06-22(1).
② 新时代巡视利剑作用更加彰显:十九届中央第一轮巡视工作综述[EB/OL].中央纪委国家监委网站,2018-07-31.
③ 浙江省纪委监委.浙江嵊州:聚焦民生领域突出问题推进巡察整改[EB/OL].中央纪委国家监委网站,2021-11-16.
④ 海南省纪委监委.海南崖州:拓宽巡察宣传渠道 提升群众参与度[EB/OL]中央纪委国家监委网站,2022-03-17.

全体社会民众的社会文化。民众是一个广泛的群体，他们存在于各行各业，分布于全国各地各个角落。在我国，人民群众是国家的主人，理应成为建设廉政文化、反对贪腐的主力军。因而，需要有效动员广大民众，在全社会共同努力下共同构建守护清廉的铜墙铁壁，筑牢防腐反腐的基础工程。

一、构建民众参与廉政文化建设的政府与社会外部协调机制

政府在廉政文化建设中居于主导地位，民众是廉政文化建设的重要参与者。如果我们把政府内部开展的廉政文化作为挖掘"廉洁用权"内在驱动力的话，那么人民群众参与廉政文化建设，则是一种外在驱动力。因而，构建政府与社会廉政文化建设的联动机制是提高我国治理腐败能力的需要，也是民众参与廉政文化建设长效机制的必然要求。

（一）政府要坚持以人民为中心、对人民负责的正确导向

在我国，政府是人民的政府，政府要从理念上重视民众在廉政文化建设中的主力军地位，重视发挥民众参与的积极作用，廉政文化建设的正式制度能否有效落实，落实中面临哪些困难、如何解决困难等问题都需要政府积极引导、及时指引，加强与"大社会"的联系与沟通。首先，构建起"弱"联系。各级政府应将群众参与廉政文化建设纳入廉政工作的整体布局之中，并根据群众开展廉政文化建设的不同单元，制定廉政文化建设的实施大纲、指导读本，为政府与民众的相互联系提供纽带，作为政策制定者的各级政府和作为参与者、执行者的广大民众之间的关系建构起"弱"联系。虽然是弱联系，但是因为政府具有权威性，这种外力是强大的，民众在这种联系之下，从对廉洁从政认同的个体理性走出，而通过政府顶层设计的发展谋划，走向群体理性。其次，借助社会组织进一步加强关联性。各级政府鼓励和支持社会团体和组织为民众提供专业的指导服务，或组织社会工作者和志愿者帮助民众切实

解决廉政文化建设中的实际困难。例如，通过妇联为家庭廉洁文化教育提供有针对性的培训和方案，通过工商联组织加强非公有制企业廉政文化建设，引导私营企业诚实守信、不行贿、不"围猎"公职人员，正确处理政府与企业的关系，推动政府与企业间建立"亲""清"新型政商关系。总之，政府可借助群团组织进一步强化政府与人民群众之间的联系，也在联系中促进民众参加廉政文化建设的渠道更加畅通。最后，构建"强"联系。政府是廉政文化建设的主导者，民众是主要参与者，仅仅依靠政策层面的"弱"联系和社会组织的"桥梁"连通远远不够，还需要构建政府部门与群众之间直接沟通的"强"联系。这就需要设置专门负责的领导干部，抓好民众参与廉政文化建设推进与落实，重视过程性指导。要深入群众，进行实地调查，了解民众关于廉政文化建设的意愿和想法，采取积极有效的措施解决民众参与廉政文化建设存在的不足与困难。对于好的经验要及时总结推广，评选民众参与廉政文化建设的示范单位、廉政文化建设先进个人、廉政文化建设优秀平台等，这既是对动员群众参与廉政文化建设做出贡献的集体和个人的鼓励和支持，也为其他民众参与廉政文化建设树立了榜样。我们在调研中发现，上级领导干部越负责、越重视，越能深入群众，其管辖区域内的社区、乡村的廉政文化建设开展的效果越好，民众的积极性就越高；反之，如果政府只是把政策向社区、村委传达后就不管不问，民众参与廉政文化建设更多是应付式和形式化，也缺乏参与的热情。这显示了政府与民众之间的"强"联系在推动民众参与廉政文化建设中具有积极意义，能够直接激发民众在建设廉政文化的积极性和主动性。

（二）畅通社会大众对话政府的渠道

政府与社会之间的联动机制不仅依赖于政府的主动上门，也需要畅通渠道"开门迎客"，各级政府要创造条件让民众"批评和监督"政府，接受民众对廉政文化建设提出意见、建议和批评，坚定民众参与廉政文化建设信心与信念。例如，各市县政府相关领导可以向本市县民众公开办公电话，随时倾听民众呼声。也可借助网络平台在更加广阔的时空中实现与民众密切联系。如今已经进入互联网时代，我国网民数量巨大，为政府利用互联网平台畅通与民众的对话提供了便捷性。习近平总书记强调要发挥互联网在倾听人民呼声、汇聚人民智慧方面的作用。[1] 廉政文化建设要从源头上预防腐败，其成效事关国家的兴衰成败，广大人民群众是否形成"崇廉尚廉"的腐败零容忍心态，全社会是否营造廉为荣、腐为耻的社会清廉文化氛围都直接影响着我国反腐败斗争向纵深发展。因而，政府要畅通渠道，打开门户，完善网上互动平台，解读和宣传廉政文化建设的政策，解答民众关于廉政文化建设的困惑，并加强与人民群众协商，制订更加符合人民意愿的廉政文化建设实施方案，并在整个实施过程中尊重民众意见，给予民众积极回应，诚恳接受民众批评。从而，使人民群众在畅通的对话渠道中感受平等与尊重，增强对政府的信任，提升政府公信力，这是民众参与廉政文化建设的强大底气。

二、全社会各单位各场域之间协同开展廉政文化建设机制

全体民众参与廉政文化建设涉及的范围广，人数众多，需高度重视并协同推进。

（一）廉政文化活动的协同开展

民众参与廉政文化建设绝不能只是一阵风和走过场，而要成为一项人民大众与腐败文化较量的常态化工作。因而，各单位各场域要利用好时机，加强联系，开展廉政文化联合活动，将清正廉洁价值观融入社会

---

[1] 习近平对"十四五"规划编制工作网上意见征求活动作出重要指示强调：更好发挥互联网在倾听人民呼声　汇聚人民智慧方面的作用 [N]. 人民日报，2020-09-26(1).

主义核心价值观培育体系中，创造有利于民众广泛参与廉政文化建设的生活情境和社会场景，贯通于每个人工作和生活的方方面面。协同推进全民行动，从家庭到学校到全社会，要纳入整体规划，使之相互协调，互相促进。家庭注重开展廉洁家教、培育廉洁家风；学校将"廉荣贪耻"价值观渗透于立德树人的整个教学体系和校园文化建设中；科研院所激励专家学者多角度多学科背景下开展民众参与廉政文化建设理论研究；大众传媒向所有民众传播清正廉洁正能量。各单位各部门共同努力，协调推进，同向而行，推动清正廉洁价值理念成为企业文化、行业文化、校园文化的主流文化，推动"崇廉尚廉"成为全体社会民众的共识。

（二）民众监督的社会协同机制

民众崇尚清廉的价值追求往往会导向对腐败的零容忍，进而增强廉政监督意识，在行为方式上直接表现为对权力运行的自觉监督。全社会各层面要形成充分肯定监督行为的氛围，共同提升民众的清廉素养，强化民众对权力进行监督的责任意识，也要从社会层面为民众监督权力增添动力、提供助力、凝聚合力，使民众更有底气、勇气与腐败行为说不，更有智慧地参与权力监督，为我国反腐败斗争持续发力，为建设海晏河清、朗朗乾坤的清廉中国提供力量源泉。

三、各单位开展廉政文化建设的内部协调机制

廉政文化建设已经从公职人员走向广大民众，涵盖不同行业、不同区域、不同年龄的所有普通群众。因而，各单位，不管是国有企事业单位还是非公有制单位，都是廉政文化建设的清廉单元，都需要全面开展廉政文化建设，各单位内部的协调机制也就必不可少。当前，许多单位从廉政文化建设的规划到廉政教育、廉政文化活动的开展，到廉政文化建设所需物资和资金的筹集等，都呈现出"单边突进"特征，廉政文化建设成为各单位纪委或工会等少数人的事，其他部门和人员对廉政文化建设比较被动，表现漠然。有的部门还以业务重作为理由，拒绝配合单位的廉政文化活动。在我们深入高校、企业实地调研时，许多职工对我们关于廉政文化的访谈首先的回应就是廉政文化与自己没有关系，提醒我们要找纪委的同志了解情况。这显示了在各单位的职工认知中，廉政文化建设与自己无关。这种单打独斗式的廉政文化建设无疑是难于取得明显成效的，而且可能因为单位内部缺乏协调机制而流于形式，导致名存实亡。因此，构建单位内部的廉政文化建设协调机制，形成廉政文化建设合力，是民众参与廉政文化建设长效机制的基础一环。

（一）形成领导合力

廉政文化的推进有赖于强有力的领导，各单位必须构建起能动员各部门力量的领导小组，推动各部门参与廉政文化建设的规划工作与目标设定，以及实施和监督方案的制定，并明确各部门职责，使廉政文化建设成为整个单位各部门全体成员共同推进的事情。

（二）形成执行合力

执行是关键，领导小组要根据廉政文化建设的实施方案，推动各部门相互协调配合，探索各种具有吸引力的廉政文化建设方式，有力推进全体员工积极参与廉政文化建设。组织部门、宣传部门、后勤保障部门以及参与成员各司其职，又相互联通，全体成员共同参与、共同构建起廉政文化建设的格局，并进入良性循环的常态化发展。全体员工在常态化的廉政文化建设中增强对廉洁从政的认同，提升自我的廉洁从业意识，远离贪腐关系圈，坚决制止单位的"码头文化"、宗派主义和圈子文化，营造人人讲清廉的文明新风尚。

（三）形成监督合力

各单位不仅要将清廉价值观融入各种精神文明建设创建活动中，还要融入单位的各项工作中，使每个人感受到清廉的力量，将清廉价值理念落实在行动上。推动单位内部员工形成监督合力，充分发挥民众监督作用，夯实防范腐败的群众根基。

第四节 建立和完善保障机制

民众参与廉政文化建设的长期性常态化发展依赖于健全的保障机制。

一、民众参与廉政文化建设主体地位的正式制度保障

制度的权威性、长期性和稳定性特征决定了民众在廉政文化建设长效机制建设中的重要地位。前文的研究揭示，有关民众参与廉政文化建设的正式制度在不断推进中，但仍然存在不足，仍需不断完善。从决策层面要明确廉政文化建设为了民众、依靠民众的顶层设计，对民众在哪些领域参与、以什么样的形式参与等一系列问题做出规划。在执行层面则要完善民众参与的制度安排，从时间表、路线图到主要负责人、主要参与主体和潜在参与主体的激励等系列问题都需要制定好实施方案。总之，要为一体推进不敢腐、不能腐、不想腐体制机制夯实群众参与的制度根基。

二、经费保障

反腐败永远在路上，面对广大民众开展的廉政文化建设也必然需要持续推进，才能为反腐败斗争提供不竭的群众力量源泉。既需要各行各业将廉政文化建设融入日常工作中，又需要依托社会组织和群众性组织通过各种丰富多彩、形式多样的活动，不断增强廉政文化对民众的吸引

<<< 第五章 构建我国民众参与廉政文化建设的长效机制研究

力，激发民众热情，触动民众心灵。在我们到社区和农村的调研中，不少社区工作人员和村委干部认为经费缺乏是制约基层开展廉政文化活动的一个重要因素。很显然，廉政文化建设需要有经费作为保障，才能不断挖掘廉政文化特色资源，创新廉政文化传播载体，丰富廉政活动形式，使廉政文化影响更多的民众，让越来越多的民众首先在"被动式"参与廉政文化建设中接受廉政文化熏陶，包括破除对官本位的迷信，树立清正廉洁价值观，并不断降低对腐败的容忍度，增强廉政监督意识，进而随着廉政文化建设的不断深入拓展，推动越来越多民众由"被动式"参与建政文化建设逐渐转变为"主动式"参与，转变成为腐败文化的批评者，传统廉政文化的传承者，廉洁价值观的积极传播者，廉洁文化建设理论的探索者、研究者，以及权力的监督者。

三、安全保障

廉政文化建设本身就具有鲜明的反对腐败指向，要向腐败的不正之风大胆亮剑。而民众作为建设主体时，相对滥用"权力"的领导干部而言，很明显处于劣势，在与腐败风气作斗争过程中甚至安全都要受到挑战，特别是当民众在廉洁价值观指导下走向形成廉洁生活方式、实行权力监督时，安全保障机制就更凸显其必要性。一方面，党的十八大以来，在党的群众监督理论指导下，群众监督的热情得到一定程度的激活，群众举报公职人员违法违规的案例显示了群众监督的威力所在。据统计，全国各级检察院举报中心在2013年至2015年间共受理举报线索107.4万件。[①] 群众监督推动反腐败工作向纵深发展。群众的自觉监督对意欲腐败者具有明显威慑力，因为其全天候、全方位存在，一旦被动

---

① 徐盈雁，李婧. 举报：检察机关反贪办案主要线索来源[EB/OL]. 人民网, 2016-07-05.

员起来,就会形成腐败行为的包围圈。例如,原环保部辐射源安全监管司赵永明,在参会期间公款打牌娱乐,被群众举报。"朝阳群众""西城大妈"构建起强大的群众监督之网,成为建设清廉社会的强大力量。① 另一方面,我国群众进行监督的自觉性仍然不足。究其原因,我国尚未形成全民监督的自觉。在一些廉洁度较高的国家,全民监督的环境已经形成,例如,在瑞典,媒体和民众自觉成为"检察官"②;在新加坡,反贪局与民众广泛联系,共同建立了良好的反贪氛围,社会效果也得到不断扩大。③ 在我国,影响民众积极参与监督的重要因素之一是对举报人信息保密性的担忧,并且害怕因为举报而遭受打击报复。《中国经济时报》也指出,实名举报会带来很大风险,一方面是被举报者疯狂反扑,另一方面,若证据不足,举报者可能反受其害。相对具有更多资源整合能力的"腐败官员",普通民众在力量对比上无疑是相形见绌的。④ 因而,构建群众参与监督的长效机制,要解决民众监督权力的安全保障系列问题。

(一)举报信息保密、保护举报者不遭受报复是安全保障的底线

要实现民众监督的常态化和长期化,就要从体制机制上给予民众安全保障,既要加强对党政领导干部自觉接受监督的教育,也要在制度上为民众监督保驾护航,要在群众监督实践中做好举报者的信息保密工作,还要从法律层面保护民众举报腐败后不遭受报复,从法律层面解决举报者的人身安全威胁,民众才敢于为维护公平正义而行使廉政监督的权利。可借鉴澳大利亚的《公民投诉保护法》和《保护举报法》的立

---

① 陈治治."朝阳群众""西城大妈"多多益善[N].中国纪检监察报,2015-09-27(1).
② 孙晓莉.国外廉政文化概略[M].北京:中国方正出版社,2014:12.
③ 李秋芳,孙壮志.反腐败体制机制国际比较研究[M].北京:中国社会科学出版社,2015:97.
④ 姜业庆.实名举报还需机制配套[N].中国经济时报,2013-07-19(3).

法，制定适合我国廉政治理实际需要的民众监督安全保护正式制度。这是最基本的保障。

（二）促进民众参与廉政文化建设的规范化是更进一步的安全保障

芬兰配备法律引导员的做法十分值得借鉴，在我国也可以在各级政府或者设置专门机构配备法律指导员并明确其职责，为广大群众解决参与廉政文化建设过程中的种种法律问题，尤其是为民众提供正确监督权力的有效指导，通过规范化获取更切实的安全保障。

（三）强化民众参与监督的使命感、自豪感和荣誉感，这是一种更高层次的心理安全保障

当前，在我国现实社会中，监督举报并不是一件为人所称道的事，而被认为是不光彩的事。在我们调查民众"是否担心因举报腐败会遭受亲朋好友疏远"的调查中，选项"非常担心"赋分为1分，选项"比较担心"赋分为2分，"不确定"为3分，"比较担心"为4分，"非常不担心"是5分，来自全国20多个省、自治区和直辖市的1381份问卷，平均分为3.13分，表明民众对于举报会导致亲朋好友疏远有一定程度的担心。这实际上也折射出人们认为"举报腐败"与"不被认可"具有强关联性。因为在我国，把"举报文化"看作可耻文化的观点仍然得到相当数量民众的认同，这一观点对民众进行廉政监督起消解作用。因此，我们要在全社会弘扬腐败零容忍意识，倡导民众监督权力的正直行为，赞誉民众为了建设清廉政府、清明政治和清朗社会而进行廉政监督的负责任行为。由此可见，以主流媒体为引领，以正式制度为保障，构建起增强大众自豪感荣誉感的民众监督话语体系，这是一种更高层次的安全感。这种荣誉感会促使越来越多民众自觉加入监督权力的行列，壮大权力监督体系的群众力量，也为推动民众参与廉政文化建设获得恒久动力。

第五节　建立和完善奖惩机制

奖励是一种正向的激励制度，对个体的理性行动具有驱动作用。而民众参与廉政文化具有广泛性和松散性，因而需要构建起多元化的奖惩机制，激发民众参与的驱动作用。政府部门、各单位以及社会组织要建立和完善民众参与廉政文化建设的奖惩机制，以奖罚分明的奖惩机制为民众持久参与廉政文化建设提供又一动力机制。

一、要建立起绩效评价制度

对群众参与廉政文化建设做出合乎其发展规律的评价，对为廉政文化建设做出突出贡献的个人或组织要给予奖励和宣传。例如，各地在道德模范人物、模范家庭评选等活动中注重清廉品德的考察，突出廉洁家风建设在评选体系中的地位。各级管理部门应将各单位廉政文化建设作为该单位绩效等级评定的重要指标，而各单位也可将职工参与廉政文化建设的成效纳入评优体系和绩效管理体系中。特别是对于参与监督权力的民众，更应该建立完善的奖励机制。或者对于积极参与廉政文化建设的自然人、法人和非法人组织可以给予优惠税收的支持。鼓励民众举报腐败行为，民众举报腐败行为一旦查实，就要根据实际情况用能够保护举报人安全的方式给予相应的奖励，从而激发民众参与廉政文化建设的积极性，使群众在发现腐败线索时，能够自然而然做出举报腐败的正确选择，形成廉洁生活方式。当然，对于那些不存在主观恶意，经查证举报问题并不属实，但也未造成负面影响的举报腐败行为，需要宽容处理，这也是对民众参与监督积极性的一种保护。

二、严惩打击报复举报人的行为

调查研究揭示,害怕遭受打击报复是人民群众不敢进行举报监督腐败行为的最重要原因之一。因而,政府需要完善体制机制,对于向举报者施行报复打击的违法犯罪行为要严惩不贷,对于民众举报过程中,泄露举报者信息的公职人员也要做出相应的惩处,从根本上免除人民群众进行廉政监督的后顾之忧。

三、严惩恶意诽谤者

不可否认,在实际生活中,也有部分民众借举报之名,捏造事实,主观恶意抹黑诽谤,对这些行为毫无疑问需要严加惩罚,绝不能让恶意诽谤扰乱人民群众对权力进行监督的良好局面,避免"劣币"驱逐"良币"。奖惩机制是对民众参与廉政文化建设的环境优化,以良好环境激发民众的内生动力,是廉政文化建设长效机制不可或缺的组成部分。

总而言之,广大民众是我国廉政文化建设中处于基础地位的建设主体,民众参与廉政文化建设绝不是一种摆设,也不是权宜之计,而是一体推进"不敢腐、不能腐、不想腐"的基础性工程。长效机制的建立是从内部和外部为增强民众廉政意识、促成民众廉洁行为方式(特别是廉政监督行为)注入持久动力。要推动民众持续参与廉政文化建设,发挥破除腐败社会关系网络、传承优秀传统廉政文化和红色廉政文化、确立廉洁执政价值观的重要作用,并促成人民群众始终成为监督党政领导干部廉洁从政的"探照灯"。从而,为构建我国清正廉洁的良好政治生态、促进社会主义社会的公平正义、提升中国共产党治国理政的能力提供民众之伟力,也为打好我国反腐败斗争攻坚战持久战夯实根基。

结　语

　　我国已经进入全面建设社会主义现代化国家的发展新阶段。中共中央办公厅于 2022 年 2 月 24 日印发《关于加强新时代廉洁文化建设的意见》，把包括民众参与在内的廉洁文化建设纳入党风廉政建设和反腐败工作布局之中进行谋划，将实现社会清朗与干部清正、政府清廉和政治清明一起确立为廉洁文化建设的鲜明目标。党的二十大报告鲜明指出要坚决打赢反腐败斗争攻坚战持久战，要标本兼治，要推进反腐败国家立法，也要加强新时代廉洁文化建设。这昭示着在新的发展阶段，以民众参与为视角的廉政文化建设路径研究不仅需要学术特色和理论创新，也需要具备资政功能。

　　本书展开的研究主要关注的主体是广大民众，在深入调研基础上，运用多学科理论分析工具，将民众参与廉政文化建设放置于历史与现实、国内与国外的纵横交贯之中，对民众参与廉政文化建设的路径展开全面而系统的研究，希望对推动学界深化廉政文化建设的研究起抛砖引玉作用，也为新时代推动廉政文化建设深入发展提供决策参考。

一、要深入民众，立足实际，激发问题意识，汲取群众智慧，获取民众参与廉政文化建设的不竭动力

毛泽东曾在新民主主义革命时期就鲜明提出"没有调查就没有发言权"，强调"调查就是解决问题"。[①] 习近平总书记明确指出："调查研究是我们党的传家宝，是做好各项工作的基本功。"[②] 本书对廉政文化建设的研究就是从调查开始。

党的十八大以来，党中央大刀阔斧、重拳出击进行全覆盖无禁区的反腐败斗争，中国共产党赢得越来越多民众的信任，笔者在调查中深切感受到民众对党和政府强力反腐的高度支持。调查还发现，党中央以及各级政府、各部门不断深入开展的一系列廉政文化建设，也逐渐对民众产生了潜移默化的积极影响，民众对现实生活中一些曾经习以为常的公款吃喝、公车私用、公费旅游等腐败行为逐渐有了较清醒的认识，一些民众已经摆脱腐败、"亚腐败"文化的思想束缚，对"大老虎反扑"论、"反腐过头"论、"反腐自黑"论和"反腐无用"论等错误思潮和错误认识进行有力反击。部分民众或被动或主动参与廉政文化建设，廉政意识逐步提高，成为清廉文化的传承者、传播者，甚至部分民众在实践中践行廉洁价值理念，勤政务实，廉洁从业，还成为权力运行的监督者，彰显了群众应对腐败难题的强大力量。尽管当前这些民众尚未占据主体地位，但正是这种应对腐败难题的群众力量的存在及其所体现的重要价值，揭示了进一步动员更加广泛的民众参与廉政文化建设的必要性和可能性。使我们坚信如今部分民众积极参与廉政文化建设所点燃的星星之

[①] 毛泽东选集：第一卷［M］．北京：人民出版社，1991：109-110.
[②] 中共中央党史和文献研究院，中央学习贯彻习近平新时代中国特色社会主义思想主题教育领导小组办公室．习近平关于调查研究论述摘编［M］．北京：中央文献出版社，2023：8.

火，终有一天可以形成制约腐败的燎原之势。

我们的调查和研究也揭示，从整体上看，腐败文化仍然具有"群体压力效应"①，腐败文化笼罩下的"潜规则"仍然较多存在。整个社会尚未形成占据优势地位的约束腐败的大众清廉意识，社会人际关系网络中清廉与腐败的较量尚未呈现压倒性胜利态势，廉政监督也尚未成为广大民众自觉的行为模式选择。我国民众对贪污腐败的痛恨和对腐败的容忍同时并存，支持反腐的态度与办事找关系的惯有思维并存。不少民众依然不能相信清廉修养能战胜人们对私利的欲望，依然信奉"关系"是办成事情的关键所在，甚至把有腐败的机会看作一种能力。在我们对"通过关系获得私利者"的态度调查中，选择"鄙视"否定态度的人数并不占多数。我们的调查和学界的研究显示，我国民众对身边的腐败、"亚腐败"行为有着较高的容忍度，与此相关联的是民众的行贿意愿较强，进行廉政监督自觉性明显不足。

我国已经进入全面建设社会主义现代化国家的发展新阶段，推动民众接受廉政文化以及主动参与廉政文化建设，提高民众"崇廉尚廉"素养，增强廉政监督意识，形成廉政监督行为方式，是值得高度重视和持续推进的工作。要使民众参与廉政文化建设取得更加显著的成果，就必须不断深入民众，开展调研，感受民众的现实生活，从人民群众面临的问题中激发我们对廉政文化建设的深入思考，为理论研究提供强有力的现实依据。

---

① 唐晓清，牟广东. 腐败的文化透视与廉政文化建设［J］. 学习论坛，2008（6）：16-18.

二、民众参与廉政文化建设的路径要实现宏观与微观相结合，非正式制度与正式制度相统一

民众参与廉政文化建设涉及的人员多，触及的领域也很广，既要把握总体宏观路径，明确总体思路，又需要着眼于微观领域的具体实施路径，推动民众切实参与廉政文化建设之中。

廉政文化建设有着鲜明的预防腐败功能，"腐败是根植于、嵌入于社会环境之中的，社会环境既是腐败的结果，又有助于维持这种腐败"[①]。人民大众是构成社会环境的主体，民众参与廉政文化建设，就是着眼于广大民众，从外部社会环境着手，在我国全面深化改革带来社会深刻变动和民众思想价值观念深刻变化的新时期，大力破除腐败的人际关系网络和腐败习俗文化（简称为"破"），动员广大民众传承优秀的传统廉政文化和红色廉政文化以实现传统廉政文化创新性转化和创造性发展（简称为"承"），并在整个社会确立中国特色的社会主义廉洁价值观（简称为"立"），伴随着三者的推进，促成民众的廉洁行为方式，特别是民众的廉政监督行为，从而凝聚起应对腐败的强大社会民众外部力量，这是总体路径。因此，一切有利于民众"破""承""立"的教育、宣传以及各种活动都是广义上的民众参与廉政文化建设。沿着这一建设总路径，还需要探寻具体实施路径，在非正式制度范畴，民众可以从各个清廉单元建设入手，切实提高拒腐崇廉、"廉为荣贪为耻"的廉政意识和廉政素养，也就是构建一种全新的清正廉洁的社会价值理念，形成持久而深刻的追求清廉的民众道德力量；在正式制度范畴，需确立和不断完善为民众参与"破""承""立"廉政文化建设提供保障的法律法规、契约、规章制度等具有权威性、稳定性和长期性的正式制

----
① 杨礼宾，葛维先. 廉政文化理论与实践研究[M]. 北京：中国方正出版社，2014：35.

度，特别是要为民众进行廉政监督提供权威制度保障。

坚持宏观与微观相结合，构建清廉意识形态与正式制度建设双管齐下，增强民众的清廉自觉，促成清廉人际关系网络取代腐败关系网络，以清朗社会制约权力异化，遏制公权力与私人利益的交易。这是治理腐败的基础工程。

三、民众参与廉政文化，需要构建民众与领导干部之间的强关联

为解决腐败问题，党政领导干部理所当然成为廉政文化建设关注的重点。我国是人民民主专政的国家，国家的一切权力属于人民，权力来源于人民，应服务于人民，并受人民监督。习近平总书记在庆祝中国共产党100周年诞辰的讲话中再次强调"人民是历史的创造者，是真正的英雄"。这是我们关注民众参与廉政文化建设最根本的立场。本书对民众参与廉政文化建设的研究，是研究视野的下移，希望换个角度探寻解决腐败问题的钥匙，探寻动员人民大众积极参与廉政文化建设的有效路径，把人民大众的力量转化为制约腐败的强大力量。

但我们也深知民众参与廉政文化建设的一切工作的开展，都离不开党政领导干部，民众参与廉政文化建设的有效性依然需要依赖于党政领导干部的作为。廉政文化建设中，广大民众是主要参与者，党政领导干部是领导者、决策者，必须充分依靠人民群众，挖掘民众智慧，为解决腐败问题提供动力源泉。因此，关于民众参与廉政文化建设的理论与实践，不是忽略党政领导干部的参与，而是强调我国廉政文化建设要突破党政机关的内部系统而伸延至整个社会体系，要坚定人民立场，要充分利用民众参与廉政文化建设的宝贵社会资源，要在民众与党政领导干部之间构建起强关联，才能使我国廉政文化建设取得更加显著成效。

四、廉政文化建设人人有责，从自己的实际出发，行动起来，为建设清正廉洁的美好中国而努力

民众参与廉政文化建设是挖掘应对腐败难题的群众伟力。对"非正式制度"路径的研究，主要通过动员广大民众从家庭、学校、企事业单位、农村、社区、大众传播等多场域出发，自觉参与廉政文化建设，在潜移默化中增强民众的廉政意识形态，形成深刻而恒久的"软力量"；"正式制度"路径通过法律法规及规章制度的权威性形成推动民众参与廉政文化建设，尤其是进行廉政监督的"硬力量"。民众参与廉政文化建设的"软力量"和"硬力量"是从根基上一体推进"不敢腐""不能腐""不想腐"问题解决的强大力量。民众参与廉政文化建设，具有破除腐败文化关系网络、传承优秀传统廉政文化和红色廉政文化、确立廉洁价值观以及促成廉洁行为模式的极端重要性。它承载了文化建设（廉政先进文化）、社会建设（公平正义的和谐社会）、政治建设（风清气正的政治生态）和党的建设（群众监督）等多重价值，关系着中国共产党治国理政的综合能力，又与全体社会成员息息相关。

只有全体社会成员共同努力，才能以社会清廉文化代替腐败文化形成新的清廉"群体压力效应"。在这样的环境中，清廉成为风尚，腐败者和意欲腐败者受到清廉社会群体的压力作用，不得不提高自己的清廉修养，纠正自己的腐败行为和潜在腐败心理，否则就会因为人民大众的唾弃而难以立足，或因人民大众的揭发举报而锒铛入狱。也就是说，由人民大众构建起来的清廉力量产生了制约腐败的强大社会效应，清廉文化的影响力辐射到每一个角落。这就需要全体社会成员积极参与廉政文化建设，需要每个人从自己的实际出发，从廉政文化建设"破""承"

"立"的大处着眼,也从日常工作生活的小处着手,积极参与具体而细微的廉政文化建设工作。全体社会成员只要共同努力培育"廉荣贪耻"的清廉社会氛围,就一定能够促成清廉的"群体压力效应",形成遏制腐败的强大力量,为我国打赢反腐败斗争攻坚战持久战提供不竭动力,换来海晏河清、朗朗乾坤。

参考文献

一、中文文献

（一）著作

［1］车文博．弗洛伊德主义原著选辑：上卷［M］．沈阳：辽宁人民出版社，1988．

［2］陈云．陈云文选：第一卷［M］．北京：人民出版社，1995．

［3］邓小平．邓小平文选：第二卷［M］．北京：人民出版社，1994．

［4］邓小平．邓小平文选：第三卷［M］．北京：人民出版社，1993．

［5］邓小平．邓小平文选：第一卷［M］．北京：人民出版社，1994．

［6］费孝通．乡土中国 生育制度 乡土重建［M］．武汉：长江文艺出版社，2019．

［7］何增科．反腐新路：转型期中国腐败问题研究［M］．北京：中央编译出版社，2002．

［8］《红色家书》编写组．红色家书［M］．北京：党建读物出版社，2016．

［9］胡锦涛．胡锦涛文选：第二卷［M］．北京：人民出版社，2016．

［10］胡锦涛．胡锦涛文选：第三卷［M］．北京：人民出版

社，2016.

[11] 黄炎培. 延安归来 [M]. 上海：上海书店，1996.

[12] 江泽民. 江泽民文选：第二卷 [M]. 北京：人民出版社，2006.

[13] 江泽民. 江泽民文选：第三卷 [M]. 北京：人民出版社，2006.

[14] 江泽民. 江泽民文选：第一卷 [M]. 北京：人民出版社，2006.

[15] 李光耀. 经济腾飞路：李光耀回忆录：1965—2000 [M]. 北京：外文出版社，2001.

[16] 李光耀. 李光耀回忆录：我一生的挑战：新加坡双语之路 [M]. 南京：译林出版社，2013.

[17] 李秋芳. 廉政文化建设理论与实践研究 [M]. 北京：中国社会科学出版社，2011.

[18] 李秋芳，孙壮志. 反腐败体制机制国际比较研究 [M]. 北京：中国社会科学出版社，2015.

[19] 廉吏传 [M]. 张仲裁，译注. 北京：中华书局，2020.

[20] 灵川县志地方志编纂委员会. 灵川县志 [M]. 南宁：广西人民出版社，1997.

[21] 卢现祥. 西方新制度经济学 [M]. 修订版. 北京：中国发展出版社，2003.

[22] 吕本中. 童蒙训 [M]. 上海：商务印书馆，1937.

[23] 毛泽东书信选集 [M]. 北京：人民出版社，1983.

[24] 毛泽东选集：第二卷 [M]. 北京：人民出版社，1991.

[25] 毛泽东选集：第三卷 [M]. 北京：人民出版社，1991.

[26] 毛泽东选集：第四卷 [M]. 北京：人民出版社，1991.

[27] 毛泽东选集：第一卷 [M]. 北京：人民出版社，1991.

[28]《漠视侵害群众利益典型案例剖析》编写组. 漠视侵害群众利益典型案例剖析 [M]. 北京：中国方正出版社，2020.

[29] 邱学强，徐伟新，袁曙宏，等. 国家命运：反腐攻坚战 [M]. 北京：中央编译出版社，2015.

[30] 单冠初. 社会分层视域下的公民廉洁教育 [M]. 北京：北京大学出版社，2015.

[31] 陕西省档案馆，陕西省社会科学院. 陕甘宁边区政府文件选编：第九辑 [M]. 西安：陕西人民教育出版社，2014.

[32] 申险峰，周洁，宋振美，等. 日本廉政制度与文化研究 [M]. 北京：中国法制出版社，2016.

[33] 四川省社会科学院课题组，四川省廉政建设研究中心. 国外境外预防腐败体制机制研究 [M]. 成都：四川人民出版社，2018.

[34] 孙晓莉. 国外廉政文化概略 [M]. 北京：中国方正出版社，2014.

[35] 唐贤秋. 廉之恒道：中国传统廉政文化现代转换研究 [M]. 北京：中国社会科学出版社，2014.

[36] 王沪宁. 比较政治分析 [M]. 上海：上海人民出版社，1987.

[37] 王周户. 公众参与的理论与实践 [M]. 北京：法律出版社，2011.

[38] 武光军，顾国平. 新加坡反腐的历史进程及廉政建设机制研究 [M]. 北京：中国法制出版社，2016.

[39] 习近平. 干在实处 走在前列：推进浙江新发展的思考与实践

[M]．北京：中共中央党校出版社，2006．

[40] 习近平．论党的宣传思想工作［M］．北京：中央文献出版社，2020．

[41] 习近平．论坚持全面深化改革［M］．北京：中央文献出版社，2018．

[42] 习近平．论坚持人民当家作主［M］．北京：中央文献出版社，2021．

[43] 习近平．论中国共产党历史［M］．北京：中央文献出版社，2021．

[44] 习近平．习近平谈治国理政：第二卷［M］．北京：外文出版社，2017．

[45] 习近平．习近平谈治国理政：第三卷［M］．北京：外文出版社，2020．

[46] 习近平．习近平谈治国理政：第四卷［M］．北京：外文出版社，2022．

[47] 习近平．习近平谈治国理政：第一卷［M］．北京：外文出版社，2014．

[48] 习近平．习近平著作选读：第二卷［M］．北京：人民出版社，2023．

[49] 习近平．习近平著作选读：第一卷［M］．北京：人民出版社，2023．

[50] 叶惠珍．葛兰西文化领导权思想及其话语路径研究［M］．北京：社会科学文献出版社，2016．

[51]《以案说廉：90个群众身边"微腐败"典型案例剖析》编写组．以案说廉：90个群众身边"微腐败"典型案例剖析［M］．北京：

中国方正出版社，2020.

[52] 张喜华，马驰．丹麦廉政建设［M］．上海：上海社会科学院出版社，2018.

[53] 张志仁．山西家规家训精选［M］．太原：三晋出版社，2018.

[54] 郑也夫．代价论［M］．北京：中信出版社，2015.

[55] 郑永年．不确定的未来：如何将改革进行下去［M］．北京：中信出版社，2014.

[56] 郑永年．关键时刻：中国改革何处去［M］．北京：东方出版社，2014.

[57] 中共中央党史和文献研究院．习近平关于全面从严治党论述摘编：2021年版［M］．北京：中央文献出版社，2021.

[58] 中共中央党史和文献研究院．习近平关于注重家庭家教家风建设论述摘编［M］．北京：中央文献出版社，2021.

[59] 中共中央党史和文献研究院，中央学习贯彻习近平新时代中国特色社会主义思想主题教育领导小组办公室．习近平关于调查研究论述摘编［M］．北京：中央文献出版社，2023.

[60] 中共中央党史研究室．中国共产党历史：第1卷：1921—1949［M］．北京：中共党史出版社，2011.

[61] 中共中央党史研究室．中国共产党历史：第2卷：1949—1978［M］．北京：中共党史出版社，2011.

[62] 中共中央关于党的百年奋斗重大成就和历史经验的决议［M］．北京：人民出版社，2021.

[63] 中共中央纪律检查委员会，中共中央文献研究室．习近平关于党风廉政建设和反腐败斗争论述摘编［M］．北京：中国方正出版

社，2015.

[64] 中共中央纪律检查委员会，中华人民共和国国家监察委员会，中共中央党史和文献研究院．习近平关于坚持和完善党和国家监督体系论述摘编［M］．北京：中央文献出版社，2022.

[65] 中共中央马克思恩格斯列宁斯大林著作编译局．列宁全集：第36卷［M］．北京：人民出版社，1985.

[66] 中共中央马克思恩格斯列宁斯大林著作编译局．列宁全集：第43卷［M］．北京：人民出版社，1987.

[67] 中共中央马克思恩格斯列宁斯大林著作编译局．列宁选集：第4卷［M］．北京：人民出版社，2012.

[68] 中共中央马克思恩格斯列宁斯大林著作编译局．马克思恩格斯选集：第1卷［M］．北京：人民出版社，2012.

[69] 中共中央马克思恩格斯列宁斯大林著作编译局．马克思恩格斯选集：第2卷［M］．北京：人民出版社，2012.

[70] 中共中央马克思恩格斯列宁斯大林著作编译局．马克思恩格斯选集：第3卷［M］．北京：人民出版社，2012.

[71] 中共中央文献研究室．建国以来重要文献选编：第五册［M］．北京：中央文献出版社，2011.

[72] 中共中央文献研究室．毛泽东文集：第一卷［M］．北京：人民出版社，1993.

[73] 中共中央文献研究室．十八大以来重要文献选编（上）［M］．北京：中央文献出版社，2014.

[74] 中共中央文献研究室．十八大以来重要文献选编（中）［M］．北京：中央文献出版社，2016.

[75] 中共中央文献研究室．十二大以来重要文献选编（上）

[M]．北京：中央文献出版社，2011．

[76] 中共中央文献研究室．习近平关于社会主义文化建设论述摘编 [M]．北京：中央文献出版社，2017．

[77] 中共中央文献研究室，中央党的群众路线教育实践活动领导小组办公室．习近平关于党的群众路线教育实践活动论述摘编 [M]．北京：中央文献出版社，2014．

[78] 中共中央文献研究室，中央档案馆．建党以来重要文献选编：1921—1949：第三册 [M]．北京：中央文献出版社，2011．

[79] 中共中央文献研究室，中央档案馆．建党以来重要文献选编：1921—1949：第十四册 [M]．北京：中央文献出版社，2011．

[80] 中共中央文献研究室，中央档案馆．建党以来重要文献选编：1921—1949：第一册 [M]．北京：中央文献出版社，2011．

[81] 中共中央宣传部．习近平总书记系列重要讲话读本 [M]．北京：学习出版社，2014．

[82]《中国共产党历次党章汇编：1921—2017》编委会．中国共产党历次党章汇编：1921—2017 [M]．北京：中国方正出版社，2019．

[83] 中央档案馆．中共中央文件选集：第一册 [M]．北京：中共中央党校出版社，1989．

[83] 中央纪委监察部网络中心．中国家规 [M]．北京：中国方正出版社，2017．

[84] 中央纪委宣传部，中央电视台．永远在路上 [M]．北京：中国方正出版社，2016．

[85] 朱新光，苏萍．西方国家公民廉洁教育比较研究 [M]．北京：北京大学出版社，2014．

[86] 朱幸福. 风云诡谲的菲岛政坛 [M]. 北京：中国社会科学出版社, 2002.

（二）译著

[1] 布尔迪厄. 文化资本与社会炼金术：布尔迪厄访谈录 [M]. 包亚明, 译. 上海：上海人民出版社, 1997.

[2] 道格拉斯, 瓦克斯勒. 越轨社会学概论 [M]. 张宁, 朱欣民, 译. 石家庄：河北人民出版社, 1987.

[3] 缪尔达尔. 亚洲的戏剧：对一些国家贫困问题的研究 [M]. 谭力文, 张卫东, 译. 北京：北京经济学院出版社, 1992.

[4] 诺思. 经济史中的结构与变迁 [M]. 陈郁, 罗华平, 等译. 上海：上海人民出版社, 1994.

[5] 诺思. 制度、制度变迁与经济绩效 [M]. 杭行, 译. 上海：格致出版社, 2008.

[6] 森三树三郎. 名与耻的文化：中国伦理思想透视 [M]. 乔继堂, 译. 兰州：甘肃人民出版社, 1989.

[7] 施拉姆, 波特. 传播学概论 [M]. 陈亮, 周立方, 李启, 译. 北京：新华出版社, 1984.

[8] 斯诺. 西行漫记 [M]. 董乐山, 译. 北京：东方出版社, 2005.

（三）期刊

[1] "把廉洁儿歌带回家"优秀作品选 [J]. 翠苑, 2009 (4).

[2] 蔡志强, 李志. 新时代党的监督的理论与实践逻辑：学习习近平总书记关于党的监督重要论述 [J]. 福建师范大学学报（哲学社会

科学版),2019(4).

[3] 陈健.反腐进程中民众参与的制度建构[J].江西社会科学,2015,35(3).

[4] 陈平其.廉政文化建设的信仰培育与制度规范[J].湖湘论坛,2018,31(2).

[5] 陈先达.中国传统文化的当代价值[J].北京科技大学学报(人文社会科学版),1997(5).

[6] 陈永华.全面从严治党背景下廉政文化建设探析[J].学校党建与思想教育,2018(7).

[7] 陈志宏.廉政文化对政治生态的修复功能探究[J].河南社会科学,2016,24(3).

[8] 邓纯.浅谈廉政文化建设中的民众参与[J].改革与开放,2013(16).

[9] 董斌,张兰兰.企业腐败文化治理与技术创新[J].重庆大学学报(社会科学版),2022,28(6).

[10] 董业东.依法治国视域下的廉政文化建设[J].中共太原市委党校学报,2014(6).

[11] 房宁.我国反腐倡廉的形势、特点与制度建设[J].科学社会主义,2015(1).

[12] 费爱华.大众传媒的角色定位及其社会管理功能研究:基于国家与社会的视角[J].南京社会科学,2011(5).

[13] 付春,任勇.试论新加坡的反腐败:基于制度与文化的视角[J].大连干部学刊,2007(9).

[14] 各级人民政府人民监察机关设置人民监察通讯员通则[J].云南政报,1953(20).

[15] 公婷, 王世茹. 腐败"零容忍"的政治文化：以香港为例 [J]. 复旦公共行政评论, 2012 (2).

[16] 公婷, 闻涛. 应实现社会对腐败的"零容忍" [J]. 检察风云, 2017 (7).

[17] 公婷, 肖汉宇, 杨丽天晴. 社会嵌入式廉政治理：香港的经验与启示 [J]. 复旦公共行政评论, 2018 (2).

[18] 韩喜平, 杜一名. 新时代廉政文化三维矩阵建构与解读 [J]. 四川大学学报（哲学社会科学版）, 2020 (1).

[19] 黄明哲, 刘光峰. 廉政文化建设论纲 [J]. 武汉理工大学学报（社会科学版）, 2005 (6).

[20] 蒋光贵. 廉政文化建设的创新进路 [J]. 中共云南省委党校学报, 2014, 16 (4).

[21] 金太军, 袁建军. 政府与企业的交换模式及其演变规律：观察腐败深层机制的微观视角 [J]. 中国社会科学, 2011 (1).

[22] 李双清, 刘建平, 王昕伟. 全面从严治党与地方政府廉政文化建设 [J]. 湘潭大学学报（哲学社会科学版）, 2016, 40 (6).

[23] 李文. 东亚国家廉政文化建设比较研究 [J]. 浙江社会科学, 2006 (3).

[24] 李志军, 韩苗苗. 新中国成立70年来中国共产党群众监督思想演变的三重维度 [J]. 求实, 2019 (6).

[25] 李资远. 论人民群众监督的改革 [J]. 华中科技大学学报（社会科学版）, 2004 (1).

[26] 李宗楼. 论列宁的群众监督思想 [J]. 社会主义研究, 1994 (4).

[27] 林白芹, 詹福满, 曹雅丽. 清正廉洁 从家出发：河南省各级

纪检监察机关大力开展"树清廉家风"活动[J].中国纪检监察,2020(19).

[28] 林楠.论廉政文化建设的三个实践维度[J].学术探索,2012(3).

[29] 刘红叶.试论大众传媒在国家治理体系中的功能定位[J].中共成都市委党校学报,2015(3).

[30] 刘杰.论廉政文化建设对执政党党风廉政建设的基础性作用[J].社会科学,2009(10).

[31] 刘振勇,李玉华.法治中国向度民众监督的博弈规制与价值弘扬[J].广西社会科学,2015(11).

[32] 刘振勇.民众监督制度的健全与防治腐败研究[J].云南行政学院学报,2011,13(5).

[33] 卢智增.毛泽东异体监督思想及其对我国异体问责制构建的启示[J].理论导刊,2013(1).

[34] 罗爽,王东.我国家庭建设的现状调查与政策启示:基于全国13省区市问卷分析[J].中华家教,2021(3).

[35] 洛佩兹,桑托斯,范连颖,等.腐败的社会根源:文化与社会资本的影响[J].经济社会体制比较,2015(4).

[36] 倪星,程宇,揭建明.芬兰的廉政建设及其对中国的启示[J].湖北行政学院学报,2018(1).

[37] 彭勃.关于建国以来监察体制的探索与实践[J].当代中国史研究,1995(1).

[38] 秦馨,唐秀玲.论新时期我国廉政文化建设的路径创新[J].学术论坛,2011,34(8).

[39] 任建明,王方方.改革开放40年民众参与反腐的模式与变迁

[J]. 北京航空航天大学学报（社会科学版），2019，32（1）.

[40] 邵景均. 加强廉政文化建设是反腐倡廉的治本之策[J]. 红旗文稿，2011（4）.

[41] 宋霁. 廉政文化建设的新形势与新维度："党的纯洁性视域下的廉政文化建设"学术研讨会综述[J]. 上海党史与党建，2013（1）.

[42] 宋为，佘廉. 新时期我国腐败现象与网络反腐探讨[J]. 政治学研究，2011（2）.

[43] 孙立军，温广宁，吴春丽，等. 试论当前大学生廉政文化教育的现状及对策：以黑龙江部分高校为例[J]. 思想理论教育导刊，2014（5）.

[44] 孙立军，焦岚. 廉政文化的挖掘与探索[J]. 中共中央党校学报，2014，18（1）.

[45] 孙立军. 论习近平廉政文化建设思想[J]. 马克思主义研究，2017（5）.

[46] 唐海歌. 瑞典廉洁模式及其启示[J]. 管理观察，2015（31）.

[47] 唐晓清，牟广东. 腐败的文化透视与廉政文化建设[J]. 学习论坛，2008（6）.

[48] 王冠，任建明. 廉政学科建设的现状、问题与建议：以国内全日制普通高等学校为调查对象[J]. 廉政文化研究，2021，12（4）.

[49] 王海珍. 杭州团市委 建设廉洁好家风[J]. 中华儿女，2018（17）.

[50] 王合伦. 以廉政文化的发展推进军队反腐倡廉建设[J]. 西安政治学院学报，2011，24（4）.

［51］王俊淇．全面从严治党背景下改进完善群众监督机制的重点任务和方略［J］．理论导刊，2017（8）．

［52］王鹏，赛明明．瑞典怎样有效防治腐败［J］．理论导报，2017（2）．

［53］王振．习近平"以文化人"思想探析［J］．思想理论教育导刊，2018（1）．

［54］王仲士．马克思的文化概念［J］．清华大学学报（哲学社会科学版），1997（1）．

［55］习近平．敏锐抓住信息化发展历史机遇 自主创新推进网络强国建设［J］．党建，2018（5）．

［56］习近平．推进党的建设新的伟大工程要一以贯之［J］．求是，2019（19）．

［57］谢春涛．继承弘扬我国历史上的优秀廉政文化［J］．工会信息，2014（8）．

［58］谢榭．十八大以来中国共产党权力监督思想的三个维度［J］．湘潭大学学报（哲学社会科学版），2018，42（3）．

［59］习近平：千方百计为群众排忧解难 不断开创信访工作新局面［J］．中国应急管理，2017（7）．

［60］邢瑞娟，张文生．浅谈当代中国社会转型中的文化危机［J］．福建论坛（社科教育版），2009（4）．

［61］薛艳萍．试论人民群众在廉政文化建设中的重要作用［J］．理论月刊，2010（11）．

［62］易小兵．中国共产党软实力提升的路径选择：基于廉政文化建设的视角［J］．理论导刊，2012（4）．

[63] 叶英萍. 中国古代民监官之探讨 [J]. 法学杂志, 2009, 30 (2).

[64] 于海英. 李大钊纪念馆: 李大钊清廉无私显本色 [J]. 中国纪检监察, 2021 (11).

[65] 袁刚. "尚方宝剑"与民众监督 [J]. 领导科学, 2013 (27).

[66] 曾志勇, 樊明方. 大众传媒坚持正确舆论导向的科学思维与方法 [J]. 媒体, 2016 (17).

[67] 张国富. 论廉政文化与社会主义核心价值体系的内在统一性 [J]. 学习论坛, 2009, 25 (12).

[68] 张弘政. 廉政制度建构中廉政文化培育的传统阻碍与现实路径 [J]. 廉政文化研究, 2013, 4 (1).

[69] 张华, 王能昌. 论我国社会转型中的群众监督 [J]. 求实, 2004 (1).

[70] 张吉雄. 论中央苏区反腐防腐实践的廉政文化价值与启示 [J]. 思想理论教育导刊, 2012 (11).

[71] 张远煌, 赵军, 黄石, 等. 中国企业家腐败犯罪报告 (2014—2018) [J]. 犯罪研究, 2020 (6).

[72] 赵秀月, 赵连章. 浅议人民群众参与廉政文化建设 [J]. 社会科学战线, 2010, (4).

[73] 中共中央办公厅 国务院办公厅印发《关于全面推进政务公开工作的意见》[J]. 中华人民共和国国务院公报, 2016 (7).

[74] 中华人民共和国政府信息公开条例 [J]. 中华人民共和国国务院公报, 2019 (12).

[75] 钟慧英. 以廉政文化引领企业健康发展 [J]. 检察风云,

2019（21）.

[76] 钟思雨，赵瑞琦. 日本廉政现象：文化、心理、政治逻辑的三位一体 [J]. 廉政文化研究，2018，9（2）.

[77] 朱军. 芬兰的廉政文化 [J]. 检察风云，2005（5）.

[78] 朱晓梅. 党员领导干部应自觉践行廉政文化做坚持和维护党的纯洁性的模范 [J]. 理论学刊，2013（3）.

[79] 紫玮. 明清时期闽台地区民间家训文本所反映的家庭教育特点 [J]. 闽台文化研究，2021（1）.

（四）报纸

[1] 陈治治. "朝阳群众""西城大妈"多多益善 [N]. 中国纪检监察报，2015-09-27（1）.

[2] 戴佳. 短短三年，信访结构"倒三角"问题何以持续改善：解读群众信访"件件有回复"后最高检信访量占比全国检察机关信访总量20年来最低的"密码" [N]. 检察日报，2022-02-17（2）.

[3] 杜若原，邓圩，罗艾桦. 广东：反腐不手软 发展不停步 [N]. 人民日报，2016-01-27（1）.

[4] 发刊词 [N]. 红色中华，1931-12-11（1）.

[5] 中共广西壮族自治区委员会关于大力推进清廉广西建设的意见 [N]. 广西日报，2022-01-25（3）.

[6] 黄禹康. 中共历史上第一部反腐法令的诞生和实施 [N]. 人民法院报，2019-06-28（7）.

[7] 姜业庆. 实名举报还需机制配套 [N]. 中国经济时报，2013-07-19（3）.

[8] 刘江伟. 和诗以歌 让经典咏流传 [N]. 光明日报，2020-03-

20（10）.

［9］罗宇凡，朱基钗. 高举巡视利剑 推进全面从严治党：十八届中央巡视回眸［N］. 人民日报，2017-06-22（1）.

［10］孟祥夫. 警惕不正家风害己害人，树立清正家风爱家为民 镜鉴腐败家风 严防废职亡家［N］. 人民日报，2016-02-02（18）.

［11］潘岳. 环境保护与公众参与［N］. 人民日报，2004-07-15（9）.

［12］钱仓水. 历史的补笔［N］. 光明日报，2020-07-11（11）.

［13］乔清举. 知屋漏者在宇下，知政失者在草野［N］. 光明日报，2019-01-07（11）.

［14］贪污腐化分子滚出去［N］. 红色中华，1933-05-02（3）.

［15］王钟的. 蹲式窗口以人民的名义伤害人民的尊严［N］. 中国青年报，2017-04-19（2）.

［16］习近平. 在党的群众路线教育实践活动总结大会上的讲话［N］. 人民日报，2014-10-09（2）.

［17］项玮，王小平. 周总理的十条家规［N］. 中国纪检监察报，2018-03-02（6）.

［18］项英. 反对浪费严惩贪污［N］. 红色中华，1932-03-02（6）.

［19］肖泽锋. 家风传承与廉洁教育同向发力［N］. 山西日报，2021-08-03（11）.

［20］俞可平. 公民参与的几个理论问题［N］. 学习时报，2006-12-18（5）.

［21］詹勇. 反腐，一场必须赢的价值观较量［N］. 人民日报，2014-09-23（5）.

［22］张建儒. 陕甘宁边区的廉政建设［N］. 人民政协报，2017-

03-23（6）.

[23] 中共中央关于修改《中国共产党巡视工作条例》的决定[N]. 人民日报, 2017-07-15（1）.

[24] 中共中央印发《建立健全惩治和预防腐败体系2013—2017年工作规划》[N]. 人民日报, 2013-12-26（1）.

[25] 中共中央印发《建立健全惩治和预防腐败体系2008—2012年工作规划》[N]. 人民日报, 2008-06-23（1）.

[26] 中共中央印发《中国共产党政法工作条例》[N]. 人民日报, 2019-01-19（2）.

[27] 中国共产党党内法规制定条例[N]. 人民日报, 2019-09-16（3）.

[28] 中国共产党党内监督条例[N]. 人民日报, 2016-11-03（6）.

[29] 中国共产党纪律检查委员会工作条例[N]. 人民日报, 2022-01-05（5）.

[30] 中国共产党巡视工作条例[N]. 人民日报, 2017-07-15（4）.

[31] 中国社会科学院课题组. 事业单位出现的腐败问题与防治对策[N]. 中国纪检监察报, 2012-07-16（3）.

[32] 中宣部、中央文明办、中央纪委机关等联合印发《关于进一步加强家庭家教家风建设的实施意见》[N]. 人民日报, 2021-07-23（4）.

[33] 中央工农检察部. 怎样检举贪污浪费！[N]. 红色中华, 1934-01-04（2）.

(五) 其他文献

[1]《全国家庭教育状况调查报告（2018）》全文发布 [EB/OL]. 中国教育新闻网, 2018-09-27.

[2] 程阳蓓. 搭建"口袋中的清廉阵地" 浙江绿农聚力清廉国企建设 [EB/OL]. 浙江在线, 2021-11-30.

[3] 权力运行到哪, 政务公开就延伸到哪 [EB/OL]. 中国政府网, 2016-11-15.

[4] 段相宇. 整治群众身边腐败问题力度只会加强不会削弱 [EB/OL]. 中央纪委监察部网站, 2017-12-07.

[5] 方弈霏. 胆大妄为 在违纪违法路上狂奔 [EB/OL]. 中央纪委国家监委网站, 2021-09-01.

[6] 中纪委线索渠道: 情妇检举最主动 兄弟揭发最坚决 [EB/OL]. 人民政协网, 2014-05-20.

[7] 中华人民共和国监察法实施条例 [EB/OL]. 人民网, 2021-09-22.

[8] 海南省纪委监委. 海南崖州: 拓宽巡察宣传渠道 提升群众参与度 [EB/OL]. 中央纪委国家监委网站, 2022-03-17.

[9] 胡桂川. 苍梧: 探索"123"模式 打通基层监督最后一公里 [EB/OL]. 广西纪检监察网, 2017-06-22.

[10] 湖北省纪委监委. 湖北恩施: 细化责任明确分工 合力推进清廉建设 [EB/OL]. 中央纪委国家监委网, 2021-11-16.

[11] 湖南省纪委监委. 湖南: 以清廉单元建设示范带动清廉建设全域推进 [EB/OL]. 中央纪委国家监委网, 2021-10-18.

[12] 黄紫英. 湖北汉川善书的传承发展研究 [D]. 武汉: 华中师范大学, 2020.

[13] 江南. 国内首家校地合作反腐研究中心在杭成立 [EB/OL]. 央视网，2018-11-15.

[14] 苗乃春. 我国农村廉政文化建设研究：基于山西省清徐县的调研分析 [D]. 太原：山西大学，2015.

[15]《人民的名义》大数据 [EB/OL]. 网易新闻，2017-04-21.

[16] 山西省纪委监委. 山西大学纪委加强校园廉洁文化建设 [EB/OL]. 中央纪委国家监委网站，2021-12-31.

[17] 孙凌燕. 公众参与视角下的县级政府廉政文化建设研究：以邵阳市邵东县为例 [D]. 湘潭：湘潭大学，2013.

[18] 湖北省廉政文化建设研究会研讨廉政文化建设百年历程和高质量发展 [EB/OL]. 人民网，2021-06-07.

[19] 魏斌冠. 村民自治背景下的新农村廉政文化体系构建 [D]. 武汉：华中师范大学，2015.

[20] 吴宏丽. 青铜峡：监督工作站助力乡村振兴与"廉"同行 [EB/OL]. 宁夏纪委监委网站，2021-12-09.

[21] 梧州：廉洁工作站里德高望重的"清廉使者" [EB/OL]. 新浪网，2020-10-23.

[22] 习近平：在十二届全国人大一次会议上的讲话 [EB/OL]. 中国政府网，2013-03-17.

[23] 新时代巡视利剑作用更加彰显：十九届中央第一轮巡视工作综述 [EB/OL]. 中央纪委国家监委网站，2018-07-31.

[24] 徐盈雁，李婧. 举报：检察机关反贪办案主要线索来源 [EB/OL]. 人民网，2016-07-05.

[25] 杨文佳，蔡艺芃. 斩断围猎与被围猎的黑色利益链 [EB/OL]. 中央纪委国家监委网站，2021-10-11.

[26] 张璇，余刚. 一本"清廉簿"，百年好作风 [EB/OL]. 新华网，2021-03-25.

[27] 赵亚男. 新中国成立以来中国共产党廉政文化建设研究 [D]. 武汉：武汉大学，2017.

[28] 浙江省纪委监委. 浙江丽水：织密清廉医院智慧监督网 [EB/OL]. 中央纪委国家监委网站，2021-12-24.

[29] 浙江省纪委监委. 浙江嵊州：聚焦民生领域突出问题推进巡察整改 [EB/OL]. 中央纪委国家监委网站，2021-11-16.

[30] 中共中央办公厅印发《中国共产党纪律检查机关监督执纪工作规则》[EB/OL]. 中国政府网，2019-01-06.

[31] 关于创新群众工作方法解决信访突出问题的意见 [EB/OL]. 中国政府网，2014-02-25.

[32] 中共中央办公厅 国务院办公厅 关于加强农村基层党风廉政建设的意见 [EB/OL]. 中国政府网，2006-09-28.

[33] 中共中央办公厅印发《关于加强新时代廉洁文化建设的意见》[EB/OL]. 中国政府网，2022-02-24.

[34] 中国的民主 [EB/OL]. 中国政府网，2021-12-04.

[35] 中华人民共和国教育部. 教育部关于加强家庭教育工作的指导意见 [EB/OL]. 中华人民共和国教育部网站，2015-10-16.

[36] 教育部关于在大中小学全面开展廉洁教育的意见 [EB/OL]. 中国政府网，2007-03-30.

[37] 中央纪委国家监委会同有关单位联合印发《关于进一步推进受贿行贿一起查的意见》 [EB/OL]. 中央纪委国家监委网，2021-09-08.

[38] 中央纪委国家监委宣传部，中央广播电视总台. 正风反腐就

在身边：第四集：严正家风［EB/OL］．央视网，2021-01-24．

［39］六部门联合下发《关于加强廉政文化建设的意见》［EB/OL］．中国政府网，2010-01-04．

［40］廉情监察点 激活监督"神经末梢"［EB/OL］．浙江省纪委省监委网站，2020-04-23．

二、英文文献

（一）著作

［1］MALINOWSKI B. A Scientific Theory of Culture, and Other Essays［M］. Chapel Hill：University of North Carolina Press, 1944.

（二）期刊

［1］SARMINI S, SUYANTO T, NADIROH U. Analysis of Teaching Materials of Civic Education is Characterized by the Value of Character in Building an Anti-corruption Culture［J］. Journal of Physics：Conference Series, 2018, 953（1）.

［2］GRANOVETTER M. Economic Action and Social Structure：The Problems of Embeddedness［J］. American Journal of Sociology, 1985, 91（3）.